财政分权、政府竞争与中国地方政府的债务

时红秀　著

中国财政经济出版社

图书在版编目（CIP）数据

财政分权、政府竞争与中国地方政府的债务/时红秀著．—北京：中国财政经济出版社，2007.9
ISBN 978-7-5095-0284-6

Ⅰ. 财…　Ⅱ. 时…　Ⅲ. 地方财政-债务-财政管理-研究-中国
Ⅳ. F832.7

中国版本图书馆 CIP 数据核字（2007）第 157213 号

中国财政经济出版社 出版
URL：http://www.cfeph.cn
E-mail：cfeph@cfeph.cn

社址：北京市海淀区阜成路甲 28 号　邮政编码：100036
发行处电话：88190406　财经书店电话：64033436
北京富生印刷厂印刷　各地新华书店经销
787×1092 毫米　16 开　16 印张　252 000 字
2007 年 9 月第 1 版　　2007 年 9 月北京第 1 次印刷
定价：32.00 元
ISBN 978-7-5095-0284-6/F·0234
（图书出现印装问题，本社负责调换）

序言

本书尝试为中国地方政府的债务积累现象提供另一种理论解释，并探索新的破解之路。20 世纪 90 年代以来，在中国地方政府，尤其是大多数县乡基层政府，有一个话题很沉重，那就是他们的债务负担普遍地沉重。从那时到现在，我一直关注这个问题，希望除了人们惯常的分析之外，对一个国家怎样安排政府之间的财政关系，琢磨出更具说服力的理论逻辑来。2004 年 6 月在博士论文《中国地方政府的债务：一个理论解释》答辩通过后，我幸运地进入国家行政学院任教。本书正是在那篇博士论文的基础上，加上三年来的进一步观察和思考扩充而成的。

对于任何科学研究，拥有事实与数据至关重要。何况讨论一个非常“现实的”问题，因时间推移而引起的资料更新和热点变化是必须要考虑的。关于热点，记得在 2004 年上半年，有关地方政府债务的话题在媒体上频频出现。有人甚至说它将成为引发中国经济危机的“头号杀手”。可是自 2003 年至今的新一轮经济快速增长和加强宏观调控过程中，媒体上关于地方政府债务的报导少了很多。财政部门还透露，中国地方政府中，财政困难的县由 2005 年的 791 个减少到 2007 年 8 月份的 27 个，且 2007 年底有望全部解困。那么，地方政府是不是“手头都宽裕了”？当年形成地方政府债务的机制是不是改变了？或者说，本书讨论的问题还存在不存在？

这就牵涉到数据资料问题。迄今为止，对于我国各级地方政府的债务，权威的、系统的数据仍然无法从公开渠道得到。所以在这本书写作中，作者面临着与当年论文写作中同样的苦恼：读者不难发现，本书引用了不少的媒体报道——这在学术研究中似不多见，但却是不得已之事。好在我们基本上可以认定媒体并非一概“满纸荒唐言”（仅就经济类新闻而言，对娱乐业的本人可不敢保证）。另外，通过持续进行的实地调研，有关报道是可以被亲身观察所印证的。书中还以个案形式列举了其中的一些事实，但由于众所周知的原因，调查所涉及到的地方名称没有公开。这也从另一个侧面反映出地方政府债务问题的复杂性：事实客观存在着，但缺乏全面的观察，更缺乏准确的计量，要控制和解决地方政府债务，谈何容易！

正如书中指出的，地方举债融资是现行财政产权制度和现行金融体制下的必然产物。只要地方政府无破产之忧，只要中央政府摆脱不了最终债务人角色，公开允许地方政府债务融资不仅无法满足其财政需求，反而可能使原本由中央政府行使的职能被变相分解，甚至引发整个资本市场和国家财政的危机。地方政府的竞争是推动中国经济增长的重要引擎，同时也是引发中国宏观经济波动的重要根源。债务融资不过是政府间对可支配资源竞争的表现。这种行为是国外政府竞争理论所没有涵盖的。在当前中央政府的宏观调控过程中，土地管理问题、矿产资源开发和生态补偿问题越来越突出，宏观经济由偏快转向过热，这些都与地方政府的行为分不开。那么地方政府这个引擎靠什么为燃料？主要靠对辖区土地等自然资源事实上的产权行使。我们知道，许多地方几乎与一般预算相当的土地收入，足以抵消对收入上移支出下移的抱怨，这使地方政府债务问题看上去不突出了。但是，造成地方政府普遍欠债的深层原因不仅没有消除，反而一定程度上被掩盖了，如果处理不好，今后造成的问题可能会更严重。在中国特有的国情下，简单引入国外的几个概念或做法，可能无助于问题的解决。

为建立适合社会主义市场经济的财政体制，较好地处理政府之间的财政关系，国内理论界和管理部门几年来做了大量的工作。关于财政分权、财政均等化的研究频频出现在不少高水平的学术会议和杂志上；建立公共财政、实现公共服务均等化也成为落实科学发展观、建设社会主义和谐社会的应有之义；税收基本法、转移支付法等法律的立法工作也已进入论证起草阶段。借鉴成熟市场经济国家的成功经验，总结中外历史上的教训，立足中国特有国情的现实需要，我们应该研究服务于我国需要、刻画我们的现实、解决当下问题的政府间财政关系理论。从理论上加深认识地方政府性质、功能和行为模式，研究政府职能在一个多层级政府框架中不同配置的效率表现，既十分必要，也是完全可能的。

借鉴国外经验，总结自身历史，在处理政府间财政关系时切忌照抄照搬。为建立符合现代中国国情的大国治理的政治经济学，我们需要走的路还很长。鉴于此，作者在得益于已有研究成果基础上，希望自己不成熟甚至错谬的思考能得到学界同仁的批评、指教和帮助，以期在众多研究中增加一点有意义的看法，哪怕只有一点点。

博士论文放置三年来，所讨论的问题有了很大变化，而我对这一问题研究的视野扩展也很大。国家行政学院为该问题的研究既提供了需求也提供了条件，从院领导到经济学部的同事为调研、教学和本书的出版提供了极大的帮助。本书的出版得到中国财政经济出版社张冬梅博士的大力支持。他（她）们使我领略了高水平出版人所具有的敬业精神和高效率，并由衷地对这个行业肃然起敬。

是为自序。

时红秀

2007 年 9 月于北京

目录

第一章 引言

财政分配涉及两方面经济关系：一是国家与居民（企业和个人）之间；二是在政府内部，不同级次政府之间以及每一级政府各部门之间的权力和利益分配。① 一个国家的政府系统如何筹集财政收入、如何在政府之间进行责任划分，不仅影响到对社会的治理和公共产品的提供，而且还影响到政府本身的构造甚至经济制度的变迁，进而决定着国家的兴衰。在一国内部，中央和地方各个级次的政府职能，虽然可以通过法律条款进行划分，但每级政府本身都有着相对独立的利益诉求，并展开纵向和横向的竞争。其结果可能与原来界定的职能划分格局不一致甚至背道而驰。比如，一些原本必须由中央政府行使的权力，从货币发行、经济稳定到国家统一，实际上被地方政府行为所抵消或攫取。

自1978年开始改革开放以来，中国经济保持10%左右的增长率。从1994年分税制财政改革以来，中国财政收支的增长率一直高于经济增长率。（见图1－1）这意味着，政府使用资源的份额越来越大。但与此同时，中国各级地方政府，尤其是县（市）、乡（镇）基层政府，财政收支形势却日益紧张，形成了巨大的地方债务。另一方面，由地方政府推动的投资却成为支撑中国经济增长的长期而强劲的动力。地方赤字融资既构成了对现行预算法的矛盾，也造

① 这只是就财政的主要内容来说。此外，由于商品、劳务、技术和资本的跨国流动，主权国家（地区）间还存在着对跨国所得征税的财政权益分割问题。

成了经济现实稳定和持续增长的潜在风险；既不利于市场经济所要求的信用秩序的形成，又导致地方政府公共服务的恶化，甚至有可能动摇威胁它们在公众间的合法性基础。因此，如何处理好政府之间的责任划分，并在此基础上适当安排政府之间的财政关系，是一个需要从理论和实践两方面深入探索的重大问题，尤其在市场经济条件下，又是在一个人口众多、历史悠久、地区差异较大、多民族共存的大国。

第一节　问题的提出：地方债务与地方投资过热

2003年底以来，中国新一轮经济快速增长过程中，资本形成的贡献率平均超过了52%。中央政府的宏观调控政策很准确地要严把土地和信贷“两个闸门”，但投资增长势头却一直难以抑制。一个重要原因是这些投资大多数有地方政府的背景：在全社会投资中，地方投资持续占90%左右。在房价上涨和房地产投资过热中，在18亿亩耕地红线难保与耕地乱批乱占中，在产能过剩的同时仍对这些产业过度投资中，在地方财政难保平衡的同时地方政府却持续债务融资中，地方政府的行为时常被提及：政绩考核、区域攀比、形象工程等等，不一而足。对此若一味地责怪地方政府“非理性”不仅无用，而且错误，甚至有误导作用，有可能使我们在政府职能划分中，在政府间财政关系安排中，漠视或掩盖某些关键问题。

另一方面，地方政府关于财政吃紧，债务积累的报道却不绝于耳。以下通过几则发布的新闻，来看中国政府间财政关系中的问题。第一则发布于2003年6月的新闻，内容是：

2003年6月25日，国家审计长李金华向十届全国人大常委会提交的数据显示，我国县乡一级财政赤字严重。截至2001年底，中西部10个省、市的49个县（市）累计债务达163亿元，相当于当年可用财力的2.1倍。平均每个县（市）债务3.33亿元。

——《人民日报》，2003年6月26日

第二则是2007年春季的一篇报道：

“2006年，来自广州地区的一般预算收入达到1729亿元，比上年增长15.1%，其中上缴中央、省的比例达75.3%，地方留用比例为24.7%。全国约1/20、全省约1/3的财政收入来自于广州。”

——《南方都市报》2007年1月19日

看来，来自地方政府的财政收入大多数都“贡献”给上级政府了。那么，这些资金上级政府又是怎样花掉的呢？我们看第三则新闻：

2007年3月9日上午，十届全国人大五次会议新闻发布会上，财政部长金人庆指出，“中国的财政支出去年已经超过了4万亿，其中75%~76%用于地方政府，中央财政本级仅仅用了不到25%。”

——新华网2007年3月9日

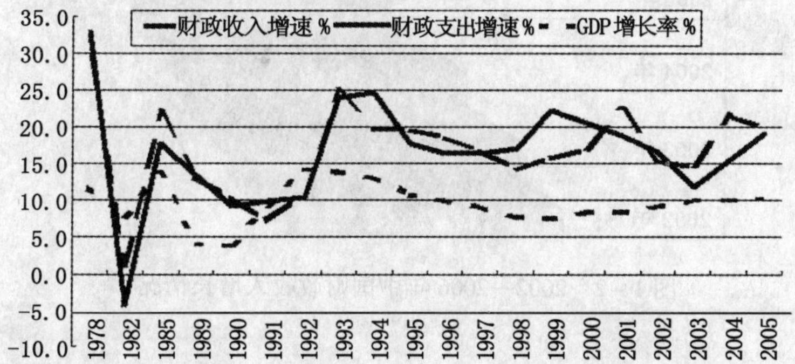

图1-1　1978—2005年财政收入、财政支出和GDP的增长速度对比

资料来源：根据《中国统计年鉴（2006）》数据整理。

从基层政府角度看，产生于本辖区的大部分财政收入都上解到中央和省级政府。而从中央政府角度看，这些财政资金大部分又被地方政府开支。那就是说，在中央与以下各级政府之间，存在着为数巨大的预算资金往来关系。那么，这种往来是基于什么规则进行的？如果缺乏适当的制度安排，会引致什么样的后果？

从20世纪90年代后期开始，中国基层（县、乡级）政府财政困难的呼声越来越多，有一则顺口溜令人玩味：

“中央财政喜气洋洋，省级财政蒸蒸日上，地市财政勉勉强强，县级财政哭爹喊娘，乡级财政名存实亡”。

“拆东墙，补西墙，墙墙有洞；借新债，还旧债，债债难清。”

——作者实地调查手记，2003 年

这些顺口溜在基层政府流行了十来年。这可与改革开放以来，尤其是1994 年分税制改革以来，中国财政形势大相径庭。总体上，全国财政与经济发展同步，甚至略快于经济总量的增长。而且，进入 21 世纪以来，中国财政收入可以说是一年上一个台阶。2006 年财政总收入达 3.9 万亿元人民币，比2002 年翻了一番多（见图 1-2）。

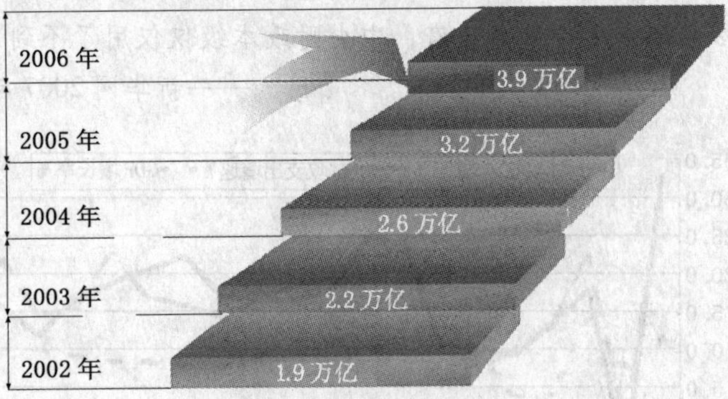

图 1-2　2002—2006 年中国财政收入增长情况

至于全国地方财政负债总额，各级政府负债分布至今尚无权威数据。有关地方政府欠债及其引发的问题，只是散见于各媒体报道中。在 2002 年、2003 年等年度地方或全国（人大和政协）两会上也一度成为热门话题。①

根据有关学术机构的估计，参照汉纳·普拉科瓦（Hana Polackova）的政府债务矩阵综合分析（见本章第二节），到 2004 年，中国县及县级以下政府共负债 1.15 万亿元。全国政府负担的公共债务总规模大致为 12.4469 万亿元，而当年 2004 年中国名义 GDP 为 15.9878 万亿元，政府公共债务占 GDP 的比重为 77.85%，超过了欧盟当年确定的 60% 的警戒线。在 2003 年以来中国经济新一轮快速增长过程中，地方政府以土地融资进行的投资拉动仍是占第一位的

① “王光远委员：正视政府负债　提高政府信用”，中国网 2002 年 3 月 19 日；《吴葵光委员痛斥政府不良债务》，《海南日报》，2003 年 3 月 13 日。

力量[①]。可以讲，中国地方政府的债务不是越来越少，而是越来越多了。问题是究竟多少，中央政府无从掌握，更谈不上加以控制。因此，就潜在的经济风险而言，地方政府债务的严重性应该引起足够的重视（见第二章）。

除了以基层政府债务为主题的调查研究外，关于“三农”问题，关于县域经济发展，关于社会主义新农村建设，关于地方政府进行项目融资等问题，都或多或少地涉及到基层政府的债务问题，最终都追踪到地方公共财政和政府间财政关系问题上。虽然鲜有完整和连续的数据资料，但从实地调查和散见的资料也可以发现，中国基层政府组织，无论在城市还是在农村，背负的债务是普遍的，也是沉重的。有人认为地方政府一度陷于严重的公共财政危机（韩俊，2002；邓大才，2003），还有人断言大部分乡镇政府陷于“破产”（任不寐，2003）。甚至有人指出，这个问题可能成为影响中国经济平稳运行的“头号杀手”（魏加宁等，2004）。

为什么地方政府，尤其在县乡两级的财政收支并没有全国总财政收入情况那么好，而是越来越拮据？为什么地方政府几乎普遍负债却仍不抑制投资冲动，致使经济由偏快转向过热？本书希望给出一个理论上的解释，在此基础上，进而研究作为单一制国家，如何处理好中国各级政府之间的财政关系。

人们常说，要“界定各级政府职能，划分各级政府收支”范围。理论上讲，与联邦制国家的情形不同，政治上的单一制国家，中央以下各级政府（又称“次国家政府”即 subnational governments）既是本辖区公众的代理人——从而该级政府预算要接受本辖区议会的监督，它们又是上级政府的代理人，接受上级政府的预算拨款，从上级政府那里取得预算授权并对其负责。实际上，次国家政府本身又是一种利益主体，它们总是以各种方式在上下级政府之间、在同级政府之间展开对资源支配权的争夺。这种争夺最终使得政府间预算格局远远偏离于制度要求的那样。当前中国地方政府债务积累就是在这种背景下产生的。在中国这样一个人口众多、多民族共存和发展不平衡的大国，地方政府债务问题的解决之道，远非流行于西方的财政分权、联邦主义观点所能透视。中国需要的是适合自己特色的大国治理的政治经济学。

---

① 自2003年底以来，中国新一轮经济快速增长同期中，地方政府的投资推动也一直为社会热议。我们知道，中央政府的宏观调控，从2003年底至今，一直也是强调“严格把好土地和信贷两个闸门”。

第二节 概念界定与理论意义

虽然人类创造的GDP中有30%～40%，甚至有的国家达到60%部分被政府使用着，但相对于需要而言，恐怕世界上难以找到不缺钱花的政府，在一国中央是这样，在各国内部的各级地方也是这样。几乎所有的政府都发生过或正在经历着财政赤字。为弥补收支缺口，政府可以使用的财政工具不外乎以下四种：一是举借公债；二是增加税收；三是变卖资产；四是发行货币。至于在国内或对国外掠夺历史上都曾有过，但在现代社会毕竟不是常态。财政学理论关于政府收支缺口的文献可谓汗牛充栋，绝大多数都基于国家—市场关系进行研究，即把政府视为单个的行动主体，所以基本上可以归结为“中央政府的财政学”。在各国内部，地方政府通过征税、规费、上级政府拨款形成的预算收入往往还是不敷支出，于是再变卖资产、出售特许权，以至举借债务。既作为中央政府的地方代理人，又作为辖区社会利益的代表者，它们应该享有什么样的财政权益，这就涉及到中央与地方政府的财政关系问题。

一、概念约定

讨论地方政府的债务，事前至少需要界定两个概念。第一，究竟什么叫地方政府？第二，什么叫政府债务？

所谓地方政府，英文有两种基本表达方式，即“local government”或“subnational governments”。前者强调“地方性”，即指最接近公众的基层政府。后者可译为“次国家政府”，强调“层级性”，即指中央政府之下的各级政府的总称。在国外，除了上述两个称法之外，其他对地方政府的表述还有诸如“地方主管机构（local authority）”、“地方委员会（council）”、“市政当局（municipality）”以及“辖区政府（jurisdictional or precinct government）”，等等。

由于各国政府组织方式、功能不同，理论界没有一个关于地方政府的统一定义。这使得进行国际间地方政府比较时产生困难。有学者认为，无论从“地方性”还是从“层级性”描述，都不足以反映地方政府的本质特征。“地方政府可以被视为一个经由地方民主选举而产生的机构，它的管辖权仅限于当地范围（而不是区域性或全国性范围）并通过授权获得地方征税权以及地方公共服务供应的自由裁量权（Cole and Boyne，1995）[①]。在我国，中央政府之下，除了台湾地区和香港、澳门特区外，行使财政管辖权的下级政府包括五级：一是省、直辖市、自治区这一级；二是由此往下的地区、地级市、盟或州这一级；三是由此往下的县及县级市（旗）这一级；四是由此往下的乡镇这一级。一般来说，乡镇一级被人们称为中国五级政府的“基层政府”（见图1-3）。这里还有三点需要说明：一是在省、直辖市、自治区之下，“地区”并非一级政权，只是上级政府的派驻机构（行政公署），只有“地改市”后才为一级政府。二是北京、天津、上海、重庆三个直辖市与其他省、自治区不同，直接下辖县或市、乡镇。三是乡镇以下的行政村，名义和体制上并非一级政府，不属于党政正式组织序列的组成部分，而且它们与所辖区域内的百姓有着直接的财产关系，按照国家法律规定，只是村民的自治组织，其领导人并不享有国家公务员的待遇，“政绩”也不形成其升迁的依据。可是，行政村有义务执行上级下派的各种任务，在社会治安、计划生育、土地使用等方面，其实是乡镇政权在本辖区的延伸，有时还需要将其“视同”一级“政府”。[②]

而且从实地调查中得知，尽管乡镇政府并无义务给村级负债“兜底”(bail-out)，但实际上在化解村级债务过程中，乡镇政府甚至县市政府也没有袖手旁观。为了维护地方社会的稳定，上级政府对负债累累的村级“政府”不得不施以援手。所以，在考察整个中国的基层债务时，仍要涉及到村级债务。

至于政府债务有狭义和广义之分。通常人们都从狭义上讲政府债务，即政府作为债务人须按法定条件和协议约定，向债权人承担的资金偿付义务。而广义地，为维持自身合法性，政府实际履行之义务若少于其必须履行之义务，则必须弥补两者差距所需要的资金支出额，即为政府债务。

但是如何理解政府“实际履行义务”与“必须履行义务”之间的差距所

---

① 转引自斯蒂芬·贝利著、左盛昌等译：《地方政府经济学：理论与实践》，北京大学出版社2006年版，第3页。

② 参见张宇燕、时红秀、李增刚：“中国农村的社区型企业——以辽宁省海城市东三道村为例”，载于黄少安编：《制度经济学研究》，经济科学出版社2005年版，第7辑。

对应的资金支出呢？这里通过介绍世界银行经济学家汉纳·普拉科瓦（Hana Polackova）的政府债务分类加以说明。

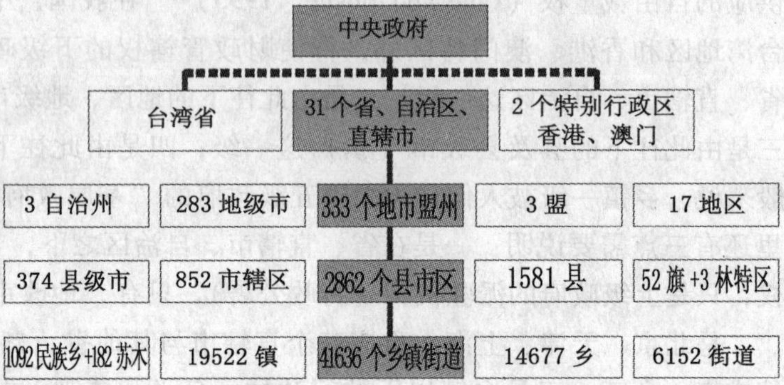

图1－3 中国政府的财政级次

资料来源：根据《中国经济年鉴（2006）》数据整理绘制

二、显性负债和隐性负债，直接负债和或有负债

目前国内学者对地方债务的常见分类是直接债务、隐性债务。这种划分要么是从政府债务合约的正式与否，要么是从数据的可统计性与否来确定的。（樊丽明，2001；魏加宁，2003，2004；林双林，2003；等）如果从有可能造成财政风险的角度，划分标准就需要考虑从发生到偿还的最终影响之间，特定债务处于什么位置。普拉科瓦开发的财政风险矩阵分析模型，描述了政府因各种状态的债务而面临的财政风险和不确定性。具体地，政府面对着以两对概念的组合所表示的四种财政风险：即直接的或是或有的，显性的或者隐性的。而且这些概念只能描述了债务对财政风险的相对状态。有的债务对下级政府是直接的，但对其上级政府来说则是或有的。只有该下级政府出现偿还危机且必须由其上级政府实施援助时，才转化为上级政府的直接债务。其中，直接负债是后果可以预见、无论任何情况下都存在的负债（例如，法律规定的未来养老金的偿付）；或有负债的出现则取决于特定事件的发生，事件的发生可能源自政府的政策（例如政府项目带来的道德危害），也可以外在于政府的政策（例如，自然灾害）；显性负债是由国家法律或政府签订合同明确规定了偿还条

件，到期时政府有法定义务清偿的债务；隐性负债代表道义上的义务，虽无法律明示，却是在公众期望或社会压力下政府不得不承担的债务。例如，没有法律规定的未来公共养老金支付；对于未投保的自然灾害受害者的救济等。

上述四个概念之间还有交叉，刻画出的社会经济风险是十分复杂的。这意味着一个国家中央政府为控制和规避各种财政风险必须建立系统的预警和控制体系。

传统的财政分析集中于政府的直接显性负债（direct explicit liabilities）。这些负债包括三个方面的内容：第一，政府承诺偿还的主权债务（内债和外债）。它们由数额、期限、利率和汇率的影响。如这些因素变化，政府的账面债务会有所变化；第二，当前财政年度的预算支出，已由立法机关批准并具有法律效应，但如宏观形势发生逆转，或者政府财政纪律松弛，可能使预算支出难以履行，从而形成政府账面上的债务；第三，具有法律强制性义务的长期支出，如公务员的工资和养老金，以及一些国家的社会保障体系。在许多国家，中央政府是公务员的薪金与退休金的法定支付人。在一些发达国家，公共养老金支出也被视为政府的直接显性负债。

各种负债依其对政府财政造成的潜在风险划分，如表 1－1 所示。

直接显性负债，（direct explicit liabilities）是指根据法律或其他约定，由政府直接举借和明确承诺偿付，并通过财政预算方案明示的政府债务。如中央财政对内对外的债务，每年在预算报告中明确公布。再如，地方政府得自中央政府的转贷款，由中央政府出面举借，转贷给地方政府，借贷、偿还和用途，都有明确的规定或约定。

直接隐性负债（direct implicit liabilities），通常是假定现行公共支出政策长期执行下去而必将产生的债务。它一般不会在政府当期的资产负债表中体现。这种负债包括：第一，政府举办的公共项目未来可能的再支出。这些项目开支虽不以立法形式确立，或者政府只是进行了事先估算，但由于项目投资周期长，长期内政府都需要不断追加投资。因此这些跨年度的政府投资开支就变成了直接隐性负债。第二，未来的养老、医疗等保障计划。其数额取决于这类支出的当前条件在今后执行的可能性。随着工业化和人口老龄化，政府当前已保证提供的养老、医疗等费用标准一般很难再降下来。长期下去将使得财政负担越来越重。近 10 年来，所有主要发达国家公共养老金负债都大幅度增加，净养老金负债超过了多数工业国家的直接显性负债。法国、德国和日本面临着严重的养老基金流入和流出的不平衡。如果向退休人员提供健康保险，情况会更糟。

表1-1　按不同负债对中央财政可能造成的风险划分的政府债务矩阵

负　债	直接负债 （任何情况下都存在的负债）	或有负债 （只在特定事件发生时负债）
显性的 为法律或合同所认可的政府负债	（1）外国和国内主权借款（由中央政府签署的合同和发行的债券）；（2）预算开支；（3）在长期中受法律约束的预算支出（公务员的工资和养老金）	（1）国家对非主权借款和由地方政府、公共和私营部门实体（如开发银行）发行的债务的担保；（2）对不同类型的贷款（抵押贷款、学生贷款、农业贷款以及小型商业贷款）的保护性国家担保；（3）对私营投资的国家担保；（4）国家保险体系（存款保险、来自私营养老金基金中的收入、作物收成保险、洪灾保险、战争风险保险）
隐性的 政府因对公众或利益集团压力作出反应而承担的财政义务	（1）未来公共养老金（与公务员养老金相对），如无法律规定的话；（2）社会保障计划，如无法律规定的话；（3）未来医疗卫生融资，如无法律规定的话；（4）未来再次进行公共投资的成本	（1）地方政府以及公共或私营实体对非担保债务和其他负债的违约；（2）国有企事业单位改制对负债的清理；（3）银行破产（国家保险以外的支持）；（4）非担保养老金基金、就业基金，或社会保障基金（对小投资者的保护）的破产；（5）中央银行不能履行其职责（外汇合约、保卫币值、稳定收支平衡）；（6）因资本外逃而对企业的救助；（7）改善环境、灾害救济、军事拨款。

资料来源：汉纳·普拉科瓦："或有政府负债——一个隐蔽的财政风险"，载于《财政风险及其防范研究文集》，经济科学出版社2000年版，第23～24页。

地方政府的直接隐性负债，从时间维度看，将取决于现行体制下地方政府的行为。在上述5项直接显性负债中，如果说前3项一般不会发生变化（不排除1998年制定的《粮食收购条例》继续执行下去对地方财政增加挂账亏损而中央政府补助不足）外，且随着体制调整可能缓解地方政府这方面的债务，后两项则会随着时间的延续构成地方政府直接隐性债务的主要内容。仅机构膨胀和冗员增加一项，未来若不进行大幅度改革，直接隐性负债会使地方政府不堪负担。据统计，县市一般常设机构45个，有的达50个，非正式机构还有近

50个。更有甚者多达308个。全国地方党政群机关超编60万人，其中主要集中在县级，超编一半以上。1994年县乡财政供养人口2251万人，2000年达到2959万人，增加了708万人，仅此一项一年增支1000多亿元（傅光明，2002）。根据李金华（2003），地方政府的财政供养人员增长过快：1994年以来，被审计的49个县（市）总人口增长4.6%，财政供养人员却增长了22%。

或有显性负债（contingent explicit liabilities），是只有在特定事件发生时政府才进行支付的法定债务。或有显性负债包括国家对非主权借款和由地方政府、公共和私营部门实体（如开发银行）发行的债务的担保，对不同类型的贷款（抵押贷款、学生贷款、农业贷款以及小型商业贷款）的保护性国家担保，也有对个别私人投资的国家担保。在短期内，与直接的财政投资相比，政府以自己的信用提供担保进行融资是划算的。然而，由政府担保可能给市场上带来的道德危害，使得或有显性负债的成本在长期内可能会变得很高。在许多发展中国家，中央或地方政府经常为国有企业或其他公共部门活动提供借款担保。虽然当期不产生预算支出，但这种准财政业务会激励借贷双方大量借款，而不必考虑还款的可能性。一旦相关企业难以偿还贷款，必然连累提供担保的政府部门，构成政府债务。政府还经常通过发展银行和其他公共部门金融机构提供汇率担保或汇率风险保险补贴。补贴所产生的刺激促使受益人增加外币债务。虽然这些补贴可能不会立即对财政赤字产生影响，但在宏观经济不稳定的时候则可能导致巨额的财政支出。

或有隐性负债（contingent implicit liabilities），是指虽不由政府公开承诺财政义务，但一旦发生危机，政府为避免社会动荡被迫出面干预并承担最终责任的财政负债。金融体系危机是典型的政府或有负债。当一国金融体系的稳定性出现危机时，市场通常期望中央政府来提供远远超过其法定债务的资金援助。这时，作为最后贷款人，中央银行通常会向公众保证将采取坚决措施，援助有问题的银行，以制止金融危机蔓延。但中央银行的职能也有一定限度，当援助金额超过中央银行体系的清偿能力时，政府只好制定和实施特别计划，对银行进行全面重组，以财政资金为银行充实资本金。金融机构倒闭引发的存款人索赔要求具有政治压力，因而构成了全球各国政府的或有隐性负债。中央政府通常被迫为地方政府、大型企业以及其他重要社会组织的没有保障的损失和债务进行补偿。1980~1990年，美国1617家银行和1300家储蓄贷款机构破产，政府动用1964亿美元资金对存款者进行支付，对破产银行进行重组。1995～1997年墨西哥货币金融危机期间，墨西哥政府运用700亿比索，美国和IMF提供400亿美元的银行担保和478亿美元的贷款援助。20世纪80年代和90年代，巴西州一级政府的债务分别花去了联邦政府190亿美元和550亿美元。①

如果地方政府直接显性和隐性债务可统计、审计或预测的话，那么我国地方政府的或有显性和隐性债务数据就难以确知了。它们包括：（1）担保债务。主要是为所属企业担保的银行贷款；（2）地方金融机构的呆坏账，在出现金融机构清算等情况时地方政府将承担的资产损失；（3）由地方政府发起的各种集资；（4）挪用所属企业或其他机构的资金；（5）向个人的借款，主要在乡镇和县，经常是高利率。因为国家法律禁止，这些债务成了地方政府“偷来的锣”，我们无法确知确切的数据。

普拉科瓦的这一债务分类矩阵影响较大，基本上被学术界和大多数国家财政管理当局采用。例如，我国目前对地方政府债务统计项目的分类，很大程度上参考了这种分类方法（见附录四《2001年地方财政债务统计表》）。

上述分类其实是按债务引发中央政府财政危机的可能性，以及债务的可控性进行的。对于本书要研究的地方政府债务，根据地方政府在债务形成中的角色再进行一种划分：即主动债务和被动债务。所谓被动债务，是指由于体制原因，地方政府无论如何努力也无法避免的债务。正如第四章第一节和第二节分析的，在收入上移、支出下移而转移支付不到位的情况下，地方政府为保稳定、保运转和保工资不得不临时筹措资金而形成的债务。如因为农业税取消而没有相应的财政拨款，乡镇政府没有相应的收入来源，为保证基层政权运行被迫借债度日。所谓主动债务，是指地方政府为发展本辖区的经济，争投资、上项目，通过各种方式筹集资金从而积累的债务。正如第五章分析的，竞争性政府总是尽可能地争夺可支配资源，即使预算法、担保法禁止，但也要通过种种变通手法招商引资或自办金融，从而积累起巨额债务。也正如第四章第三节分析的，特殊时期特定的国有银行软预算约束，使这类债务迅速积累的重要原

① 《人民日报》（网络版）喻惠娟：“金融安全离不开政治稳定——谈巴西金融风暴政治因素”，摘自《华南新闻》，1999年1月20日，第2版；（新加坡）《联合早报》：“巴西金融风暴之根源”，1999年1月27日。

因。当然，有些债务在主动与被动之间是难以划分的，如中央转贷款，地方用各种方式争取来投入到本地项目中甚至挪用开支，从而形成欠债；再如上级政府拨款要求下级政府配套，下级政府为了争取到这笔拨款筹集配套资金从而欠下的债务，都是既有财政体制的原因，也掺杂了地方政府的利益追求。但就“阳光”性来说，这些债务地方政府并不讳言。实际上，在解释债务形成原因时，地方政府总是强调各种各样的因财政体制安排原因而“被迫”欠债。

三、研究的意义

这里先行给出对中国地方政府的债务问题提出的理论解释：中国地方政府的债务是竞争性的地方政府的资源争用在现行体制条件下的一种表现而已。如果说，在分税制以前由于财政纪律松弛，地方政府通过预算外资金与中央政府竞争税基、通过侵犯个人产权与公众争利的话，那么1994年以来地方政府债务的积累，是由于财政约束和产权约束硬化以后，金融体制改革和资本市场监管却相对滞后，地方政府与中央政府在金融租金上争夺的结果。只要中央政府无法摆脱对这些债务的最终化解义务，它实际上就成为财政体制上软预算约束的另一种表现形式。一个竞争性的地方政府与上级政府除了在财政金融领域里竞争之外，还在缺乏严格产权界定的公共资产、政府特许权领域进行竞争。当然，地方政府相互之间、与企业之间，先后在产品市场、资源市场、资本市场甚至“政策市场”上进行竞争。这种竞争既为国家现代化进程提供了重要的动力，同时也有可能带来严重的负面后果。就地方政府债务来说，它既是地方政府在目前的融资制度环境中推动地方经济发展的结果，但也可能造成国内市场的分割、宏观经济波动和社会信用混乱。如果不能从根本上处理好一个大国内部政府间的财政关系，一旦债务压力下的地方政府由“扶持之手”演变为“掠夺之手”，或者导致中央政府财政货币权力的分解，或者导致政权的合法性危机，最终不仅经济平稳持续增长无法实现，作为一个统一国家和统一市场的政治经济利益也有可能丧失！

在法律明确规定地方政府不得搞赤字财政、不得直接举债、不得担保债务的制度环境下，中国地方基层政府的债务在近10年内迅速积累并广泛蔓延，仅停留在医头医脚的讨论上可能是不够的。要走出现有债务困境，修改法律允许地方政府发行公债似乎是个出路。但这方面的观点较少虑及中国金融体制和资本市场监管现状，更未涉及地方政府改制。即使持谨慎观点者，也较少从财政货币政策统一的角度看问题，更没有从中国特有的政府间关系高度，讨论地方政府债务融资的意义。如何认识中国当代地方政府的职能？在怎样的辖区设计框架下处理政府间财政关系？辖区政府债务与资本市场发育是什么关系？地方政府处于“破产”状态意味着什么？等等，理论上与此有关的深入思考还相对缺乏。或许我们应该把这一问题置于更广一点的视野里来观察。这种探讨有助于形成市场经济条件下的国家公共政策理论。

在联邦制国家，著名的“财政联邦制”术语基本概括了财政学在这一方面发展起来的一个分支。渐渐地，这一概念也被用于对单一制国家体制的分析（彼德·格罗奈维根〔Peter Groenewgen〕，1992；奥茨〔Oates〕，1968，1972，1999；马斯格雷夫〔Musgrave〕，1997）。事实上，鉴于多数国家宪法规定地方政府的一般预算不得发生赤字，关于地方政府弥补收支缺口的研究并未引起人们足够的重视。尽管一些国际机构如世界银行或国际货币基金组织对地方政府举债问题有过专题讨论，但在基础理论方面，中央以下政府债务的探讨相对较少。

可是传统上，理论界关于“政府与市场”、“国家与社会”、“统治者与臣民”等等概念，都是在特定的国家—社会思考框架中的简略说法。但在现实世界，市场可能是分层的，消费者可能处于二元甚至多元的经济环境中理性地决策着。而政府呢？这个概念其实应该用复数形式表达。因为无论在联邦制还是单一制国家，政府从来不是单个行为主体，相反，它由多种权力部门组合而成，多级政府分布于全社会。分析中央政府的结论往往并不一定适用于地方政府。甚至，在地方政府和社会公众之间，中央政府往往更多地追求与后者一致的目标。大致而言，在一个多级政府框架内，实际上，政府可以被理解为一个环境，在这个环境中，不同来源、不同级次、不同委托—代理环节中的权力并存、搭配、竞争，就像市场中形形色色的行为主体之间一样。在公共选择理论中，政府就是一种特殊的市场。在这个市场中，政治家、选民、官僚分别通过承诺、选票和公共服务的提供进行着交易（唐斯〔Downs〕，1957；布坎南〔Buchanan〕和图洛克〔Tullock〕，1962；图洛克〔Tullock〕，1965；尼斯坎南〔Niskanen〕，1971），不过公共选择所指的“政治市场”，仍然是就某一级（主要是指中央或联邦）政府。我们这里观察的政府，是由一个个辖区组成、在上下级行政委托代理链中各有其独立利益倾向的地方政府。

带着这种理解，我们希望观察和解释发生在世纪之交的中国的故事：政府——各级政府，尤其是基层——在目前的体制条件下为什么积累起大规模的债务？这种筹资方式会引起何种后果？通过近距离观察分析，基层政府有着什么样特征？它们与上级政府、辖区公众和资本市场之间保持着怎样的关系？

中国的改革开放是一个从中央计划经济向地方和市场放权的过程（初期的改革被概括为放权让利式改革）。分权（Decentralization）——向企业、向公众、向地方政府——使得基层社会得到了足够的激励从而总体上提高了中国的生产效率和社会福利。因此分权的优越性、怎样分权一度成为中外学者讨论的热门话题。的确，20 多年来中国经济持续高速发展，综合国力和人均收入水平大幅度提升。无论在经济发展还是制度创新方面，地方政府一直扮演着非常积极而重要的角色。而地方政府财政计算和在制度创新中的合法性地位，是它们得以成功地承担这一角色的充分而又必要的条件。回顾改革历程，从农地产权的家庭承包制、国家与企业的关系到乡镇企业崛起并随后引发民营经济的成长①（张维迎和栗树和，1998），以至市场机制的形成②，（Qian，Weingast：1995，1997）无不看到这一点。因此，尽管在此过程中为保持宏观稳定和收入均衡多次强调集中的重要性，但是作为理论探讨，强调集中的观点总是显得“不那么合乎时宜”。激励、增长的前提——国内统一而稳定的市场似乎因其固有存在反而没有受到足够的重视。在处理政府间财政关系问题上，基于契约

① 中国的经济改革是从地方分权化而非民营化开始的。20 世纪 80 年代初的地方分权政策导致了地区间竞争，地区间竞争又反过来引发了民营化。从 90 年代初起，中国的民营化进程在速度和广度上都有所深化。张维迎和栗树和（1998）为此还构造一个中央政府—地方政府—民营企业家之间的三方博弈模型进行说明：分权化使地方有了独立的利益，而民营化是增大自己利益的有效手段，即分权化使各个地区成为“囚徒困境”中的参与者，而民营化是其占优策略。如果取消地方分权和地区间的利益竞争，中央政府确定税后剩余分享额并平等地对待两（各）个地区，或者两个地区可以合谋以取得联合收益最大化，民营化就不可能发生。见张维迎和栗树和：《地区间竞争与中国国有企业的民营化》（《经济研究》，1998 年第 12 期）以及张曙光的评述：《立足本土 走向世界》（《经济研究》，1999 年第 9 期）。

② 财政压力下发生的制度变迁，不一定都属于“帕累托改进”式的，一旦制度条件改变，由地方政府主导的制度变迁既可能有利于经济发展，也可能使当地经济恶化。他们的确曾积极“培养财源”，但他们也可能“杀鸡取卵”。不同的行为对应着什么样的制度条件？一些学者解释中国改革开放的成功，是因为建立了一种“维护和创造市场的联邦制（market preserving and creating federalism）”。这方面的文献，参见 Qian；Weingast（1995，1997）。

主义市场观的经济学概念被广泛引入，财政联邦制被概括为中国财政体制的主要特征，财政分权的理由和好处得到学者、企业家和地方官员的广泛支持。论者——无论是国外专家还是国内学者——经常以政府债务与 GDP 之比进行中外比较，似乎中国财政负债没有什么风险。既然发达国家地方政府一直有发行债务的历史，中国也应该仿效。

可是有必要指出，在对一些根本问题缺乏研究的情况下，简单比照国外经验是成问题的。中国的财政收入、特别是中央财政收入占 GDP 的比例较低。但是，中国政府直接掌握的经济活动——国有企业和银行——以及通过行政管制间接控制的经济活动，占国民经济的比例之高是多数国家无法相比的。再加上各种“非正规的”政府收入——五花八门的税外收费和官员非法索取，要论“政府的全部收入”占国民生产总值的比例，恐怕完全是另一回事。反过来，中国政府对社会经济中任何不测事件所承担的义务也是其他国家无法相比的。就是说，由于制度环境不同，中国各级政府从经济当中筹集收入的方式，政府对资源的支配方式和或明或暗发挥的职能，我们还不能简单地进行中外类比。

同样，要对政府的非财政收入“量化处理”也非易事。中国的“财政收入”比率可以按国际惯例衡量，但各级政府汲取的“非财政收入”却无从考察和比较。因此国民经济中整个的“政府总负担”究竟如何，并没有人说得清楚。类似的是政府债务的“国际比较”。政府——特别是中央政府的——正规赤字和债务比较起来容易。但从乡村政府往上的全部政府机构还负有大量隐蔽的、潜在的债务，这些“不上台面”的事情统计和估计起来都很难，却并不因此就减轻政府——在很多情况下是中央政府——在未来岁月里的财政支付责任。如果简单地横向比较后就贸然引进一些做法，很可能引起意外后果。

本书的选题还基于普遍的现实观察：从 1994 年以来，随着财政分权改革的深化，在各级政府之间事权、财权的现有分配格局下，在资本市场和金融系统普遍对债务约束弱化的背景下，地方政府的债务呈明显的增长态势。只要金融改革不到位，只要金融活动的行政干预仍较强，地方债务风险往往会转移、发展为区域乃至全国性的金融风险。强化地方债务风险管理，既是个有趣的理论问题，也是中国今后发展与改革中重大的实践问题。

第三节 文献综述

近几年来，政府财政风险受到政府部门和学术界的关注。IMF 在 1998 年颁布的《财政透明度章程》中，特别强调各国政府应建立财政风险的确认、评估、报告和披露制度，要充分意识到财政风险的存在，通过一定的制度安排及时确认和评估风险，在政府预算编制中要对引发财政风险的关系性预测假设的变动、政府的或有负债、特定支出承诺规模及其他不测事件引起的不确定性给予明确反映。

一、国内文献综述

自 1997 年中央政府连续多年高额发行国债以来，国内关于财政可持续性、政府债务风险的研究就逐渐增多。传统上，政府债务危机是指财政无法支付其到期债务而陷于困境的现象。高培勇教授（1996）就举借国债对社会总需求的总量和结构的影响进行过分析，指出举借国债扩张了社会总需求量，增加带给社会总需求结构的影响是社会总消费的增加和社会总投资的减少同时发生。不过他所指的举债，是指在一个国家财政—市场框架里讨论的问题，既没有考虑财政以外的其他公共部门，更没有考虑不同级次政府举债和投资行为的差异。在中国，不仅国家财政，而且国有企业和国有银行的负债如果出现支付困难，政府都天然地承担着清偿或担保义务，因而三者负债之和应该计为中国的政府债务。为此樊纲（1999）提出了一个“国家综合负债率”概念，从财政—国有企业—国有银行体系“三位一体”框架出发，论证整个中国经济所面临的风险。张春霖（1997）认为，国有企业“低成本地”获取金融资源，与国家通过计划工资和价格政策，财政通过税收、国家银行通过垄断的筹资渠道一起，构成了一个完整的“国家融资”体系。进而，他（2000）指出，中国政府的债务安全和债务风险不仅仅就中央政府发行的内外公债来衡量，而应该计算“公共部门债务”和“政府净值”，来衡量政府对债务风险的承受能力。刘成（2000）还就我国政府综合债务水平进行了初步的估算并作了国际比较。

如果说，把国家看成一个单个债务发行主体的话，即使可能很严重，但中国经济风险和债务压力毕竟是可计算和可预期的，进一步，通过采取改革或预防措施是可事先控制的。在中国，有一种债务，明确记在政府的账上，而且也的确由政府举借，但却不易发现，更不易控制，可能引起的后果却相当严重，到头来中央政府还必须着手解决，那就是中央以下各级地方政府的债务。与财政学其他内容相比，这一问题被许多学者忽略了。贾康、赵全厚（2000）在研究中国国债适度规模问题时，谈到了国家债务融资中的最关键问题，是控制隐性债务和或有债务对财政的倒逼，由此简单提到了公共部门负债中可能有地方政府担保的部分债务。但总体上，他们的研究仍是在一个政府—市场框架里讨论问题，没有专门研究中央以下地方政府在利用政府信用举债融资的潜在影响。

在2000年之前，尽管中国地方政府已经有不少负债，但直接论及这一问题的专业文献很少。世界银行（1999）曾有一份报告，指出了中国的隐性债务与或有债务问题，其中提及中国各级政府不同形式的担保有可能引发债务危机[①]。2001年以后，中国地方政府负债的严重性开始引起广泛讨论。在世界银行和国家财政部的支持下，部分地方财政部门和国外学者对中国地方财政风险进行研究。不过从公开发表的资料看，这些研究更多地强调了分税制改革后地方政府财力紧张情况，几乎没有正面讨论各地债务问题的。在对策措施中，许多地方政府呼吁增加自己财政收支的自主权，其中包括发行地方政府债券进行融资。这种要求也得到世界银行专家的支持。（黄佩华，2003）

关于地方政府负债的原因，大多数解释都会提到如下四点：一是1994年分税制改革后，在各级政府间财政收入和支出责任的划分不对称，中央和上级政府转移支付不到位，导致地方政府普遍财力紧张；二是地方政府不负责任的政绩工程投资；三是地方行政、事业单位机构膨胀、冗员过多；四是市场低迷，乡镇企业效益欠佳，地方政府收入锐减。实际上，不同级次、不同地域的基层政府——城市政府、农村的县乡和村——的债务状况和债务成因是不同的，因此也就没有出现统一的、系统的解释。

除了上述原因外，其他原因也不断被发现或被强调。有人强调了“历史原因”：比如1993、1994年乡镇大上项目、铺摊子，乡镇政府开支提升上去以

① 世界银行内部报告：《关于中国的隐性债务与或有债务》，1999年打印稿。

后却不随经济回落而回落（李昌平，2002）；有的谈到了地方金融风险的财政化转移模式问题。自1996年以来，中央政府开始重视全国各地日益积聚和暴露的金融风险问题。对城市信用社、农村基金会、信托投资公司与租赁公司等金融机构进行清理整顿，对这些机构违规经营所形成的巨额不良资产，以及它们对社会和个人的巨额债务兑付义务，基本上采取了财政化的风险转移模式。这种类似于波兰等国在化解金融风险中的成功举措，有利于有效转移金融风险，维持地方金融和经济的稳定，但其“转嫁”性质，却把债务压力短期内集中到地方政府身上；（陶雄华，2002）改革过程中融资行为的混乱和债务管理措施不到位，也不应忽视；（郭琳，2001）国家在资本市场监管方面的不力，公共投资领域不够开放导致地方政府承担融资风险也被认为是原因之一（詹向阳等，2003）。靳晓黎等（2003）强调了积极的财政政策执行过程中，债务在中央政府和地方政府之间的划分和共担问题。在更基层的乡镇和村一级，地方政府行为扭曲甚至干部的寻租、腐败，常常造成了财政危机。（贺雪峰等，2002；邓大才，2003；任不寐，2003）地方政府承担的公务员工资拖欠、社会保障义务、基础教育义务、粮食企业亏损挂账等隐性债务也是地方政府债务的重要组成部分。有人还专门讨论了地方政府因担保或变相担保企业债务而承担的或有负债问题（安秀梅，2002；陈东红，2002）。

针对上述原因，化解地方政府债务的对策也就相应产生。如在分税制调整中增加地方财力，增加中央政府对地方政府的转移支付，规范或约束地方政府投融资行为，转变地方政府职能、精简机构、裁撤冗员，调整各级政府公共物品的提供义务，等等。值得注意的是，在各种化解地方政府债务的对策中，扩大地方财政自主权、允许地方政府发行债券的建议越来越多。除来自世界银行的一些专家代表性观点外，国内这方面的呼声从2002年以来也越来越高。对这一问题的深层论证和潜在影响的分析却相对较少。鉴于中国资本市场发育状况，鉴于中国地方政府的现实特征，更鉴于中国的国家形态，如何向地方政府下放债务融资权，控制整个经济的风险是个特别值得关注的问题，对此方面的观点和对策，本书将在最后作详细分析和评价。

综上所述，几年来国内关于地方政府债务问题的研究固然为我们解决或解释这一现象提供了不少有价值的思路，但尚有一些根本问题仍未得到回答。地方政府应不应该进行债务融资这一规范问题几乎没有被正面提及：对地方政府借债的批评似乎暗含着地方政府不应该借债的前提；发行地方债券的建议似乎暗含着地方政府应该进行债务融资的假定。不仅如此，地方政府作为一种行动主体，其行为特征、在市场经济中的职能及其治理结构，在资源配置中的地位，等等，对这些问题的深入分析目前是不够的。如果这些问题得到回答，那么就可以回答如下问题：

如果说地方政府债务的产生是因为地方干部为政绩工程而融资，那么发展地方经济的政绩为什么成了地方政府的普遍冲动？为什么他们不本着有钱干事、没钱不干事、有多少钱干多少事的原则行事？更需要回答的是，近年来上级下达的化解政府债务的任务是否足以遏制债务的再增加？

如果地方政府债务产生的原因是因为“财力上移、支出下移”的分税制财政改革，那就意味着是转移支付不足造成了地方债务。那么，是不是今天地方政府的债务额相当于中央应该下拨的转移支付额？抑或说，要是这些年来中央政府及时进行转移支付的活，地方债务就完全避免了？

如果说地方政府债务源自地方行政事业机构膨胀和冗员严重，那么地方机构改革是不是解决地方债务的充分条件？为什么机构膨胀和冗员增加急刹车后债务还在增加？

二、国外文献综述

国外关于地方债务的文献分为如下三类：一是地方政府债务融资的理由；二是债务发行的安全界限；三是地方债券与资本市场的关系。①

地方政府债务融资的规范原因有四：第一，为资本性支出筹集资金。地方政府常常承担着地方基础设施的公共投资职责，这些设施投资大、产出不易回收。通过现行税收为这类项目融资一般缺乏效率。而且，由于这类公共投资的好处可以被好几代人享用，从代际公平考虑后代应该承担一部分支出，资本市场提供了这样一个联结代际间的链条（Oates，1972）。第二，促进地方经济的发展。一般来说，地方政府举债投资于当地基础设施，可以为本地公众提供就业机会并提高收入水平，刺激地方经济发展（Ebel and Yilmaz，2002）这一点就如中国中央政府在亚洲金融危机后推行积极的财政政策而大行举债一样。第

① 当然，关于地方债券收益与其他金融工具的投资价值比较，金融学常有论及，本书不作介绍。

三，协调财政年度内支出发生与收入筹集之间的不一致。由于在一特定财政年度内，发生支出的事项和税收收入的取得在时间上并不完全同步，通过资本市场运作可以解决这一不匹配问题。第四，加强政治责任。资本市场评价为加强政治责任提供一个独立的机制——市场可以通过利率或干脆设置进入障碍作为信号，公开地方政府的不良业绩（Ebel and Yilmaz，2002；Ahmad，2002）。

但上述理由只是从规范角度指出地方政府“应该”进行债务融资。实际上，从地方政府债务融资演变过程看，不同级次的地方政府在不同经济发展水平和宏观经济条件下，债务融资的数额、条件和后果是不同的。比如在美国历史上，公众和中央（联邦）政府对地方政府举债的态度也一直在变化着。发表在1914年JPE（Journal of Political Economy）上的一篇文章归纳了当时美国联邦和州法律对地方政府举债进行的七个方面的限制。这些限制都集中债务融资的使用方向、债务期限、数额、条件和程序。如禁止地方政府补助私人企业；禁止借债数额超过本辖区财产估价的某个百分比；禁止借债期超过法律规定的最高期限；未经全民公决不得举借长期公债；等等（Horace Secrist，1914）。

根据沃利斯（Wallis，2000），到19世纪30年代末，如果把美国地方和联邦政府的债务相加，仅相当于州政府发行债务的1/8。由于1839~1842年经济衰退，州政府普遍经历了债务危机。此后各州议会通过法律对政府举债进行了严格限制，没有足够的估价财产或税收抵押不得借债。（Horace Secrist，1914），由于在前期债务教训和剩余财产无多，各州大幅度从经济建设领域退出。地方政府代替州政府承担了较为积极的角色，它们按照财产估价发行公债从事基础设施投资。这一时期地方政府债务总额达到联邦政府债务额的8倍。在1929~1933大萧条中，联邦政府的作用被提高到前所未有的地位，联邦从税收、债务方面掌握了大量的收入，并承担起了主要的开支责任。（Wallis，2000）作为联邦制国家，美国各级政府有独立的财政立法权，是否借债，借债数额、条件、使用和偿还，都是由各级政府议会自己确定的。马贝尔·纽卡默（Mabel Newcomer，1937）对20世纪30年代联邦、州和地方债务的状况分析发现，大萧条使得三级政府的债务发生剧烈变化：美国联邦政府债务从1931~1936年5年内翻了一番，州政府债务只增加了27%，但地方政府在1932~1934年大幅度下降。这是因为大萧条使得地方政府自有财产估价大幅缩水，按此借债的法定基础不足。那时候一般规定是净债务不得超过资产的10%。他认为这一法定借债上限低估了地方政府还债的能力，因为真正代表负债能力的是建设性债务比例和税收收入。当时城市地方政府76%的债务用于供水系统，它们未来收益充分，不会给地方政府造成压力。但是根据亨普尔（Hempel，1971，1973），在20世纪30年代，有4770个地方政府发生债务拖欠，大部分设法寻求破产保护。20世纪70年代这一局面又出现，许多地方政府财政拮据，濒临破产。这种现象推动了美国地方政府破产法律和破产程序的演变。

可见，静态地讨论地方政府是否应该通过债务融资有失偏颇。按照流行的财政联邦制观点（几乎也是财政分权的同义语），一个国家要实现财政效率，只有尽可能地让地方政府财政自主，包括发行债务。（黄佩华，2003）而且这种做法似乎当然地适合所有国家。但是根据马斯格雷夫（Musgrave，1997），历史上，财政联邦制概念在战后被提出来时，主要是指如何强化中央（联邦）政府财政地位的。而且从20世纪60年代到80年代的经验证据表明，财政分权对发达国家没什么影响，对发展中国家的经济增长却有妨碍作用。（Zou，1998）实证地看，在西方国家，地方政府之所以经常发生财政赤字，之所以进行债务融资，不一定出自财政活动的帕累托标准，只不过是代议民主政治下各种利益集团之间博弈的结果（Inman，1990）。因此，那种基于流行观点而要求所有国家都必须加强地方财政自主权的建议应该受到重新审视。

地方政府到底发行多少债务才是安全的，看来也没有明确的结论。如上所述，历史上美国州与地方政府债务融资过程中，先后从法律上对债务上限进行了规定。但一旦宏观经济条件发生变化，地方政府与普通企业一样也会陷于债务危机。这时，政府债务的安全性与普通企业债券的安全性已没有大的区别。不同的只是两者偿还来源（税收和赢利能力），以及各自的治理结构下带来的承诺可靠性。在微观层面上，确定一个地方政府安全的债务界限几乎相当于对其债务进行信用评级。问题的复杂性在于，对地方政府的债务安全标准——信用评级远比对企业的困难。亨普尔（Hempel，1972）曾开发一个计量模型，检验大萧条时期美国密执安州49个市中的45个发生债务拖欠的主要原因，认为人均债务、债务—财产估值、税收增长、人口增长等因素在23个因素当中影响最大。但是后来福布斯（Forbes，1973）讨论这一结论时认为，上级政府对地方政府的财政补助越来越多，这对地方政府借贷行为和债务安全因素都产生很大的影响。同时他还批评，要取得一个统一的债务安全标准并不容易，即使同一个城市政府的债券，不同的信用评估机构给出的结果差别很大。就是说，从理论上讲，即使在专门评估债务安全标准的行业里，也很难找到一个一致的债务安全界限。① 从那时以来，关于地方政府债务安全界限的争论与企业债务问题一样，成为金融经济学里一个长盛不衰的话题。

实际上，从资本市场的角度看，最优债务标准的决定几乎跟金融资产定价的决定问题一样复杂。但从借贷双方关系看，预算约束条件常常决定着二者的行为选择。在一个对债务人缺乏硬的预算约束环境中，众多债权人因为信息不对称而各自放贷，最终导致债务人产生债务依赖。这时债权人为收回前期贷款，不得不对债务人实施援救。这便是全球借贷市场、包括主权债务关系中经常出现的现象。债权人被迫对债务人让步，既弱化了债权人一方的预算约束，如金融系统内部对分支机构的预算约束，也刺激了债务人的道德风险。特别在债务人属于政府机构或主权国家时，这种事后不得不做出的债务重组往往使得债务风险向债权方集聚。对这一问题的研究属于近年来兴起的契约经济学和预算约束理论的主要论题。预算约束软化就不再仅限于传统公有制经济中（平新乔，1998）。尽管如此，只要债权人一方的承受能力有限，它总有一定的激励去约束债务人的行为。即使债权人清楚债务人的道德风险、债权人可能事后不得不假以援手，最优借贷合约还是存在的（Schwartz；Zurita，1992）。至此，博弈论和信息经济学被引入最优债务的研究之中。克曼尼（Khemani，2002）对印度中央政府对地方政府的借贷进行了这方面的研究；哈格德和韦伯（Haggard and Webb，2003）还以此讨论了拉丁美洲阿根廷、巴西和墨西哥三个国家中，政治激励对财政间的财政关系的影响，特别是在中央与地方政府之间不同的财政体制下，地方政府通过债务融资对中央财政和全国宏观波动的冲击。他们对这些国家地方政府借债行为和后果都提出了有价值的解释。不过尽管中国与这些国家一样属于发展中国家，但上述研究都强调了政治体制中党派

① 在我国，专业信用评估更不发达，甚至从事信用评估的机构本身的“信用”也值得怀疑。对企业债务安全标准进行评估还十分困难，对地方政府就更难了。这可能是中国地方政府发行债券要遇到的最大问题——投资者乃至全社会无法得到一个地方政府债务是否处于安全状态的预警。本书后面还有讨论。

政治（轮流执政）在地方政府赤字融资中的影响。从这一点看，它们是无法用以解释中国现象的。

从体制变迁的角度看，在财政集权向财政分权过渡过程中，一旦允许地方政府债务融资，地方政府行为的变化、中央政府的监管水平和资本市场发育程度，将引发何种宏观后果，或许俄罗斯的故事①能够对中国提供有益的借鉴(Freinkman, Titov and Treisman, 1998)。详细介绍见本书第六部分。

综上所述，无论国内还是国外学者，对地方政府债务的研究多是着眼于债务的风险的探讨，在此基础上讨论解决对策。而从根本上认识地方政府债务形成的原因，积累机制，则需要从地方政府的性质、它们所面临的约束条件来看问题。各国不同时期地方政府债务融资问题差别是很大的。一般地，地方政府从上级政府或本辖区居民授权，提供诸如产权保护、市场标准和某些有较强外部性的基础设施，难道就一定要举借债务？与一般企业比，它们举债时面临债权人、中央政府和资本市场的监督条件有何不同？对这些问题的讨论还远远不够。

本书是从地方政府的竞争行为来解释中国地方政府债务原因的，我们通过一个地方政府竞争理论来透视这一问题。从历史上看，大国治理的政治经济学永远充满着中央政府对其地方政府在信息（监督）与激励之间的权衡(Trade - off)：在完全信息假定下，中央政府总是能够准确地掌握地方政府的努力程度，从而保持着国家的有效治理。但现实世界信息是不完全的，对于自己的地方代理人无法做到“要让马儿跑又不让马儿吃草”。这就是给予地方政府一定的激励。而激励就意味着权利的让渡——或者是剩余索取权或者是剩余控制权的下放——从而意味着不同级次政府之间在权利上的搭配与争夺。

关于政府间竞争的经济学存在着两种理论：一种是从蒂伯特（Tiebout）到布雷顿（Breton）的新古典经济学解释，强调地方政府在提供公共物品方面的竞争（详细介绍见本书第三部分）。另一种是何梦笔等（1999）的演化经济学解释，强调政府间的制度竞争。还有一种来自社会学与政治学的解释，如戴慕珍（Jian Oi, 1992, 1996）、布莱彻（Blachair, 1995）对地方政府“法团化”或“发展型地方政府”的概括。这些对地方政府竞争的理论都突出了地

① 具体介绍见：www. worldbank. org. cn/Chinese/ Training/chapter%205 - cn. htm.

方政府为自身利益竞争所带来的好处，其中新古典理论谈到了地方政府竞争的负面影响，但只涉及到各地竞相降低税收而扩大公共服务，反而导致财政紧张和赤字融资（即 race to bottom），并没有关注竞争的宏观经济后果。不仅如此，对政府"自身利益"也缺乏足够的分析。直到奥尔森（Olson，2000）提出，政府还可能伸出看不见的左手，展开攫取租金的竞争。人们对市场这只看不见的手有较深刻的认识，但是对于指挥政府行为的另一只看不见的手——奥尔森称之为"看不见的左手"却了解甚少①。在这只看不见的手指使下，政府会协助私人投资、提供公共物品，伸出一只扶助之手。在同样一只看不见的手指使下，政府官员也会滥用权力，伸出一只掠夺之手。不过他只是在单个的"国家—市场"（即统治者—臣民）框架内讨论。经验观察是，在政府内部，中央政府与地方代理人二者与普通公众之间关系往往是不一样的，单个的"国家—市场"框架并不能准确呈现出问题的全部内容。尽管上述理论为解释地方政府的行为提供了有益的思路，但在一些更具体的问题上，如不同的体制条件下地方政府行为的不同表现，还缺乏适用性。特别对于像中国这样的国家，地方政府的行为还有待于我们进一步观察和分析。

第四节　本书的创新与结构安排

一、本书的创新点

第一，为普遍发生的地方债务尤其是主动负债问题提出一个初步的理论解释。迄今为止，中国地方政府债务问题在媒体上得到广泛的议论。许多对基层政府负债原因的研究多属于对债务组成部分的列举，如地方财力紧张、形象工

① "这样，当对权力由破坏性运用转变为建设性运用时，……所引起的效果改进归因于另一只手。这只看不见的手——我们要称它为左边的另一只看不见手——至少在某种程度上根据社会利益引导共容利益运用他们的权力，甚至提供公共产品。这第二只看不见的手就像亚当·斯密时代第一只看不见的手一样，对人们是陌生的，大概是反直觉的。但是，这并不意味着它不重要。遗漏了第二只看不见的手，就不可能有满意的关于权力、政府和政治、政府对经济产生好作用或坏作用的理论。"（Olson，*Power and Prosperity*：*Outgrowing Communist and Capitalist Dictatorships*，《权力与繁荣》，中文由李增刚译，2003 年打印稿。）

程和冗员增长过快等。国内近年来对财政风险和政府债务的研究也只是就中央政府而言的，至多有时涉及到地方政府债务。如何看待地方政府的性质和功能，从地方政府行为上为其债务积累寻找一般的理论解释还相对缺乏。本书提出的解释是，竞争性地方政府在不同约束条件下有着特殊的表现，地方政府的主动债务实际是获取低成本资金的理性行为。

第二，为国内外已有的政府竞争理论寻找经济学的基础。国外对政府间竞争的研究已经有较成熟的新古典理论，主要研究财政联邦制下地方政府在公共物品提供和地方税收方面为争夺辖区居民（企业）而进行的竞争。公共选择理论关注政府内部选民和官僚博弈对财政工具的确定。近年来又有制度经济学和演化经济学关于政府间制度竞争理论。但它们对于中国地方政府行为，特别是对债务融资行为的解释力较为有限。国内这方面研究多是讨论竞争的后果，如地方经济增长、地区封锁和宏观货币政策冲击等等。但地方政府这些行为的内在动机是什么，在不同的约束条件下会有什么具体表现，也没有较系统的解释。借用社会学关于地方政府“法团化”的概念，本书认为，原来属于中央政府代理人的地方政府如今逐渐拥有了财政产权，一方面，它们在税收剩余不足的情况下从财政产权尚模糊的环节攫取租金，另一方面，任期制使得决策者产生机会主义倾向。今天的地方政府债务积累，或许连同普遍出现的诸如预算外资金、政府特许权创设和出售、国有和集体土地在开发区热中的流失等等，都是可以由此得到解释。

第三，通过理论分析和经验观察，提示应谨慎看待广为流行的地方财政自主并放开主动负债的观点。如果允许地方政府发行债务，一些配套的制度设施是必不可少的。从财政联邦制和财政分权出发，国内外财政理论都主张地方财政自主是最可取的制度安排。实际上，即使根据这种理论，地方政府由于竞争，只能对不流动要素征税而不得不放弃流动性要素税收，结果使得对流动性要素征税和具有外部性的支出项目都由上级或中央政府进行，因此财力集中然后由转移支付制度向地方分派是个必然现象。许多国家包括发达国家的经验也说明了这一点。可见，基于财政联邦制观点而要求地方财政自主是缺乏实证基础的。而且基于财政自主就认为地方政府应以债务融资来解决目前的债务困境，对中国来说可能是有问题的。“用钱者”对“出钱者”负责任的制度是一个社会通过信用扩展得以繁荣的前提条件。破产制度是保证债务约束硬化的最终保证。但做到这一点在中国并不容易，应用于地方政府更难。在这种情况下若让地方政府发新债以解决旧债，则可以预见：如果有健全的金融体系和完备的资本监管框架，那么债务负担沉重的地方政府将无以举债；如果仍保持目前的金融体制和监管水平，那么地方政府的债务会越来越严重，国有金融机构的资产质量也会越来越恶化。一些发展中国家和经济转型国家的经验对我们应有警示作用。本书还探讨了中国地方政府发行债务需要建立哪些制度基础。

鉴于上述，本书是在一个政府间财政关系框架内，从政府间竞争的角度来探索中国地方债务的化解之路的。对中国地方政府债务的建议是，短期内“清理存量、控制增量”，长期内“改制重于放权，监管重于减免”。

二、本书的结构安排

本书共由十章构成。第一章导论介绍本书选题的来源、意义及相关文献。从第二章开始，本书沿着问题——解释——比较——对策的思路展开。第二章介绍中国基层政府负债的状况。基于现实制度原因和与其他国家相似的经历，中国目前的地方政府举债缺乏一个统一、连续的统计数据。但地方政府债务的严重程度，我们从每每见诸报端的介绍、从每年人大政协“两会”上代表的呼吁，更从我们到各地的实地考察中，都能普遍地感受到。既然法律不允许地方政府直接进行债务融资，“偷来的锣不敢敲”——从基层政府财政部门要取得真实数据就不是一件容易的事。除了明显的被动负债外，一个局外人要全面了解某个地方的主动债务发生的原因、借入过程、使用方向、期限结构、约定条款几乎是不可能的。因此我们也没有办法以案例分析的形式展开这一领域的研究。——至此，本书写作的真正困难差一点令作者退却，反过来，正因为如此，本书可能出现的不足，似乎也有了令人谅解的“借口”。对于现状的介绍，就只好采取多人、多来源情况列举的形式，加上作者自己的一些现实观察。

第三章分析的是地方政府债务的潜在影响。主要在三个方面。一是竞争性地方政府竞相举债融资对宏观经济稳定可能产生的冲击；二是在中国资本市场处于发育阶段，地方政府作为特殊的融资群体，它的机会主义行为对全社会的信用可能造成潜在的伤害；三是地方政府过度的主动负债和庞大的被动负债会使其根本无力提供辖区公共物品。竞争性地方政府或企业型政府，既可能追求公共物品的优化提供，也可能追求辖区经济总量和就业水平的提高，还可能追求自有可支配资源——自主财政收入的最大化。这后一个动机与奥尔森（Olson）的“看不见的左手”假说相近。

经济学的主要功能在于对发生在现实世界里的事实进行解释，或者对已有的解释作进一步的解释。从第四章开始，本书要分析中国地方政府负债的原因。随着中国改革的深入和经济发展水平的不断提高，中国基层政府为什么普遍地靠借债进行融资？它们既承担着市场风险又承担着行政纪律风险——须知地方政府不得直接从市场上借款，也不得进行项目担保。自从上级发现了这一问题的严重性之后，每年地方政府官员都多出了一项有待完成而且要考评的政绩指标——债务化解任务，与 GDP 增长和招商引资任务同样重要。但为什么他们在完成一种政绩时（GDP、招商引资）宁可牺牲另一种政绩？

借债数据本身只是个现象，它反映两个问题：债务需求和借贷供给的深层原因。本书分两个方面进行解释。一是如第四章分析的，在现行体制下，财力上移、支出下移的同时，转移支付却不到位，这是导致地方政府财政紧张从而引发被动债务的体制安排。1994 年分税制改革以来，伴随着中央和各省之间以税收为基础的财政权力下放，财力向上集中的趋势明显，地方政府的预算外资金也被纳入正常预算。这次改革可以说是“激励相容”机制设计的一个成功案例——地方政府为增加自己收入财政努力，自动地为中央增加了更多的贡献。但是，转移支付不完善情况下，这种政府间收入分配格局使得地方政府不得不另寻他途以增加收入。普遍借债是从这时候开始的。但这种体制遇到了一个“难得的”制度环境：全社会市场规则正在形成阶段。在此之前，中国国有银行与地方政府之间完成了一种经典的借贷市场上的错配：不打算负责的债务人和没有债权人合作，完成各自的政绩任务。地方政府一直有着优越的借款人资格——无论从所有制还是还款能力上，它们在新环境下也充分利用着自己的这一身份。在对民营部门金融服务受限、低迷的市场环境对企业贷款谨慎的情况下，国有或集体金融机构也似乎找到了延续业务的出路。因此，基础设施融资是地方政府债务增加的主要原因。二是如第五章分析的，与国外学者讨论的地方政府进行提供公共服务的竞争不同，中国地方政府，特别是越靠近基层的政府，进行着企业般的资源和市场竞争。它们既带有所有国家基层政府的倾向，又有着发展中国家的地方政府特征，更有着中国特色的体制模式。就像市场里的企业一样，基层政府在自己特有的市场里与其他地方政府，也与跟自己有隶属关系的上级政府争夺资源。传统的投资饥渴、后来的产品市场封锁、资源争用、预算外资金膨胀和今天的债务积累，有着一致的内在原因。它们只不过是在不同体制条件和外部环境下的不同表现罢了。

那么，有了对现行财政体制和政府本身性质的认识，究竟如何看待中国地方政府普遍的负债情况？这需要从根本上认识政府职能划分和财政收支在各级政府之间的配置。第六章从理论上展示了这些内容。财政分权是20世纪80年代以来十分流行的话题。一些国际机构如世界银行还就这一专题举行过不少次研讨。但人们对这一问题的认识无论理论模型还是现实验证，一直没有取得共识。毕竟财政问题不仅仅是一个企业经营或消费都选择的问题，纯粹的经济学推导可能忽略了政府面临的许多真正的约束条件。学者的假定和概念在刻画各国政府的真实行为方面无法一致。第七章介绍了一些国家的实践。同是发达国家，日本是单一制而美国和德国是联邦制；同是联邦制国家，德国与美国相比，两国政府职能的划分和政府间财政关系之间的差别，一点也不比单一制国家与联邦制国家之间的差别小。

由理论分析和现实比较，从第八章开始，我们再回到中国地方政府债务问题上来，讨论如何从短期内遏制债务增长势头，并从长期看如何安排政府之间的财政关系。总的建议是短期内清理存量、控制增量——这需要许多临时性的权宜措施。长期内着手建立处理政府间财政关系的法律制度和一系列制度设施。

针对长期以来人们要求修改现行预算法允许地方政府举债的主张，本书第九章进行了专门的讨论。那种基于“财政联邦制和越分权越好”的认识而主张：中国放开地方政府融资，进而要求修改法律以解燃眉之急的理论，是令人不安的。中国资本市场的发育程度、债务信用在全社会的认可程度，现行法律对所有“用钱者”的约束从而对“出钱者”基本权益的保护力度，我们实在从中看不出放开地方政府举债的可行性。“缺钱”永远都不是“借钱”的第一理由。在竞争性政府视角下，全世界无论国富国穷，我们很难找到一个显得不缺钱的政府。拥有公权力的政府介入民商事交易活动中，如果缺乏像普通民商事主体一样面临的约束，放开手脚举债，后果不言而喻。我们是一个既没有支配过巨大财富也没有真正创设并履行市场经济规则的国度。从政府到公众，从官员到学者，市场经济中的经验和知识，需要我们学习的太多了。

第十章是本书的结尾。正如前面介绍和分析过的，分权是否就有效率就是个见仁见智的问题。中国作为传统的政治上单一制国家，在长期历史发展中有着自己的一套公共治理的“道”和“理”。作为一个多民族大国，中国的这些历史经验可能是人类公共治理中值得好好研究的一部分。由地方债务到大国治理的经济学，本书希望给出的解释或许是浅层次的，甚至是错误的。但是任何这方面的努力可能都值得提倡，尤其对身处越来越高程度的工业化、市场化和国际化的中国。

第二章 中国地方政府债务现状

地方政府到底借了多少债务，目前尚无一致的数据。在省级、地市级、县市级和乡镇级政府中，各级财政负债规模有多大，更缺乏权威公布。这其中可能的原因：一是现行统计体制无法对此数据进行统一。如农业、财政、银行、审计等部门自有一套由下向上逐级上报的数字，但没有关于财政债务的统计。二是地方政府债务的认定方法不统一。如或有债务是否和怎样换算为直接债务，地方政府直属企业负债如何计算，地方政府对公共服务的欠账，对公务员的欠薪，基础设施建设工程款拖欠，招商引资配套款拖欠，欠上级政府上解款，税收“预征”或“借税”，等等，如何计入地方政府债务尚不一致。三是从预算法、担保法等相关法律法规的禁止性规定看①，地方政府负债数据，属于“偷来的锣不敢敲”。既然法律上不允许，统计部门也就没有理由进行统计；地方政府提交这类数据的话也不会“理直气壮”。

① 1994 年 3 月 22 日第八届全国人民代表大会第二次会议通过的《中华人民共和国预算法 》第二十八条规定：“地方各级预算按照量入为出、收支平衡的原则编制，不列赤字。除法律和国务院另有规定外，地方政府不得发行地方政府债务。”1995 年 6 月 30 日第八届全国人大代表常务委员会第十四次会议通过的《中华人民共和国担保法》第八条规定：“国家机关不得为保证人，但经国务院批准为使用外国政府或者国际经济组织贷款进行转贷的除外。”

第一节 媒体披露的数据

不过从媒体报导和一些专题调查反映的情况看，地方政府债务数据版本之多，相互差异之大，令人感到这一问题要通过准确的数据进行系统的研究，可能需要更长的时间。本书引用的债务数据，可能随着时间推移会做相应的调整。这也是因为本书从选题到资料收集周期较长，况且“非正规”统计数据的获取的确不易。这一困难，还体现在我们不得不对所了解的个别地方的名字以字母代替，相信这一点能得到读者的理解。

一、农村县乡村负债：数据版本多，各个数额大

县负债。2002 年，审计署对中西部 10 个省的 49 个县（市）进行了财政审计。结果发现，截至 2001 年底，被审计县（市）本级政府债务累计达 163 亿元，相当于当年可用财力的 2.1 倍，平均每个县（市）3.33 亿元。其中有 5 个县负债超过 9 亿元。地方政府负债主要由以下项目构成：向上级财政部门借款、粮食企业亏损挂账、各项建设工程欠款、为企业担保形成的债务等。被审计的 49 个县（市）债务中，有 41% 是因为粮食企业亏损挂账、兑付农村合作基金会专项借款和农村“普九”[①]工程欠款三项（李金华，2003）。

福特基金资助了一项中国中部地区县乡财政危机调查，反映出基层政府债务情况和财政压力。2000 年湖北省襄阳县，本级财政债务 2.8925 亿元，占本年全县实际可支配财政收入的 140.3%。全县 17 个镇平均负债 2411 万元。江西省的泰和县财政债务为 9000 多万元，占可支配财政收入的 57%。河南省的鄢陵县县财政负债 4000 多万，乡镇负债近 1 亿元。其中有两个乡镇财政债务与实际可支配财力相比，分别为 295.4% 和 370%。（韩俊，2002）安徽省 1997 年乡镇负债与当年财政总收入的比率约为 0.6，1998 年即达 1.0 以上；（赵阳和周飞舟，2000）湖北襄阳县 2000 年村镇两级债务（12.5 亿元）与当年全县财政总收入的比率已达 4 倍以上。

① 即普及九年义务教育。

乡镇负债。综合有关媒体陆续报道，2000 年前后，各地基层政府的债务大致情况是：湖南省乡镇负债总额为 85.4 亿元；安徽省乡镇债务总额为 50.23 亿元，有一个阜阳市乡级负债 9.3 亿元，平均每个乡 520 万元；地处沿海的浙江省，乡镇政府负债 36.4 亿元。全国乡镇平均每个负债约 400 余万元，共计 2200 亿元左右。曾担任过乡长的李昌平（2002）写道：

"江汉平原的监利县村级债务 5.5 亿元，乡级债务（含管理区）3 亿元，县级债务 1.5 亿元，三级债务 10 亿元。在江汉平原，监利县的农村债务不是最多的，属中等水平。像江汉明珠——潜江市属下的董滩村欠 100 多万元高利贷的村到处都是。富饶的江汉平原是如此，全国的农村可见一斑。"

他由此推断，全国平均每个县（市）的债务按 2～3 个亿计算，农村债务大约在 6000～9000 亿之间。他还说有学者认为远不止这个数，"我还是比较偏向保守的。农村人口约有 9 亿，这就是说，农村人均负债约 667～1000 元。"①

在华北，一位市委书记写道②：

"以河北省邯郸市为例，初步统计，到 2001 年底，全市乡村两级债务 24.75 亿元，平均每个县（市、区）1.3 亿元，其中乡级负债 12.8 亿元，平均每个乡（镇）负债 597.45 万元。村级负债 11.96 亿元，平均每个村负债 22.13 万元。税费改革后，乡村的可用财力明显减少，只够维持低水平运转。债务无力偿还，再加上利息负担，乡村债务已经进入恶性循环。"

1999 年来自湖南省的一份调查表明，大约 2000 个乡镇政府中的 88% 有明显的债务；有一些在 1999 年之前已经用光了 2003 年的预算收入。2000 年对四川省的 100 个乡镇政府的抽样调查表明，有 82 个有明显的债务，46% 的乡镇政府债务高于 100 万元，有一些高达 120 万元。个别乡镇政府甚至已用光了 2015 年的预算收入③。2004 年上半年，安徽省人大常委会在全省范围内组织开展县乡财政情况调查，查明截至 2003 年底，安徽省乡镇负债总规模达 132 亿元，乡（镇）均负债 753 万人民币（崔强，2004）。

到了 2005 年，乡镇债务仍然比较严重。《财经》杂志 2005 年 11 月有一篇

① 李昌平：《农村债务——一颗隐藏的定时炸弹》，《南风窗》，2002 年 7 月 9 日。

② 张力：《税费改革后乡村债务应统筹解决》，《中国产经新闻》，2003 年 7 月 14 日。

③ "中国政府债务：严重，但可控制"，《商务周刊》，2003 年第 23 期。

报道：①

“距年底还有不到两个月，四川省绵阳市游仙区政府便紧张起来——担心债主又要上门了。去年此时，当地各式各样的债主先后八次围堵区政府‘讨债’，每次都有数百人加入，一堵就是几个小时。”

“游仙区是1993年1月1日经国务院批准成立的县级行政区，地处绵阳科技城核心地带；亦是联合国工业发展组织授牌的中国西南地区惟一的‘绿色产业示范区’，以及四川省首批农业和农村经济产业化经营的试点区。”

“这个本有着光明前景的年轻县级区，截至2004年12月底，负债总额高达17亿多元，人均负债3504.9元；如果当年的财政收入全部用于还债，至少需要13年。”

富裕地区县乡两级政府债务并不比中西部少，只是负债结构和原因有所不同罢了。这一点在辽宁省一个全国百强县的实地调查中得到印证。以全国经济发展水平较高的广东省为例，我们从得到的一份2000年的材料上可以看到各地的负债情况（见表2-1）。

表2-1　2000年广东省部分地区政府债务偿还能力（按7年偿还计划） 单位:%

地区	债务余额与当地GDP之比	年偿还额与财政一般收入之比
河源	26.26	141.83
云浮	18.83	107.73
潮州	15.63	96.22
茂名	9.92	76.71
惠州	15.39	74.84
汕尾	13.51	69.37
清远	13.95	63.90
阳江	10.90	57.33
湛江	11.17	56.63
肇庆	9.65	51.00
梅州	11.35	39.75
揭阳	6.43	39.64

① 见“县乡政府负债大起底 财政部‘兜底’4000亿债务”，《财经》，2005年总第146期。

续表

地区	债务余额与当地 GDP 之比	年偿还额与财政一般收入之比
韶关	11.58	38.80
汕头	10.37	37.38
江门	9.45	36.08
中山	7.50	19.01
珠海	4.53	8.82
佛山	2.54	5.97
深圳	2.86	3.07

从表 2－1 可见，如果按照当地已经制定的地方政府偿债计划，7 年内全部偿还所有债务，广东省几乎有过半的地区每年要拿出当地 50% 以上的地方财政收入作为偿债支出。河源、云浮两个山区市更是大大超出了地方财政收入的承受力，每年偿还金额占地方财政收入的比例（以 2000 年地方一般预算收入为比较）就分别达到了 141.83% 和 107.73%。

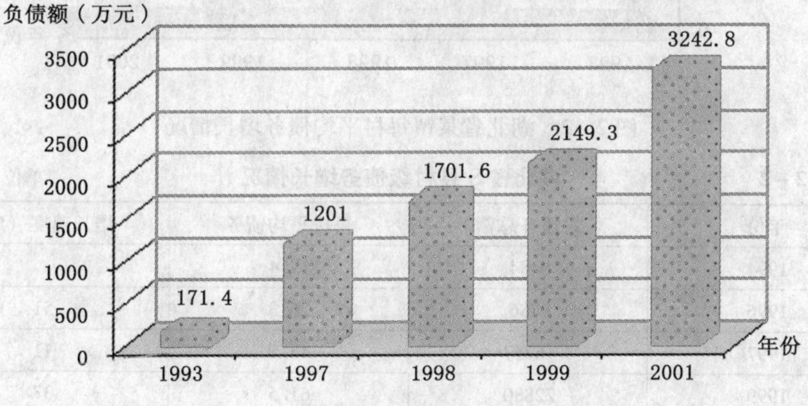

图 2－1　湖北省某镇各村债务变化

村负债。与县乡政府相比，中国的村因为不是一级政府，其债务问题没有多少人注意。贺雪峰等人（2002）还组织了一个深入到村的债务情况调查项目。他们选择农村经济水平在全国处于中游的湖北省两个县。调查指出，村级债务普遍出现在 1993、1994 年。其中的 J 市，村级债务 1993 年前后已有一定的普遍性，但大多数只在数万元，超过10万元的不多。有一个镇1993年全镇村级债务171.4万元，债权71.8万元。债权中，相当部分为镇直机关向村级的借款。有一个镇共26个村，每村平均净债务3.84万元。但随后几年则增长迅速。该镇各村的债务和平均每村债务增长情况分别见图2－1和图2－2。

从1997年以后，上述被调查镇的村级债务仍以平均每年40%的速度增长。另一个被调查的S县共372个村，债务增长情况更严重：1996～2001年，平均每年以56%的速度递增。该县各村债务总额和平均每村债务增长情况如表2－2所示。

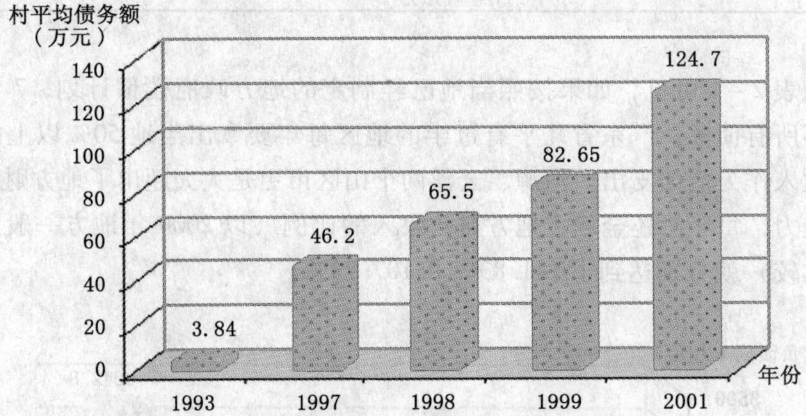

图2－2　湖北省某镇每村平均债务增长情况

表2－2　　湖北省S县村级债务增长情况　　单位：万元

年份	村债务总额	每村平均债务	增长速度（%）
1994	6484	17.4	
1996	9786	26.3	51
1997	16757	45.0	71
1999	22880	61.5	37
2001	38000	102.2	66

从J市总体看，1995～1998年，每村平均债务从10万元升至40多万元，3年翻两番。随后的1998～2000年大约3年里，村债务继续以每年30%多的速度再翻一番。

鉴于村级经济组织的债务大致与乡债务相当①，乡和村两级合计大约是4000亿元。据农业部1999年全面清查的结果，乡村两级负债3259亿元；而村级债务1999年比上年增长17.5%，2000年又比1999年增长11%（农业部，1999，2000）。这离4000亿元的估计数比较接近。

还有报道指出，中国镇政府的财政债务每年以200多亿元的速度递增，预计当前的乡镇基层债务额超过5000亿元；其中乡镇一级净负债超过2300亿元，村级预计达2500亿元。② 假定2000年乡村两级债务为4000亿元，这个数字是当年农业增加值的28.15%，是该年农村各项税收收入的8.6倍。这意味着就是乡村两级组织从2000年开始"零消耗"，这些债务也够它们用近9年的时间清偿的！2005年3月，中国社科院财贸所课题组选择东、中、西部部分县市，分别对县乡政府及城市债务进行了调研。结果发现，政府部门借债政出多门、变相担保的现象仍较普遍。如政府部门从中协调，指定国有企业互相担保；或政府部门向银行出具承诺函，从而获得银行贷款，实质是变相担保，而偿债责任最终归到财政。③

假定上述乡和村两级从2000年后债务（4000亿元）至少没有减少的话，则到2001年，中国基层——县、乡、村——三级财政负债总额，6000亿元~9000亿元的估计并不为过。若扣除中央政府发行然后转贷给地方政府的部分，地方政府债务占GDP的比例也达6%以上④。其中，仅乡镇政府一级的债务保守估计就占GDP的2%~3%。

不过，单看乡镇政府债务对国家GDP的比率，将低估乡镇政府债务问题的严重程度，因为在GDP构成中，从来源地考虑，发生在乡镇且可能承担乡镇债务的GDP要少得多。而发生在村且可能承担村债务的GDP就更少了。因此，说中国政府的基层组织大面积地发生财政危机甚至面临破产，看来不是危

---

① 笔者在东北一个百强县看到，村比乡镇债务高出约50%（9.6亿比6.4亿）。

② "乡镇基层负债5000亿　每年以200多亿的速度递增"，《财经时报》，2004年4月3日。

③ 王长勇："县乡负债大起底"，《财经》2005年总第146期。

④ 自1998年开始，中央政府实施积极财政政策后，每年发行1000亿元以上的长期建设国债。其中有一部分由中央转贷地方使用，由地方负责还本付息，用中央对地方的税收返还做担保——实际上也成为地方负债。据统计，1998~2004年，中央发行的长期建设国债累计达9180亿元，其中转贷地方2430亿元，占26.5%。（参见《财经时报》，"地方发债权仍存争议　修订预算法留有空间余地"，2004年4月3日）

言耸听。

二、城市政府债务：原因不同，同样普遍

城市政府到底共有多少负债，跟农村县乡村负债一样，没有公开的统一数据。自从地方债务问题被广泛关注以后，有一种观点也占据较重要地位，那就是允许地方（城市）政府举债，尤其是城市基础设施和公用事业建设项目，城市政府可以发行市政工程债务进行融资。

鞍山模式。通过所属的信托企业等非金融机构进行融资是地方政府举债另一种方式。信托企业虽然是独立的法人，其财务活动并不纳入地方政府的财政预算，但是因为受到地方政府的行政控制，地方政府仍可通过信托企业实现自己的目标，只是对《中华人民共和国预算法》和《中华人民共和国担保法》的突破更加隐蔽了。2003 年 7 月 10 日，鞍山市人大常委会批准该市市政府的一项议案：利用鞍山市信托投资股份有限公司（即在上海证券交易所代码为“600816”的上市公司“鞍山信托”）筹集城市基础设施建设资金，并将还款资金纳入同期年度财政预算。此前半个月，即 6 月 23 日，由鞍山市政府委托鞍山信托设立的“鞍山市城市基础设施建设集合资金信托计划”开始发售。①

鞍山市财政局是鞍山信托的大股东之一。近年来，鞍山市苦于“经营城市”过程中建设资金不足，市政府决定采取“资金信托”方式向社会筹措资金用于城市建设。据介绍，鞍山市政府此次本来希望融资 11 亿，但鞍山信托出于多方考虑，首期只做 3 亿元的信托计划。信托预期收益也定得比较低（3.5%、3.75%和 4%），这都是因为该公司顾及鞍山市政府的偿债压力。这次 3 亿元人民币的募集资金全部投入鞍山市城市建设投资公司，用于鞍山市城市基础设施建设综合项目。鞍山市政府经鞍山市人大常委会批准，承诺用今后的财政预算建立偿债基金，归还贷款本息，保证委托人的资金安全。

资金信托作为财产信托的一种，是《信托法》和国务院《信托投资公司资金信托管理暂行办法》明确规定允许的投资方式。本次资金信托经鞍山市

① “信托手法替代地方政府发债”，《经济观察报》，2003 年 8 月 20 日。

政府委托，市人大批准，所有程序和内容都严格依法进行。[①] 为了避免与《担保法》相抵触，鞍山市财政局出具了保证还款的确认函，而非担保函。

这种通过自己的信托公司发行的“准地方政府公债”，其实已不是第一例。我国第一个为市政建设融资的集合资金信托——上海外环隧道项目资金信托计划于2003年7月上旬提前结束，投资者在短短11个多月的委托期中获得了7%的收益。[②] 从2002年开始，利用信托渠道募集资金，就成为一些地方政府解决市政建设资金的重要来源。目前国内几个大城市通过城建公司向信托公司融资，项目建成后再分期还款，其发生的融资债务都是由地方财政做担保的。再往前追溯，林毅夫等（1999）通过对1998年广信破产的案例分析发现，信托业早已成为地方政府筹集资金，发展地方事业，直接从事经济活动的一个重要途径。在分税制改革后，通过信托企业融资甚至是一些地方政府获取低成本非税资金的主要渠道。

重庆模式。2006年下半年，重庆市获准，率先在全国银行间市场“试点”发行了50亿元的“市政资产支持证券”。这种“创新”，拓宽了市政建设低成本的融资渠道（融资成本比同期银行贷款利率降低1.5%～2%）。但是这种融资偿来源还并不限于项目本身的收益，而属于一般预算收入中的税收。“在对资产转让和信托计划的税收返还问题上，鉴于上述融资资产在转让过程中产生的税收属于地方财政部分，重庆市政府决定通过财政返还的形式把相关税收返还给开投公司和城投公司；如果选择重庆的信托公司担任受托人，信托计划实施产生的税收比照办理，但信托监管费仍需按规定交纳。此次证券化融资的标的资产为轻轨资产和道路资产，都属于公益项目，不能轻易提高收费，所以是不产生效益的；证券化融资以政府财政信用为保证。”[③]

但是，在种种变通措施中，无论是担保还是反担保，无论是地方政府还是

---

① 即便如此，该信托在信托主体和本息安全保障上仍有违规之嫌。因为一是该信托产品由政府而非委托人承担相应风险，与信托原则相左；二是信托产品依靠“地方政府财政作担保”而同样有违规定。因为《资金信托管理暂行办法》第四条第四款中规定“不得承诺信托资金不受损失，也不得承诺信托资金的最低收益”。即信托在原则上不能承诺任何保底。但实际上，这次资金信托由政府负责到底，如果城建投资公司不能偿还信托公司的贷款，政府将动用财政预算资金来代为清偿，只是信托计划书没有这么写罢了。实际上，城市投资公司和信托公司都不过是地方政府的两个代理人而已。

② 《信托手法替代地方政府发债》，《经济观察报》，2003年8月20日。

③ “重庆试点发行50亿元地方政府证券”，《经济参考报》，2007年3月2日。

同级人大，对银行或投资人的承诺都不过是一种“君子协定”，依据此种协定发生的债权并没有获得国家法律的保护和国家政策的支持。一旦有某个地方政府违约，债权人将不能通过司法诉讼程序来要求自己权益。况且在城市，绝大部分公共基础设施并没有直接的经济收益，这些项目借款，不管是否经由财政部门担保，最终责任承担者必然是城市财政。

1995年实行的《中华人民共和国预算法》禁止地方政府自己发行债券。地方政府就指定一个代理人公司来举债，再对债务提供担保。但1995年颁布的《中华人民共和国担保法》规定国家行政机关不得对外提供担保，以避免一旦履行担保代偿义务而出现的行政经费亏空，影响行政职能的正常履行。财政部因此要求各级地方财政不得对外提供担保。这样，地方政府通过举债为基础设施项目融资的行为被禁止了。城市政府便开始纷纷“创新”，以各类公司、基金的名义，绕过相关法律法规的限制，“合法”融资，或者以各种集资、摊派等手段“合理”借钱，为自己开辟筹集资金的途径。

北京市2007年“两会”透露，全市政府债务“达数百亿元”，“债务负担率达20%”。若按2005年北京市地方总产值6886.3亿元计算，20%的债务负担率意味着地方债务1300多亿元，而不只“达数百亿元”。

第二节　实地调查的数据：一个案例

2003年作者分别在四川省P市和辽宁省H市进行了实地调查，发现当地基层政府的债务压力着实不轻。

辽宁省的H市是个县级市，在全国百强县中占中等水平。该市负债情况与其他地方也差不多。2002年底，该市债务规模为：市级财政负债4.6亿元，这已高出国家审计署对中西部49个县审计的平均债务（3.33亿元）了，这一数字几乎与该县级市的本级财政收入相当；下辖的乡镇财政负债6.4亿元；村级负债9.6亿元。化解不良债务成了地方政府一项重大任务。就像每年的招商引资一样，县市内从县级干部到科局、乡镇干部，一年一度每单每人都被分解了具体的任务指标，每个人的升迁、甚至工资奖金发放都与这些指标的完成情况挂了钩。在H市，按其上级市政府化解村级不良债务的实施意见，须于

2003 年、2004 年各化解 30%，争取 2005 年全部化解。

至于各级基层干部怎样完成那些债务化解指标，我们不得而知。调查中发现，在四川省，农村税费改革一般使农民减负 20% ~30%，辽宁省 2003 年 8 月正在进行中，估计减负也在这一幅度上。费改税后，湖北襄阳县和江西泰和县的农民负担分别下降 21% 和 36.8%。（赵阳，2002）这是国家在解决“三农”问题方面取得的实质性成就，得到农民的普遍拥护。但是另一方面，农民减负的同时如果没有解决乡村财政收入缺口的话，基层政府对这项改革的态度可想而知。在 P 市的一个镇长对我们讲，当地乡村的主要任务是“三保”，至于积欠债务的偿还已经无能为力了。

P 市是省辖市，人口 100 多万。到 2002 年底，仅市本级财政负债达 21.21 亿元。这些负债中超过 60% 都是向地方商业银行、信用社等金融机构的贷款。而当年市级可用财力才 8 亿元，财政保工资、保稳定、保运转后，可用于还本付息的财力已经不多。市下辖的区县也各负其“债”。从 2001 年决算情况来看，P 市县级可用财力为 3.39 亿元，基本支出需求为 3.91 亿元，县区财力缺口达 5260 万元，部分县区甚至难以维持基本运转。区县下辖的乡镇，与市和区县级财政相比一方面无可靠的收入来源，另一方面负债总规模又不在市或区县之下。其中有个镇共 1 万多人，2002 年底政府负债达 1.2 亿元，人均负债 1 万多元。从负债结构看，该市级财政负债主要集中在“九五”期末和“十五”期初，其中 1997 年以前 0.7 亿元，1998 年 1.2 亿元，1999 年 4.5 亿元，2000 年 4 亿元，2001 年 7 亿元，2002 年 3.7 亿元。负债总额中，短期负债为 12.82 亿元，占负债总额的 60.43%。短期负债的还本付息将集中在“十五”期间内，中期和部分长期负债也将在未来 10 年内还本付息。总体债务的偿还期高度集中。负债本身是个绝对数，是否构成政府还债的风险，则要与财政偿债能力进行对比。当地政府债务在 2003、2004 年处于还债高峰，由于采取变通措施还能够承受，2009 年还债压力更为沉重。即使假定现行金融体制没有大的改变，通过变通仍可“过关”，到 2012 年，还本付息数额将比最大还债能力多出 2.6 倍，形成近 6.9 亿元的还债缺口，无论如何恐怕得依靠上级政府出面了。

这里以作者从四川省 P 市获得的市级财政负债数据，对该市财政负债状态进行分析。这里暂不考虑隐性负债。从时间上划分，把一年内还本付息的债务定为短期债务，10 年以内还本付息的定为中期债务，10 年及以上还本付息的长期债务。那么该市市级财政的直接显性负债情况整理后，负债的规模、结构及特点如表 2－3 所示：

表 2－3　P 市市级财政直接显性负债规模情况表　单位：万元

负债项目	负债数额	占负债总额的比重（%）
直接显性负债	138987	65.54
其中：财政基本建设贷款	36332	
财政还本付息贷款	67780	
外国政府贷款	25875	
其他直接负债	9000	
或有显性负债	73071	34.46
其中：财政直接担保负债	33100	
国债转贷担保负债	1120	
外国政府和国际金融组织借款担保负债	37911	
其他或有负债	940	
财政负债合计	212058	100

注：表中负债数额只包括借款本金部分，未含应付利息

资料来源：本人得自对四川省 P 市的调查。

由表 2－3 和表 2－4 可见，P 市财政直接显性负债主要用于基础设施投资（71%）和农业综合开发项目（16%）。这类项目投资周期长、回收周期长、直接回报率不高。但是从来源看，出借者的资金性质和实力并不具备从事这类投资的长期贷款。但 60% 以上都是向地方商业银行、信用社等金融机构的贷款。从期限结构上看，短期负债占负债总额的 60.43%。短期和长期借款中到期债务集中程度高：短期负债的还本付息将集中在“十五”期内，中期和部分长期负债也将在未来 10 年内还本付息。

国内外尝无权威的地方财政负债适度规模或风险预警指标。人们一般用几个比率指标来静态反映某时点债务清偿能力，如外债负担率、新增债务率、GDP 负债率等。因德国、法国的坚持，欧盟成员国以财政负债占 GDP 的 20%

为国家适度负债率。这一标准被财政界引为安全指标①。

这里分别从静态和动态角度分析P市地方财政的负债压力。

就P市这一级财政而言，2002年可推算出的本级GDP约合82.5亿元，而当年财政直接负债和或有负债折算出来的直接负债之和与此GDP相比达19.2%。这一比率与20%的适度负债率仅有0.8个百分点，似乎还有6600万元的负债空间。但由于以下因素，P市的财政负债率已经接近或超过通常的警戒线了：一是19.2%的负债率是2002年底的一个静态指标，考虑这些债务在未来10年将孳生6亿多元利息支出，P市市级财政实际负债率已经达到20%。二是财政能力约束。国际上以20%负债率为警戒线，是以财政收入占GDP比重较高为前提的。发达国家财政收入占GDP比重一般为30%以上，许多发展中国家都达到了25%。在P市，这一比重为18.4%。该指标所反映的财政能力要承担20%的负债率并不轻松。三是制度约束。以20%的负债率为警戒线，还考虑了一个政府有多种化解债务风险的手段，如运用外汇储备、发行货币或债券等。作为目前我国的地方政府，P市没有这些手段。

此外，若考虑负债的期限结构，情况更为复杂。P市级财政所承担的大多是短期负债（60%以上），在静态负债率已接近警戒线的情况下，过于集中的短期负债将意味着更大的还债压力。

表2-4　　P市市级财政直接显性负债结构情况表　　单位：万元

分类		项目		负债总额	占负债总额的比重（%）
一		按债务用途划分			
（一）	生产性负债	1.	路桥机场等基础设施	151531	71.46
		2.	公益性基础设施	7524	3.55
		3.	农业综合开发	34970	16.49
		4.	其他	18033	8.5
		小计		212058	100

① 欧盟成立的马斯特里赫特条约规定，成员国加入欧盟的限制标准是，政府债务余额不超过GDP的60%，财政赤字不超过GDP的3%。但这一标准并不是根据经济理论和计算公式得出来的，而是依据欧盟国家建立欧元体系时德国、法国等现实情况做出的协议规定。作为衡量债务程度的标准不一定具有普遍性，该安全指标是否科学，尚有争论。

续表

分类		项目		负债总额	占负债总额的比重（%）
（二）	非生产性负债	无		0	0
合计				212058	
二		按债务期限划分			
（一）		短期负债		128152	60.43
（二）		中期负债		19000	8.96
（三）		长期负债		64906	30.61
合计				212058	
三		按债务来源划分			
（一）	国内负债	1.	国内银行借款	138152	65.15
		2.	国内非金融机构借款	1120	0.53
		3.	其他	9000	4.25
	小计			148272	69.93
（二）	国外负债	1.	外国政府借款	26845	12.66
		2.	国际金融组织借款	36941	17.41
	小计			63786	30.07
合计				212058	

资料来源：得自对四川省P市的调查。

动态地看，P市财政直接显性负债、或有显性负债和总负债风险在未来10年内分布情况很有意思。根据现有的债务合同，直接负债还本期主要集中在2003、2004和2009年。其中，2003年9.79亿元，2004年6250万元，2009年1.06亿元，分别占全部直接负债的78%、5%、8%，为当期预计可用财力的106%、6%、8%。2003—2012年10年内该市财政在偿还债务情况见表2-5：

表2-5　P市市级财政2003—2012年直接显性负债还本付息表　　单位：万元

偿还项目	2003	2004	2005	2006	2007	2008	2009	2010	2011	2012	合计
基建贷款本金	36332										
基建贷款利息	2300										

续表

偿还项目	2003	2004	2005	2006	2007	2008	2009	2010	2011	2012	合计
财政还本付息贷款本金	52530	6250					9000				
财政还本付息贷款利息	4259	940	540	540	540	540	540				
外国政府贷款本金			1606	1606	1606	1606	1606	1606	1606	1606	12848
外国政府贷款利息	300	899	899	899	899	899	899	899	899	899	8391
其他直接负债	9000										9000
本金还款合计	97862	6250	1606	1606	1606	1606	1606	1606	1606	1606	125960
利 息 合 计	6859	1839	1439	1439	1439	1439	1439	899	899	899	18590
本 息 合 计	104721	8089	3045	3045	3045	3045	12045	2505	2505	2505	144550

资料来源：得自对四川省 P 市的调查。

不过，直接显性负债中的 4.61 亿元为市商业银行贷款，占 33.17%。当地财政部门和业主已采取"付息展期"，"借新还旧"等方式将贷款的还本期向后推延；其他金融机构对已到期贷款也采用同样方式延期，因此可以对财政到期还本付息时间进行调整。其实，对当地银行或非银行金融机构来说，"付息展期"和"借新还旧"意味着无法按期收回本息，财政部门和业主代表地方政府出面做的这种变通，它们也只好接受。①

调整后 2003 年财政还本付息压力大减，可以控制在财政承受范围内，但 2009 年和 2012 年将有较大压力，见表 2－6。

P 市财政或有显性负债风险，取决于以下几个项目的收益情况。

1. 财政担保项目。主要有三部分：一是市路桥建设开发公司承建的两个路、桥工程，贷款额为 2.87 亿元。从偿还能力看，首先，这些项目皆为收费项目，年收入预计达 8000 万元，加之财政和交通部门每年还投入 6000 万元资本金，还款来源有一定保障。其次，还款期均为 8～10 年的中期贷款，年偿还额分布较均匀，都在偿还能力之内。二是市务集团的金江水厂改造工程，贷款额为 1400 万元。从偿还能力看，该公司年收入可以达到 3000 多万元，且资产

① 按当地官员的评价，近几年来"付息展期"的办法已经取得了一定的成效，并且从未来 10 年看，预期财政将能够保证每年的付息支出。他们表示只要国家金融体制无大的调整，此法行之有效。实际上在整个借贷过程，市商业银行、国有银行的当地分支机构或其他出借者，一直处于比较被动的地位。

负债结构合理，财政也无偿债风险。三是市煤气公司的煤气柜改造工程，贷款额为2000万元。由于市煤气公司为自收自支事业单位，收入仅能维持正常开支，几乎无偿还能力，财政承担偿还义务的可能性较大。

表2-6　调整后P市市级财政直接显性负债还本付息表　　单位：万元

偿还项目	2003	2004	2005	2006	2007	2008	2009	2010	2011	2012	合计
财政基建贷款本金		4000								32332	36332
财政基建贷款利息	2300	2300	2000	2000	2000	2000	2000	2000	2000	2000	20600
还本付息贷款本金	5000						9000			53780	67780
还本付息贷款利息	4259	3565	3565	3565	3565	3565	3565	2805	2805	2805	34064
外国政府贷款本金			1606	1606	1606	1606	1606	1606	1606	1606	12848
外国政府贷款利息	300	899	899	899	899	899	899	899	899	899	8391
其他直接负债	1000	1000	1000	1000	1000	1000	1000	1000	1000		9000
本金还款合计	6000	5000	2606	2606	2606	2606	2606	2606	2606	87718	125960
利息合计	6859	6764	6464	6464	6464	6464	6464	5704	5704	5704	63055
本息合计	12859	11764	9070	9070	9070	9070	18070	8310	8310	93422	189015

注：（1）2012年的财政基建贷款本金、财政还本付息负债本金数是2002年的部分通过“付息展期”、“借新还旧”方式算得；

（2）表中，外国政府贷款中的科威特政府贷款本金偿还期为16年，即从2005～2021年，2013～2021年财政归还科威特政府贷款本金1.30亿元。

资料来源：得自对四川省P市的调查。

2. 国债转贷项目。由两部分构成：一是市水务集团水厂二期改造，贷款500万元。该项目日产能力10万立方米，达产后年收入可达3600万元，完全有能力还债。二是垃圾处理场及金沙江水保工程，贷款620万元，两个项目均为无收益的公益性工程，完全靠财政偿债。

3. 外国政府及国际金融组织贷款项目。这类项目共有6个，分别为农业、林业、卫生领域，由县区政府承贷，额度为3.79亿元。这些项目主要体现在生态效益上，自身无力还贷，县区政府将承担一定的偿债义务。由于P市县区财政薄弱，均为“吃饭财政”，这些债务的一部分有可能转移到市级财政。

4. 市冶金机电设备公司贷款担保项目。该项目是1992年根据市政府决定，为冶金机电设备公司贷款提供的担保，贷款额为700万元。目前该公司濒临破产，此笔债务也由市工商行转至华融资产管理公司，后者明确提出要由P

市财政局承担担保责任。

5. 政府专项再贷款（供销社股金借款）项目。中央为解决地方供销社股金兑付困难，采用了供销社股金借款兑付的办法，P 市为 240 万元。2008 年后，地方供销社应归还。现 P 市供销社经营状况不佳，无力还债，市财政将完全承担此项债务。

或有显性负债可以一定的折算风险系数——即可能形成直接显性负债的概率——换算为直接显性负债。粗略地，不妨将完全由财政偿债的折算系数设为 1，很可能由财政偿债的折算系数设为 0.75，有一定可能由财政偿债的折算系数设为 0.5，财政承担偿债风险可能较小的折算系数设为 0.25，财政无偿债风险的折算系数设为 0。那么该市或有显性负债折算为直接显性负债情况如表 2-7所示。

表 2-7　　P 市市级财政或有显性负债折算为直接显性负债　　单位：万元

项目	偿还风险程度	或有负债总额	折算系数	折算为直接负债数
（一）财政直接对外担保		33100		8675
1. 市路桥开发公司的路、桥工程	较小，项目自身收益好	28700	0.25	7175
2. 市水务集团的水厂改造	无，项目自身收益好	1400	0	0
3. 市煤气公司的煤气柜改造	较大，项目自身收益还债弱	2000	0.75	1500
（二）国债转贷担保		1120		620
1. 市水务集团水厂二期改造	无，项目自身完全可还债	500	0	0
2. 垃圾处理场当地水土保持工程	完全承担，公益性项目	620	1	620
（三）外国政府及国际金融组织贷款担保	较小	37911	0.25	9478
（四）财政对市冶金机电设备公司贷款担保	较大	700	0.75	525
（五）政府专项再贷款（供销社股金借款）	完全承担	240	1	240
合　计		73071		19538

资料来源：得自对四川省 P 市的调查。

通过统一折算，P 市财政承担的或有负债可转换为约 1.95 亿元的直接负债，占或有负债总额的 26.74%。

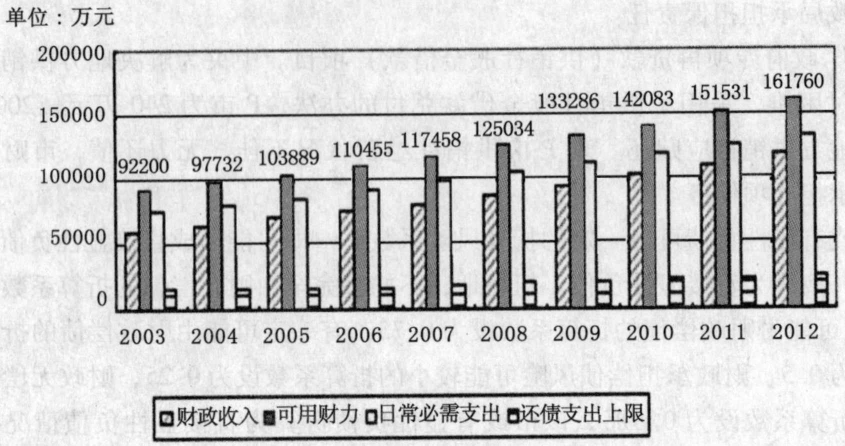

图 2-3　2003～2012 年 P 市财政收支能力的预测

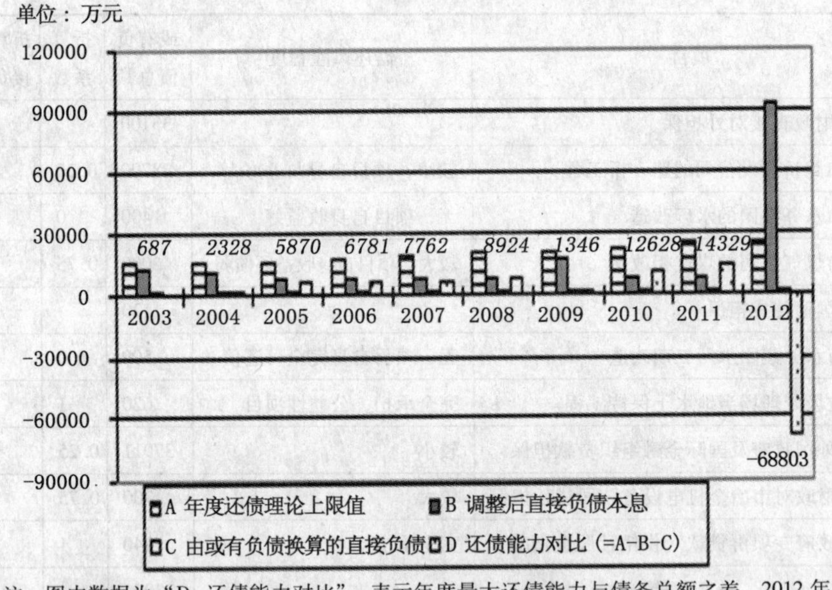

注：图中数据为"D. 还债能力对比"，表示年度最大还债能力与债务总额之差，2012 年为负数。

图 2-4　P 市级财政还债能力预测

我们假定以地方财政负债的最大能力为地方财政负债警戒线。也就是说，以地方政府财政收入减去其日常必不可少的财政开支，剩余额假定全部用于偿还其债务。当财政负债超过该最大值后，财政因大规模还债而不能保证地方政府的正常运转。将 P 市直接显性债务、直接或有债务归并为市级财政债务，然后观察其债务压力。我们按当地经济增长较为乐观的预测数来估计本级财政总收入：假定现行财政分成体制不变，测算未来年度可用财力，减去这些年来政府日常“三保支出”（即保工资、保稳定、保运转），得到该市每年财政还债的理论上限值，以此减去政府负债总额（即由政府直接显性负债和或有显性负债折算后加总而成），可以看到该市自 2003 年至 2012 年各年的政府偿债能力分布。到 2012 年，该市财政收入减去日常必须支出，再用于还本付息后，尚有 68803 万元的还债缺口，这一数字是当年还债上限的 2.6 倍。具体对比见图 2－3、图 2－4。

第三节　综合分析的数据

一、地方政府债务其他分类

从基层政府负债的数据本身得不出一致的结论，因为同样的数据至少同时支持两种对立的情况。即使同属于主动债务，比如某一地方政府没有债务，既可能意味着该地方政府财政收入丰裕，及时还清了所有债务，也可能意味着因为太穷，除了一定的被动债务，根本找不到愿意借给它钱的债主。某地方政府债务数据庞大，既可能是因为它运作有方，动员了较多的资金投向了基础设施项目，还可能是因为盲目告贷，最后无法履行还款合约。可见，有必要对地方政府负债情况作进一步的了解。但由于数据缺乏，本书无法进行这种分类，只是从理论上假定，地方政府负债分两种情况：一是由于一般性经费支出紧张，为保运转而不得不借债，而且在一定预算约束下债权人同意出借，这就是被动债务；二是为促进地方经济发展进行基础设施投资，在一定的项目回报预期下进行举债，债权人也预期从中得到长期或稳定的收益，这就是主动债务。按照来源分，由中央财政举借外债或发行国债向地方的转贷款是地方政府必须偿还的，但是这部分债务即使地方政府还不上，从中国现行财政体制看，最终只不过相当于中央政府的转移支付罢了。这部分债务可以归为被动债务。

除此之外，在城市，地方政府债务融资从而积累的主动债务，才是我们十分关注的。主动债务的形成渠道：一是通过所属的信托公司担保的融资；二是通过项目打捆——指定隶属企业代理——向银行或非金融机构贷款的融资；三是企业经营债务或公开发行债券的公共使用。企业债券的公共使用意味着这些企业的债券实际上成了政府的金融工具。① 因此城市地方政府的债务主要有三个来源：（1）由国有银行系统贷款给一般经营性企业或城市基础设施项目，这种债务一般由项目收益为抵押，但经营者为政府成立并特许的投资公司，一旦未来经营收益不足以偿还，则由地方财政担保；（2）通过政府所属的信托企业融资，从资本市场上融资如上述鞍山市的例子，多数是从其他金融或非金融机构融资；（3）地方政府所属的一般经营性企业举债融资，财政收支紧张时"借用"这些企业的资金。

至于农村乡镇政府的债务，各地来源情况不一样。案例调查和有关媒体反映的情况都有不同。这里有一个资料，来考察乡镇政府的债务来源：

一位不愿透露姓名的中部省份农委的官员，提供的一份调查资料清晰地显示了该省乡镇政府的债务来源：银行本息贷款 12. 76 亿元，占总额的 21. 6%；信用社贷款本息 5. 52 亿元，占 9. 3%，合作基金会贷款本息 8354. 8 万元，占 1. 4%；单位贷款本息 17. 71 亿元，占 29. 9%，个人贷款本息 4. 26 亿元，占 7. 2%，其他应付款 18. 14 亿元，占 30. 6%。

一位乡镇干部用"三个阶段"概括他所在乡镇的负债发展史：

第一阶段，跟银行信用社合作基金会借。刚开始想到的当然是银行，借多了，银行惜贷，再找信用社，信用社差不多是"自己"的嘛。信用社扛不住

---

① 到目前为止，国内企业通过资本市场发行企业债券迟迟未动。而 1987 年国务院颁布的《企业债券管理暂行条例》规定：企业发行债券由中国人民银行与国家计委（现在的发改委）审批；项目必须经过有关部门批准，并纳入计划规模；债券利率不得高于同期银行存款的 40%；只有全民所有制企业才可以发债。可见，这种发债条件几乎是为实现政府意图、贯彻产业政策、承担计划项目的单位量身定做的。1993 年正式颁布的《企业债券管理条例》和 1994 年颁布的《公司法》虽有所修改，放宽了对发行人范围的限制，但审批制仍发挥着实际控制作用。而审批标准无不是要求体现诸如"产业政策"之类的政府意图。这就在源头上造成企业的债券融资只能为各级政府的产业政策服务。因此，在计算或有债务时，政府主动出具担保政策的是明确的或有债务。即使政府没有出具担保意见，但按上述方式为政府量身定做的企业债券，一旦发生支付困难，政府也天然地承担着偿付义务。所以这部分也应该计入或有债务。通过市场进入条件和审批制，在 1998 年以来所发行的企业债券中，本质上属于中央政府机构债券和属于地方政府市政债券的企业债券，占全部企业债券发行额 60% 多。余下的"企业债券"发行额中，绝大部分资源又被国家重点企业所占有。严格地说，国有企业（不论其是否实行公司制度）发行的债券都应列入公共部门债券范畴。如果按这种严格的口径，企业债券市场上 95% 以上的金融资源为公共部门所占有（程选，2003）。

了，就打合作基金会的点子。这一阶段占总债务的三分之一。

第二阶段，跟单位借，银行等金融单位的路子死了，就靠面子找其他单位，或者是好的厂矿公司，或者是县里的其他日子好过的部门，这一阶段的借款占总额也有三分之一。

第三阶段，跟老百姓借，跟私人借。走到这一步委实是不得已，眼看我们的偿还能力萎缩为零。连单位都不借了，只好打起民间资本的主意。我们许诺的利息很高。中国的老百姓，尤其是没见过世面的农民，起初特别相信镇政府，又说是高利息借钱，他们忙不迭地送钱到政府，有的还托人找关系借钱给政府。这个阶段和其他乱七八糟的欠债合在一起，占总额的三分之一。

——选自《债务政府》，载于2001年《新闻周刊》。

上述数据与我们在辽宁H市和四川省P市了解的不同。在这两个地方，拖欠农户的乡镇债务只占总债务的10%左右。但正是这部分债务，在所有来源债务中最令基层政府头疼。在四川省P市一位镇长十分沮丧地向我们“诉苦”：镇政府欠项目包工头垫款或欠一般农户的集资款，领导班子最着急。讨债者经常在他外出开会回来时堵住他的车，“那我只好下来走，人家要车的话给就是了，有时他们还押手机，我也给他们，不打电话就是了”。

如果按照地域分类，地方政府债务分为乡村政府债务和城市政府债务。城市的政府债务绝大多数是基础设施融资积累的。在乡村政府债务中，既有为基础设施投资欠下的，也有为开办一般企业发生的，还有为了弥补日常开支而挪借的。为了完成上级下派的收入任务四处借债的事例也有不少报道，这样的债务相当于基层政府代上级政府举借债务（与现行体制下中央统一发行国债或对外借款然后“转贷”给地方相对应）。更极端地，媒体报导安徽淮南的平圩镇政府，被法院判令以办公楼抵偿干部吃喝的欠债。这属于“腐败债”，本书不作讨论。

从法律和政策依据上讲，地方政府债务还可以分为合法债务和非法债务。合法债务是国家法律许可范围下由地方政府承担的债务。一般包括：外国政府与国际金融组织的贷款、国债转贷资金、农业综合开发借款、解决地方金融风险专项借款、拖欠工资、国有粮食企业亏损新老挂账、拖欠企业离退休人员基本养老金等，除了明确的负债外常表现为未支付的应付支出。鉴于预算法和担保法的禁止性规定，由地方政府直接进行融资、担保构成的债务应为非法债务

(林双林，2003)。

目前我国地方政府债务，从得到的财政部对地方债务的划分定义和下达的统计口径看，基本采纳了汉纳·普拉科瓦政府债务矩阵中的划分标准。尽管具体数据不得而知，但照这个标准可见，能够统计上来的直接显性负债主要包括：(1) 通过中央政府发行债券形成的借款，主要在省级。(2) 中央政府明确由地方政府承担的粮食购销挂账亏损、明确由地方政府承担的农村信用合作基金清理欠款。(3) 在国有企业改制中地方政府承担的企业历史债务。(4) 地方行政事业单位人员工资、加薪和社会保障费拖欠等。其中对地方政府公务员和中小学教师延迟支付的工资、退休金和医疗保险金形成的债务，主要发生在乡镇和县级。各级地方政府并不讳言这些债务，甚至经常以此呼吁"合理调整上下级政府支出责任，缓解地方财政压力"。(5) 还有部分直接显性负债被人为"隐"起来，此即行政事业费超支引起的一般预算的赤字。1995 年预算法规定各级政府必须制定复式预算，其中一般预算必须收支平衡，不得列赤字。

综上，我们得到以下关于中国地方政府债务的数据来源：

——根据李金华（2003），截至 2002 年 9 月，被审计的 49 个县（市）有 42 个累计欠发国家规定的工资 18 亿元（其中当年 1 至 9 月新欠 1.32 亿元），是 1998 年底欠发额的 3 倍多。截至 2001 年底，被审计的 49 个县（市）中有 37 个累计瞒报赤字 10.6 亿元，为当年决算反映赤字 7.2 亿元的 147%。

——2001 年，北京大学教授平新乔将全国 2000 多个县及乡镇政府 1999 年的财政赤字累加，算出全国县及县以下的财政亏空约达 2100 亿元；他根据一般情况下债务约为赤字 5 倍的规律，测算出中国县乡债务规模超过 1 万亿元。

——中国社科院财贸所财税研究室主任杨之刚也曾用收入与债务之间的关系进行测算，通常县乡债务占财政收入的一半，2004 年全国财政收入达 2 万多亿元；据此推算出县乡债务规模超过 1 万亿元。

——财政部科研所副所长刘尚希研究员则按照财政风险矩阵，对中国截至 2004 年的公共债务进行了全面测算。测算结果，2004 年中国直接显性与直接隐性负债合计 7.6925 万亿元；或有显性与或有隐性负债合计 9.5087 万亿元；按或有负债转化为直接负债的概率为 0.5 进行调整，则为 4.7544 万亿元。这样算来，全部政府负债规模为 12.4469 万亿元；2004 年中国名义 GDP 初步核算为 13.6515 万亿元，则政府公共债务占 GDP 的比重达到 91.18%。

——财政部基本上按财政风险矩阵标准，确定了地方政府债务统计项目，并要求各省市县及乡镇按照规定项目每年自行上报债务数额。据透露，依据汇总的统计数据，财政部确认，中国县乡政府直接显性债务是4000 多亿元。（王长勇，2005）

那么我们可以就地方债务进行如下估算：

（1）媒体。“有资料显示，截至 2002 年底，仅乡镇一级平均负债已经超过 400 万元，总额在 2200 亿元左右。”若按当时有 4.6 万多个乡镇财政，则应为 1500 亿元（400 ×4.6）

那么村级呢?《财经时报》2003 年 3 月 9 日报道，中央有关部委组成的考察团对某省农村财政的调查发现，村级财政债务平均 50 万元左右。全国 67.86 万个村（2003 年数，2004 年减至 65.27 万个），则为 3400 亿元。

（2）按 2003 年 6 月李金华的报告，全国平均每个县（市）债务 3.33 亿元。全国 2862 个县区市中扣除 852 个相当于县级政府的城市区，这样，县及县以下债务规模进行推算结果是：

县本级：3.3 亿×（2862－852 个）＝6600 亿

乡镇（2002）：400 万元×4.6 万个＝1500 亿

村（2003）：50 万元×68 万个＝3400 亿

合计：1.15 万亿元

这里只是一个粗略的估算。如果①计入地市级政府的债务，这个数据应该更大；②将主动债务和被动债务区分开来，对地方政府行为的认识、地方债务清理和避免新的债务积累将更有意义。遗憾的是，我们至今得不到统计数据。

按照汉纳·普拉科瓦划分标准，截至 2004 年，中国的公共债务总额为：直接显性与直接隐性负债合计 7.6925 万亿元；或有显性与或有隐性负债合计 9.5087 万亿元，设或有负债转化为直接负债的概率为 0.5，则为 4.7544 万亿元。这样，政府负债总规模：12.4469 万亿元。而 2004 年中国名义 GDP 为 15.9878 万亿元，那么，政府公共债务占 GDP 的比重：77.85%！

二、严重性：增长势头不减

根据世界银行的估计，到1998年底，中国中央政府及地方政府或有负债总量占GDP的比重达到50%以上。仅就地方政府债务而言，若按前述6000亿~9000亿元计算地方政府的债务，中国的这一比率达到6%~9%。地方债务缺少有效、统一的监测，这本身就是一个隐患。

下表是几个联邦制国家中央以下各级政府债务占GDP的比例。从数据上看，中国地方政府债务与其他国家相比似乎不高，而与俄罗斯差不多（见表2-8）。

表2-8　若干国家地方各级政府债务的相对规模

国家	地方政府债务占地方支出的比例	地方债务占GDP的比例
澳大利亚（1996）	57	11
德国（1995）	91	21
瑞典（1995）	100	25
美国（1995）	65	13
俄罗斯（1997年估计值）	40	6

资料来源：Freinkman，Titov和Treisman（1998）；根据国际货币基金组织（IMF）数据计算。

但是，地方政府债务问题不在数量本身，而来自债务的以下特点：利息成本高、期限短、债务的目的通常用于经常性支出、债务对财政状况的破坏和地方政府客观上无力支付、主观上有意拖欠。在特定的金融体制和监管条件下，这种状况最终会演化为中央政府不得不承担的风险。国际上，联邦制国家通常是准许地方政府发行债务的。但是，这些国家在金融体制、资本市场和财政货币政策方面都有一系列的制度安排、监管经验和对应措施。在上表中，俄罗斯地方政府债务与GDP之比是最低的。但正是由于没有相应的制度约束，俄罗斯的地方政府举债给其中央财政和货币政策带来了极大的冲击，继而引发了整个宏观经济波动和1998年的资本市场危机（Freinkman，Titov和Treisman，1998）（具体内容见第三章第一节）。

如果按照GDP60%债务率和3%赤字率标准，中国确实均有过之（77.85%）。国内外学者和一些国际机构对于中国总体债务比率的估计，从

60%到140%不等。（张春霖，2000；林双林，2003）若按县级及县级以下政府1.15万亿规模的负债规模算，2004年基层政府的债务占GDP比例为7.1%，已高于俄罗斯金融危机前1997年的水平。

第一，2003年以来的本轮经济快速增长过程中，中国地方债务发生了一些新的变化。一是县级政府的历史债务有较大的减少，但债务积累机制仍然存在。二是地级市甚至省级政府的债务积累快速增加。这些债务与以前的基层政府债务最大的不同点在于，被动债务大幅度降低，但主动债务快速增加。2005年初全国财政困难县总数由791个减到2006年底的200个，到2007年8月为27个，这些地方的债务减少主要是被动负债。但是，由于导致地方政府债务积累的机构没有根本转变（见第四、第五章分析），县乡债务以不同于以主动负债为主，并且增长势头不减。这里引述一篇报道：

中国乡镇基层债务超5000亿 法律不允许地方政府举债（摘录）

据有关资料显示，目前全国近40%的县一般预算均呈赤字状态，乡镇基层债务额已超过5000亿元，其中乡镇一级净负债超过2300亿元，村级负债则超过2500亿元。

近年来由于实施积极的财政政策，国债发行规模有较大幅度的提高。中央政府不仅自己直接发行国债，还以国债名义代为地方政府发行债券。中央政府的国债收入，除了中央直接支出外，有相当规模转贷给地方政府使用。此种现象从20世纪90年代初期开始，在1995、1996年达到高峰。

与此同时，地方政府通过中央政府办理的外国政府贷款和国际货币基金组织贷款数额也逐年增多。目前，中央政府的国债（内债和外债）有约50%由地方政府承担偿还责任。

有数据显示，乡镇政府的债务每年还以200多亿元的速度在递增，为了改善地方基础设施，推动当地经济快速发展，利用外资和国债资金的规模成了评价地方政府政绩的重要指标。政府外债和国债转贷资金本息是以上级政府扣款的形式来偿还，地方政府直接承担偿债责任，因而面临沉重的债务压力和担保风险。

除了以上中央政府债务转化为地方政府债务的方式，中央财政对地方财政的项目贷款也是另一种地方负债的形式。中央财政为提高财政资金的使用效率，通常对一些适宜地方管理但属于中央宏观调控的政策性项目支出，采用对地方政府项目贷款管理的办法，如农业综合开发贷款。这部分资金构成地方政府对中央政府的负债。

……

此前，财政部科研所副所长刘尚希研究员按照财政风险矩阵，对中国截至2004年的公共债务进行了全面测算。测算结果，全部政府负债规模为12.4469万亿元，占2004年中国名义GDP初步核算值的91.18%。

资料来源：《第一财经日报》，2006年9月13日

第二，地市级乃至省级的主动债务大幅度提高。为了增加本地投资项目的融资，地方政府特别是县级市、地级市甚至省级政府出面，与银行签订协议。这种银行与地方政府的大规模投融资合作的"银政合作"，一时间在全国各地兴起。2003年以来，这种公开违反担保法，以一般预算作担保和各种商业银行进行所谓"银政合作"，许多省级政府大量举债，几乎达到失控的状态。比如，2006年4月3日，交通银行新增800亿元授信，支持"湖北在中部崛起中发挥更大作用"；农发行300亿元，国开行500亿元，工行1000亿元，建行700亿元，中行1000亿元。湖北省以这种形式举债规模达4300亿元；2006年4月6日，建行和广东省政府"银政合作"，协议金额1800亿元，刷新了此前所有的纪录，其中1300亿元将投向广东省电力、交通、城建、石化、装备制造业等项目。根据建设银行的披露，到2006年上半年，该行与各地政府签署的贷款授信总额达13486亿元。①

以下整理和列举的是自2005年至2006年4月中央五部委紧急叫停打捆贷款之间，中国建设银行与地方政府的银政合作情况：②

（1）中国建设银行与深圳市政府签署《金融合作协议》1000亿元信贷支持助推深圳经济发展

发布时间：2006-04-05

4月5日，中国建设银行与深圳市政府《金融合作协议》签字仪式在深圳举行，中国建设银行与深圳市签署协议。建设银行计划在未来五年内向深圳市交通、能源、物流、教育、文化、卫生、水务、环保等基础产业和城市基础设

① 关于建设银行银政合作的讨论见第三章第一节。

② 资料来源：中国建设银行官方网站（2006年8月以前）。

施项目提供800亿元人民币（或等值外币）的信贷支持，向中小企业和特色产业提供200亿元人民币（或等值外币）的信贷支持，全力促进深圳市的经济结构调整和经济发展。

（2）中国建设银行1800亿支持广东重点项目建设和企业发展

发布时间：2006－04－04

4月3日下午，广东省人民政府和中国建设银行在广州珠岛宾馆签署银政合作协议，建行在“十一五”期间将提供1800亿元资金，支持广东省重点项目建设和企业发展。

根据协议，“十一五”期间中国建设银行将向广东省电力、交通、城建、石化、装备制造业等项目提供1300亿元金融支持，向中小企业和特色产业提供500亿元信贷支持，并提供优质金融服务和创新性金融产品。

（3）中国建设银行与厦门市政府签署金融合作协议，将为厦门市提供500亿元信贷支持

发布时间：2006－04－03

4月2日，中国建设银行与厦门市人民政府《支持厦门市“十一五”重点建设项目和企业发展合作协议》签字仪式在厦门市举行。根据协议，建设银行将在“十一五”期间向厦门市基础设施、重大片区开发以及主导产业建设和优质重点客户提供500亿元人民币的贷款支持，以推进厦门市新一轮跨越式发展。

（4）中国建设银行与辽宁省政府签署《银政合作协议》将向辽宁省提供1000亿元贷款支持

发布时间：2006－03－23

3月23日，中国建设银行股份有限公司与辽宁省人民政府在沈阳签署《银政合作协议》。根据协议，建设银行在“十一五”期间，将向辽宁省提供人民币1000亿元贷款支持。

此次建设银行与辽宁省政府间的合作，对共同促进地方经济和金融的可持续发展，具有十分重要的意义。根据协议，建设银行将根据国家宏观经济政策、产业政策、区域发展政策及有关信贷政策，在符合国家法律、法规及信贷规章制度和审批条件的前提下，积极向辽宁省能源、交通、高科技、原材料、装备制造、教育、农业基础设施及公共事业等行业优质项目和重点骨干企业提

供贷款支持。

(5) 中国建设银行与广西区政府签署《银政合作协议》提供1000亿元贷款助推广西经济建设

发布时间：2006－03－22

3月22日，中国建设银行股份有限公司与广西壮族自治区政府《银政合作协议》签约仪式在南宁举行。根据协议，建设银行将向广西壮族自治区的电力、交通、石油石化、教育等产业和基础设施项目提供人民币900亿元金融支持，向中小企业、县域经济和特色产业提供人民币100亿元的信贷支持。

(6) 建设银行鼎力支持江苏经济快速发展"十一五"期间将向江苏提供1500亿元金融支持

发布时间：2006－02－23

2月23日，中国建设银行和江苏省政府《支持重点项目和企业战略合作协议》签约仪式在南京举行。根据协议，建设银行将在"十一五"期间，向江苏省重大项目和大型企业提供总额为人民币1200亿元的金融支持，向中小企业提供总额为人民币300亿元的金融支持。

(7) 建设银行与苏州市政府签署《金融合作协议》建设银行将向苏州提供500亿元金融支持

发布时间：2006－02－21

2月21日，中国建设银行与苏州市人民政府在苏州共同签署了《金融合作协议》。根据协议，建设银行将向苏州电力、交通、城建等产业和基础设施项目提供400亿元人民币金融支持，向中小企业累计提供100亿元人民币信贷支持。

(8) 建设银行为河北省经济发展提供1200亿元金融支持

发布时间：2006－01－23

1月23日，中国建设银行与河北省政府在石家庄共同签署了《银政合作协议》。建设银行将向河北省电力、交通、钢铁、石油石化等产业和基础设施项目提供1000亿元人民币金融支持，向中小企业、县域经济和特色产业累计提供200亿元人民币的信贷支持。

(9) 建设银行为山西省提供1000亿元信贷支持

发布时间：2006－01－16

1月16日，中国建设银行与山西省人民政府在太原共同签署了《银政合作协议》。建设银行将向山西省煤炭、电力、交通、冶金等行业重点项目提供900亿元人民币金融支持，向中小企业、特色产业等提供100亿元人民币信贷支持。

（10）建设银行为海南省提供500亿元信贷支持

发布时间：2005-12-23

12月23日，中国建设银行与海南省人民政府在海口共同签署了《中国建设银行与海南省人民政府金融战略合作协议》。根据协议，建设银行将在“十一五”期间，向海南省石油化工、邮电通讯、电力水利、旅游交通、工业制造、医药卫生、房地产等行业重点项目提供500亿元金融支持。

（11）建设银行1600亿助推浙江经济快速发展

发布时间：2005-12-16

支持中小企业600亿，支持重大项目和大型企业1000亿

12月16日，浙江省人民政府和中国建设银行《支持重大项目和大型企业发展合作协议书》在杭州签署。中国建设银行将向浙江省能源、交通、信息等产业和基础设施项目提供1000亿元的融资支持。据悉，这是今年浙江省政府与建设银行举办的第二次大型银政合作签约活动。中国建设银行于今年8月与浙江省人民政府签订了支持中小企业发展合作协议，承诺三年内将向浙江省中小企业提供600亿元的新增融资支持。至此，建设银行根据协议将提供新增1600亿融资助推浙江经济快速发展。

（12）建设银行与湖北省政府签署银政金融合作协议

发布时间：2005-12-08

为国家“中部崛起”战略规划实施向湖北地区提供700亿元金融支持

12月8日，中国建设银行与湖北省人民政府在武汉签署了《金融合作协议》。建设银行与湖北省政府签署银政金融合作协议交通、电力、教育等行业重点项目提供600亿元融资合作，向中小企业提供100亿元金融支持。

（13）建设银行将向四川省提供586亿元基础产业项目的金融支持

发布时间：2005-09-14

9月14日，中国建设银行与四川省政府在成都签署了《金融合作协议》。建设银行将向四川省电力、交通、城建、教育等产业和基础设施项目提供融资

金额586亿元的金融支持。

(14) 建行为内蒙古自治区经济腾飞助力

发布时间：2005－08－05

8月4日，中国建设银行与内蒙古自治区在呼和浩特市签署了《银政合作框架协议》。建设银行将向内蒙古地区电源、电网、煤炭、交通运输、钢铁深加工、农业龙头产业、石油及天然气等产业和基础设施项目提供融资金额500亿元的金融支持。

第三章 中国地方政府债务的潜在风险

《中华人民共和国预算法》规定，除了中央政府之外，地方政府必须保持财政收支平衡，不得赤字。这意味着法律规定地方政府是没有权力借款的，因此，事实上的地方政府举债是对这一条款的突破。而这可能带来的重要影响：首先是对宏观经济稳定的影响。其次，正如在许多地方出现的那样，地方政府造成的大量“坏账”，既是现行中国银行体制造成的结果，也为银行业改革和金融监管制度的建立设置了障碍。第三，那些在债务压力下的地方政府为辖区提供公共物品可能不足，甚至危及地方政府的合法性。

中国改革开放实质上属于由政府在财政压力下主导的制度变迁。在这一过程中，地方政府的参与和推动功不可没。中国基层政府在市场化改革、产权明晰化、民营经济崛起、乡镇企业一度繁荣和农业改革中确实起到推动者的作用，但把所有由财政压力下的制度变迁都设想为“帕累托改进”式的，可能是一厢情愿。一旦制度条件改变，由地方政府主导的制度变迁既可能有利于经济发展也可能使当地经济恶化。他们的确曾积极“培养财源”，但他们也可能“杀鸡取卵”。不同的行为对应着什么样的制度条件？

第一节 宏观经济的冲击

一、俄罗斯金融危机：为什么曾经的强国财政如此脆弱？

近十年来，讨论借贷分权对宏观经济的影响，不能不提及的事例有：巴西的地方债务危机、阿根廷地方财政对通货膨胀的影响和美国出现的城市政府破产。1990 年前后，国际机构及其专家强烈建议实行自由化并向地方政府财政分权。俄罗斯出台了两项立法，一是 1993 年的《预算权力基础法》；二是 1995 年《俄罗斯联邦地方自治组织基本法》。这些法规使地方政府借款变得十分容易：对于地方政府借款没有明确的限制，允许它们以各种形式借款，包括用于经常性支出的借款。这些权力立刻被许多地方政府利用。

当时地方政府的债务融资方式主要是：（1）预算借款，即财政部通常主要为了解决短期流动性问题向州政府提供借款。（2）商业债务，即向商业银行借款，大约占三分之一。（3）发行债券，1994 年允许地方发行债券，截至 1997 年底，未结清的地方政府商业债务中四分之一以上以债券的形式存在。全国总计共有约 70 个州发行了国内债券，约有 12 个州发行了欧洲债券。（4）其他债务融资方法，主要是预算欠款和其他没有报告的赤字融资。预算欠款从 1994 年国民生产总值 GDP 的 1% 增加到 1997 年国民生产总值 GDP 的 2.6%（Freinkman，Titov 和 Treisman 1998）。

除了欠款，地方政府还有其他变相的债务工具，包括一些形式的国外贷款和商业金融工具。但这些并没有在预算中予以反映。如果同时考虑报告的和未报告的地方政府债务（不包括从联邦政府的借款）地方债务的累计额估计在 1998 年初达到 GDP 的 6%。其中大部分地方债务存在于各州政府；市政府占地方总债务仅约为 20%（Freinkman，Titov 和 Treisman，1998）。

地方政府在这一阶段借入了大量的短期债务。当这些短期债务期时，联邦政府不得不向其拨付“预算借款”。这相当于联邦政府被迫通过预算借款来平衡地方政府的赤字，也就是间接为各州提供债务融资。由于这种借款经常免除，通常也不计入地方政府的债务规模，该类借款的大量提供加剧了联邦财政状况的恶化。联邦政府最终不得不以极高利率借入短期债务，最短的甚至3～6个月。[①] 这种债务的迅速积累，使得整个联邦财政变得十分脆弱，并最终导致财政危机和1998年8月的卢布崩溃。

地方政府的商业债务还引发了其他问题。部分地方政府本身就是商业银行的所有者，借贷纪律十分松弛，甚至腐败贷款比比皆是。在地方政府债券发行中，由于对发行和流通缺乏监管设施和监管经验，在1996年前期票（veksels）被大量使用。[②] 虽经后来禁止，然而许多地方政府仍然继续使用期票或变相的功能类似的工具，如通过商业实体，包括地方政府控制的公共企业发行期票（Veksels）为自己融资。

1996年以来，为保证宏观经济稳定并加强地方政府的财政责任，俄罗斯政府颁布了一些法律法规限制地方政府的借款要求。1996年的《证券市场法》规定了联邦授权许可下，地方政府发行债券必须注册并严格披露。1997年9月出台的《俄罗斯联邦地方政府财政基础法》规定，地方政府借款的上限为预算支出的15%。该法还包括其他几项重要的限制：只能以投资为目的（不得为经常性支出）发行债券；为了避免联合借款和贷款带来的道德风险，地方自有银行不得为地方政府提供借款；中央政府不为地方债券进行担保。然而，财政基础法仅适用于地方政府，不包括州政府。1998年批准的《预算法》将州政府和地方政府预算赤字分别限制在转移支付和借款之前的预算收入的5%和3%以内。通过规定每年用于支出的借款不超过预算支出的15%，《预算法》限制了州政府和地方政府的总体债务水平。不遵守这些规定将引致预算审计或上级政府对预算实施进行控制。《预算法》进一步将地方政府借款用途限定为资本性投资，并只允许联邦政府有权举借外债。1997和1998年的一系

---

① 当然，俄罗斯作为联邦制国家，中央政府对地方政府的财政短绌如此大包大揽，是有其历史原因的。本来在苏联解体后，俄罗斯中央政府征税也十分困难，自身无法实现收支平衡。但为了安抚要求继续分裂的力量，中央政府必需想办法筹措资金。结果，就是这些对国家的政治稳定和领土完整造成最大威胁的地区，获得了最高的人均财政转移支付。"尽管存在分裂压力、经济危机和遭到削弱的中央机构，尽力安抚反中央政权的叛乱地区的行为是俄罗斯没有在1990年代早期像其他三个后共产主义联邦那样解体的一个原因。"（Treisman，1999）国家统一可能会付出惊人代价，但是任何地方的中央决策者都认为是值得的（王绍光，2002）。

② Veksels仅指由州政府发行的汇票或期票，而不是回报商品或劳务的货币。它被1997年初的《汇票和期票法》禁止。

列总统法令授权少数地方政府发行欧洲债券。这些法令规定了与1998年《预算法》相类似的借款限制，要求地方政府的融资要向财政部注册登记并规定了披露要求。

从时间上看，从1996年以后中央政府建立的一系列制度安排和采取的种种措施似乎并没有遏制住地方政府介入金融领域带来的厄运。今后这些制度设施的运作和中央政府对地方政府的债务融资行为的控制效果还有待于进一步论证。不过，由传统的财政集权向分权过渡，特别是在监管框架和预算约束都比较软弱的情况下，一旦准许地方政府介入金融市场，我们只能求助于它们信息披露的自觉性和投融资过程中的责任心——对竞争性政府来说，这种愿望可能是有点奢侈了。

其实，俄罗斯的这种噩梦并不是独有的。1999年1月6日巴西米纳斯吉拉斯州宣布该州暂停90天偿还欠联邦政府的154亿美元债务，一时间投资都信心动摇，大量资本外逃，最终导致了全国金融危机。① 巴西自上个世纪80年代以来先后发生了3起较严重的地方政府债务危机，都曾一度使当地政府陷入了难以正常运转的困境，并给中央政府造成了较大的损失。80年代和90年代，巴西州一级政府的债务分别花去了联邦政府190亿美元和550亿美元。有些还直接引发了全国性的经济动荡。

二、主动债务与经济增长：货币权力地方能否行使？

2003年底以来中国新一轮经济快速增长过程中，资本形成的贡献率平均超过了52%。中央政府的宏观调控政策很准确地要严把土地和信贷“两个闸门”，但投资增长势头却一直难以抑制。一个重要原因是这些投资大多数有地方政府的背景：全社会投资中，地方投资持续占90%左右。

当然，金融机构绕开法律法规而进行的“创新”，为地方政府的投资冲动提供了充足的能量。1998年国家开发银行最早在安徽芜湖试点一种“打捆贷款”模式，是地方投资扩张的一大来源。当时芜湖市提出了一个城市基础设施项目打捆建设贷款要求，核心是政府承诺、财政兜底，然后以项目进行市场

① 《人民日报》：“金融安全离不开政治稳定——谈巴西金融风暴政治因素”，《华南新闻》，1999年1月20日，第2版；《联合早报》（新加坡）：“巴西金融风暴之根源”，1999年1月27日。

化运作。财政还款来源有各方面的，比如，城市建设维护费、各种税、留给地方可支配的费都可以作为还款来源。后来开发行将其作为一种信用模式加以完善：首先，要求地方政府指定代理企业——城市建设投资公司（通常是国有独资公司）——作为借款人，申请贷款给政府项目投资。地方政府也将自己规划的项目“打捆”，若由项目收益还债，就特许代理企业建设并经营这些项目。若靠国有土地出让金还债，就把该土地转让收入的受益权授予代理企业。若上述收益仍不足以偿还贷款本息的部分，就承诺以当地财政预算补贴该代理公司用于还债，因为财政补贴国有企业一直是合法的。其次，考虑到依照国家法律，每年的财政预算必须经过同级人民代表大会批准，开发银行还要求当地人大常委会出具正式文件，批准地方政府的上述承诺。以这种方式，国家开发银行向大约一百个大中城市发放了城市基础设施建设贷款。

2002 年 11 月，安徽省政府与国家开发银行就签署这种协议。具体做法是，安徽省以每年财政预算建设费用和有关收入为还款来源，以政府确定的法人机构把所建项目进行打捆，统一向开发银行贷款，并作为借款人统筹还贷。具体用款单位则与法人机构签订用款协议。通过这种方法，安徽省可定期获得国家开发银行数百亿的贷款。这种变相发行地方债券的项目融资方式，被称为“安徽模式”。①

有了国家开发银行的榜样，有些商业银行也如法炮制，发放城市基础设施建设贷款。这种方式的确促进了各地城市基础设施建设，同时也使地方政府负债建设城市在全国蔚成风气。有一个省会城市要举办全国性的赛事，希望彻底改善城市基础设施。该市政府出面，以财政担保，由城市商业银行和国有银行当地分支机构贷款，市政工程公司和城市投资公司分别运营，由此形成的债务相当于该市本级财政年收入的 15 倍左右。一些商业银行与地方政府频频签署合作协议。2006 的上半年，打开各大商业银行网站，签署数百亿乃至超千亿元“银政合作”的例子比比皆是②。以中国建设银行为例——

“到 2006 下半年，中国建设银行先后与内蒙古、四川、湖北、浙江、海南、山西、河北、苏州、江苏、广西、辽宁、厦门、广东、深圳、上海浦东新

① 《21 世纪经济报道》：“安徽模式试探政策底线 地方债券期待破茧”，2003 年 1 月 10 日。

② 4 月中旬以后，建行网站就再没有发布过与地方政府签署《银政合作协议》的新闻稿。

区等15个省、区（市）政府签署了银政合作协议，协议信贷额度合计13486亿元。”①

不过2006年8月，建设银行说自己不存在任何“打捆贷款”，并且称这已得到人民银行、银监会的充分肯定。建设银行发言人指出，“建行在银政合作中所签署的协议，始终坚持审慎选择，从来没有出于地方政府公关的目的，所签协议中不带有任何指令性和绝对承诺，双方遵循了市场经济规则，完全符合国家和相关部门的法律法规。”

但是一种没有约束力、承诺不足，应该完全由银行和贷款企业之间的业务关系，何以由地方政府出面？其实，建设银行并没有对这个问题回避。它承认“建行与地方政府开展的银政合作，是把地方政府作为银行的重要客户。”并且“这种银政合作，着眼于发挥建行在基础设施建设项目融资方面的传统优势和一流的服务水平，在支持地方经济可持续发展、产业升级和转变经济增长方式的同时，促进建行业务的持续健康发展。”②

针对各地投资热情不减，中央的宏观调控政策难以完全落实，国家五部委发文叫停打捆贷款。③ 这份通知主要包括两部分内容：一是各级地方政府和政府部门应严格遵守有关法律规定，禁止违规担保。严禁各级地方政府和政府部门对《担保法》规定之外的贷款和其他债务，提供任保形式的担保或变相担保。各级地方政府和政府部门不得以向银行和项目单位提供担保和承诺函等形式作为项目贷款的信用支持。二是整顿和规范银行各类打捆贷款，切实防范贷款项目的信用风险和法律风险。要停止与各级地方政府和政府部门签订新的各类打捆贷款协议或授信合作协议。

---

① 参见《金融时报》2006年8月24日，“建行就内蒙古新丰电厂信贷问题表态”。所谓“内蒙古新丰电厂信贷问题”，是指2005年7月，中央政府叫停内蒙古电力（集团）有限责任公司的新丰电厂800万千瓦的电力新建项目。该项目大约涉及800多亿元的投资，其中银行占了投资中的大部分。全国共有9家银行和2家财务公司对这家集团进行了贷款，贷款余额超过200亿元：国开行56.97亿元、工行40.17亿元、建行31.35亿元、中行22.91亿元、农行18.05亿元、交行11亿元，其他有中信、招商、民生等各家银行，几乎将中国各大银行一网打尽。当时，各家银行争抢内蒙电厂大餐在业内几乎人尽皆知。

② 《金融时报》，2006年8月24日。

③ 2006年4月，国家发改委、财政部、建设部、中国人民银行和银监会五部委联合发出《关于加强宏观调控，整顿和规范各类打捆贷款的通知》，这份不足1300字的通知要求，金融机构要立即停止一切对政府的打捆贷款和授信活动。地方政府不得为贷款提供任何形式的担保或者是变相担保。

但就是这个紧急文件，也不得不对预算法和担保法所规定的条款打一些折扣。2005 年 1 月 26 日，财政部已经发出过一份通知，要求地方财政停止对《担保法》规定之外的贷款或其他债务承担担保责任。① 因此，五部委的这份通知指出，2005 年 1 月 26 日是政府担保是否有效的分界线，2005 年 1 月 26 日以前地方政府对贷款所做的担保有效，在这个日期以后的政府担保将不再有效，并且严禁地方政府再提供任何形式的担保或者是变相担保。

对于地方政府而言，“打捆贷款”的诱人之处在于金额巨大，对于当地的基础设施建设能发挥重要作用。地方政府搞市政建设，或者要发展地方经济等都需要资金。在财政拨款吃紧的情况下，将地方项目“打捆”后向银行申请贷款渐渐成为风尚。而银行之所以愿意提供此类打捆贷款，并常常给予极高授信额度，恰恰因为有政府信誉在背后支持。在银行业放开前，这种做法对于国家而言，无非是左右口袋换钱，万一形成呆坏账，最后买单的还是政府。

此外，对于打捆贷款来说，还本付息压力可以不在本届政府任期内承担，一届政府任期 5 年，而城建打捆融资贷款期限一般在 10 年以上，在没有法定的政府负债额度约束的情况下，这种偿还责任对地方政府来说是标准的“软约束”，它不但导致地方政府债务风险的无限膨胀，也可能导致商业银行的资产面临着巨大风险。

与基于价格信号进行决策的私人投资不同，地方政府负债投资整体上降低了社会投资效率和经济增长质量，扩大了经济发展的结构性矛盾。事实上，许多地方政府大规模启动的投资项目效率很低，尤其是机场、公路的重复建设项目有许多建成即亏损，给当地财政背上了沉重的负担，也降低了经济增长的素质和质量。在本书，我们暂对这类问题存而不论，而是从全社会总供求角度，讨论地方政府债务融资的另一个宏观后果，即整个宏观经济政策的扩张。

无论是当年预算内投资扩张，还是后来的预算外资金膨胀，以及地方债务积累，我们都可以看到，不同体制下地方政府在资源竞争中有不同的表现。在分灶吃饭财政改革之前，地方政府的这种行为表现为投资饥渴下的预算追加、信贷计划追加和预算外资金膨胀。在分灶吃饭、银行体系改革之后，表现为预

① 2005 年 1 月 26 日，财政部发出《关于规范地方财政担保行为的通知》［财金（2005）7 号］。该通知规定，地方财政要停止对《担保法》规定之外的贷款或其他债务承担担保责任。

算外规模扩张、信贷失控和违规贷款增加。在预算外资金纳入预算管理和分税制后，表现为地方政府向社会各界——辖区公众、国有银行和资本市场的大量债务。

地方公共部门债务转化和因承担道义义务形成的债务，也同时增加了地方负债的压力。最典型的有两类：一是地方国有企业债务风险。国有企业的转制、破产等因素使地方财政承担着连带责任。二是地方金融风险。地方金融风险在一定条件下会转化为财政债务风险。近年来，一些地方金融机构等投融资组织违规拆借、高息揽储，地方银行及非银行金融机构不良资产的损失进一步加剧了地方政府债务风险。如 1999 年的“广东国投破产案”，是我国首例非银行金融机构破产案，也是企业破产促使地方财政承担着连带责任的典型事件。此案件涉及款项 496 亿元，也是亚洲金融危机背景下爆发的地方财务“窟窿”大事件。①

它们在一点上是相同的：这种扩张最终会通过特有的财政——货币传导机制影响宏观经济稳定。其中的财政传导机制在于，由于地方政府举债过程没有破产之虞，实质上相当于它们默认了中央政府对其隐含承担的无限责任。作为单一制国家的地方政府，传统上一直是中央政府的地方代理人，代表中央政府去“造福一方”，更相信中央政府不可能听任地方政府因债务问题而瘫痪。因此，地方政府任何财政扩张行为都可以看作中央财政行为的组成部分。在这种情况下，中央政府的对策无非分两种：一是不给予援助，听任地方政府瘫痪或破产，这在现实情况下不可能。二是主动解决，在严禁债务增加的同时提供帮助。其途径也有二种：一是通过财政援助，即自己担起地方债的偿还义务——即便有此财力，必然使得自身财政开支扩张。这种财政危机的兜底策略实质上使地方财政风险最终向中央财政集中；二是通过债务重组，国有银行系统再当一次“冤大头”，挂账停息甚至豁免。这仅相当于地方政府自发地创造信用，变相获得了货币的发行权，而且使得地方财政风险转化为社会金融风险。②

第二种途径即地方政府对货币政策冲击的传导机制。货币是一种利益分配

---

① 《第一财经日报》，2006 年 9 月 13 日。

② 事实也是这样。在明确了四大银行的不良资产不再二次剥离以后，中央政府决定对四大国有银行再次注资，补充四大银行资本金。估计注资金额在 8000 亿元至 10000 亿元。对于农村信用社的清理，中央财政准备承担其中 5000 亿元不良贷款的一半，另一半由地方财政负担。

和利益竞争的工具。在货币经济中，谁掌握了货币发放权力，就可以通过货币发放，扩大自己的利益，改变利益的分配。货币发放权是中央政府的权力，地方是无此权力的。地方一旦拥有了实际的货币发放权，就会运用这一权力来实现自己的目标。在传统直接控制机制下，地方没有投资自主权，虽可就投资计划指标进行讨价还价，但仍无法自行扩大投资规模。同样，银行的地方分支行虽可就信贷计划指标进行竞争，但不能自行扩大贷款规模。分权化改革后，中央虽未将货币发放权力放给地方，金融改革又使地方分支行有了经营自主权，可以自行扩大贷款规模。在这种情况下，地方分支行对地方政府的遵从，也就意味着地方有了实际的货币发放权力。只要地方分支行按照地方当局的意图，突破信贷计划给地方企业贷款，中央银行事后认可地方分支行的行为，并增发货币进行弥补，地方也就实际行使了自己的货币发放权力，扩大了流通中的货币量。

比如，经济紧缩时，由于信贷计划控制较严，难以突破，地方政府会通过地方分支行改变贷款投放方向，优先保证地方企业的货币供给，从而改变资源分配，保证地方收入。在经济扩张时，地方政府会借机影响地方分支行扩大信贷规模增加地方建设项目抢夺更多的资源，以扩大自己的收入基础。此外，国有银行的地方分支行可以提前完成信贷投放计划，迫使上级银行事后追加信贷额度或者现金发放。按照张曙光等（1993）的计算，1982～1991 年，全国贷款实际增长率年平均 21.3%，9 年平均超计划增长达 43.3%。也就是说，地方的“实际货币发放权”超过了 40%。他们认为，地方政府的收入竞争和货币发放竞争是造成当年需求膨胀的重要原因。林毅夫等人（1997）还分析了信托业曾经成为地方政府筹集资金，发展地方事业，直接从事经济活动的一个重要途径。地方政府当年通过开办信托企业的办法融资，变相地取得了创造信用的权力。它们甚至有举借外债的机会。在 1995 年国家明确政府不再为窗口公司提供担保，并决定对外债实行全口径管理后，才终止了地方政府通过下属信托企业变相举借外债的机会。如今信托企业经清理整顿不再是地方政府融资的主渠道，但地方政府会通过自己开办的其他企业为自己筹措资金，从而在一定程度上绕开了中国人民银行的信贷规模控制。

今天我们仍在重复着地方政府扩张——中央政府救援——宏观经济遭受冲击的故事。地方商业银行不良资产、农村信用合作基金等坏账积累，等等，大部分是地方政府告贷的结果。只不过目前表现为两种形式：一是严重的拖欠；二是中央政府（通过中央银行和财政部门）“专项借款”进行救助。1998 年以来，中央政府对农村基金会、供销社股金会、城市信用社、信托投资公司等全面清理整顿，对地方政府予以专项借款，用于兑付个人债务的资金缺口。到 2000 年底，全国由地方政府组织清理关闭的农村基金会 18141 个，资产 1300 亿元，负债 1250 亿元，其中需兑付个人股金高达 960 亿元。① 一份由中国人民银行、财政部联合印发的《地方政府向中央专项借款管理规定》通知指出，此次专项借款是指国务院批准，中国人民银行发放再贷款，并通过指定的地方商业银行向省（自治区、直辖市）政府（以下简称省级政府）的融资，专项用于解决地方要关闭的农村合作基金会、各类信托投资公司、城市商业银行、城市信用社的个人债务和合法外债。不过保证地方政府对该专项借款的归还，上述《规定》从中央对地方政府关系方面进行了严格的约束。② 遗憾的是，这种约束的力度在实际执行过程中仍然是有限的。

2004 年开始的农信改制至今，可能将是另一个地方花钱、中央买单的案例。超过 3 万家的农村信用合作社平均不良贷款率达 50%，而贫困省份的农村信用合作社的不良贷款率更是高达 99%。据估计，2003 年农村信用合作社的不良贷款总额约为 5000 亿元。这次改制打算以央行发行“专项中央银行票据”③ 来承担农信社不良资产的一半，另一半由农信社自身和地方政府承

① 截至 2002 年底，清理整顿已基本结束。但根据实地调查，目前需要兑付的个人款项，仍以地方政府的负债而挂账，尽管全国统一数据尚缺乏。

② 《规定》的第五、六条分别明确，如果省级政府不能按期归还专项贷款本息，由财政部根据中国人民银行扣款通知在中央向该省（自治区、直辖市）的转移支付资金和税收返还资金中扣还。

③ 根据国务院的农信社改革政策，以农信社 2002 年底实际资不抵债数额的 50% 为基数，央行向农信社发行等额专项票据，用以置换信用社的不良贷款。两年期的票据到期后，如果农信社达到央行的改制标准，可以此票据兑付现金，用以补充农信社的资本金。

担。[①] 之所以要地方政府承担，就是因为作为地方政府说了算的这家名义上的农村合作金融机构，积累起来的不良贷款绝大多数由地方政府的造成。根据银监会的统计，到2007年上半年，全国一共有505家农信社成功兑付票据，兑付金额为311亿元，其中第一批试点的八省市有435家成功兑付，兑付金额为255.23亿元，分别占兑付家数和兑付金额的66%和67%。此时距离票据最开始发放已经三年有余，而第一批380亿元的央行票据还有100多亿元没有兑付。而且自身又积累起来巨额不良资产。[②] 从目前局面看，这次央行提出的"花钱买机制"[③]，很可能是又一次地方引致的货币净投放，因为那些达不到兑付要求的农信社和它们的地方主管即各省级政府已经开始呼吁："为什么不能像支持国有银行改革一样，痛快拿出几千亿给农信社?"（历志钢，2007）

麦金农等（Mckinnon，Nechyba，1997）认为，一个有效的宏观政策，非常重要的是货币权力与财政权力的分离。在一个多层次、竞争性的政府体系里，如果中央政府控制着货币发行，那么较低级次的政府就只有使用财政工具的权限而不能使用债务货币化的"软"选择。他指出，美国的州和地方政府承担着为资本项目融资的巨额债务负担。这种将长期存在的资本项目的支付分散在其整个使用期间的做法是很有经济意义的。但是，它们没有办法从公共渠

---

① 具体方案是，各省级政府承担辖区内农信社的管理和风险责任，推进各种形式的改革并提供适当的优惠政策。中央和地方共同分担农信社历年亏损和资产损失，中央由发行央行票据的形式承担农信社历年亏损和资产损失的一半。但央行要求，实行信用社和县（市）联社两级法人体制的信用社资本充足率要达到2%，实际统一法人体制的信用社资本充足率要达到4%，农村商业银行或农村合作银行资本充足率要达到8%；按"一逾两呆"口径考核，不良贷款比例较2002年12月末的降幅不低于50%。如果到期时资本充足率和不良贷款比例未能达标，可以延期两年；如果两年后仍未达标，人民银行将以其不良贷款和历年挂账亏损置换回专项票据。根据央行公布的数据，截至2006年底，央行共发行专项票据1656亿元，其中首批试点的八省市农信社获得了380亿元资金扶持（包括中央银行专项票据和专项借款）。

② 2006年底，银监会力推农信社贷款五级分类的初分和考核验收：截至2006年底，按商业银行从2001年起通行的贷款风险分类（俗称五级分类）标准，农信社的不良贷款比例高达27.7%，比农信社按一逾两呆（也称四级分类）标准的数据要高16个百分点。按照2006年底农信社已分类资产26362亿元计，农信社的不良资产再次高约7300亿元。这意味着把当下农信社所有股本、拨备、盈利都用于弥补不良资产的损失也不够，农信社事实上仍处于严重资不抵债的窘境。（《财经》杂志/总191期，2007年8月6日）

③ 所谓"花钱买机制"，目标包括三个方面：一是完善农村信用社的治理结构；二是通过省级政府，创造农村信用社可持续发展的生态环境，包括避免地方政府干预信用社的经营，地方政府帮助信用社清收不良贷款，打击逃废债等；三是支持当地经济发展，使当地经济金融良性循环。

道为这些债务提供资金，它们只能像私人借款者那样从私人信贷市场上筹集资金。这些市场通过信贷评级和监督财政表现的其他形式共同创造了一个环境，在这种环境下财政当局必须为它们的行为负责。这些市场通过债务融资的形式创造了一个硬预算约束，这对于分权政府的财政行为强加了一个非常有用的约束纪律。

更一般的意义在于，硬预算约束意味着分权的政府必须基本上依赖于它们自己的收入来源。它们不能过多地依赖于来自上级政府的转移支付。如果这种转移支付不得不存在的话，也应该有明确的条件，按照权威的法律程序进行。如果地方政府被迫进行债务融资，应该让它们与普通私人债务人一样经受来自资本市场的监管和债权人的制约。

第二节　市场信用的伤害

中国资本市场的建立正处于起步阶段。为中国经济提供金融支持的金融系统亟待进行改制。作为将社会剩余输向实体经济的导管，金融机构的健康状况和社会信用程度极为重要。遗憾的是，地方政府的机会主义行为，正在为中国金融体系的改革设置障碍。1997 年以来，在清理整顿信托投资公司、城市信用社、农村基金会、城市“三乱”（即乱批设金融机构、乱从事金融业务、乱集资）过程中，为解决被撤销金融机构支付个人合法债务和外债的资金缺口，26 个省（市、自治区）以地方财政作担保，总计向中国人民银行总行申请了 1411 亿元的再贷款。这意味着地方政府对金融资源的争夺中，形成的不良资产最终还要经过中央政府通过货币化方式予以解决。截至 2003 年 10 月底，经地方政府承诺还款的为 1031. 2 亿元，其中，用于清理信托投资公司的有 296 亿元，用于清理城市信用社的有 188 亿元，用于清理供销社的有 71. 1 亿元，用于清理农村基金会 444. 1 亿元，用于治理金融“三乱”及其他 32 亿元。在很多省市，清理集中在乡镇的农村基金会是央行再贷款中最大的一部分，在有的地方占到总额的近 70% 。尽管有地方政府还款的明确规定，但大多省市已不能主动按时偿还中央专项借款，中央财政只得通过体制结算扣款的方式来归还人民银行的再贷款，为缓解地方财政压力，2002 年起，中央财政已按当年应还专项借款本金的50%予以扣款，从长远看，地方财政归还中央专项借款会越来越困难，人民银行再贷款的回收难度也越来越大。财政部披露，截至2002年上半年，有19个省（区）不同程度存在欠还本息的问题，占借款地区总数的73.1%。

通过上述清理，地方政府开办的金融机构中剩余下来的情况如何呢？截至2003年6月末，全国112家城市商业银行贷款余额6523.91亿元，其中不良贷款余额1078.11亿元，占比达16.53%。全行业亏损为55.97亿元，历年累计亏损的有50多家，占到112家城市商业银行的45%，处于高风险状态的有22家，其中13家已经资不抵债①。城市商业银行平时的经营普遍受到当地政府的强烈干预，一般地方政府都是城市商业银行的最大股东，向大股东的关联贷款庞大是引发其财务风险的重要原因。在地方金融机构治理机构不规范、金融监管框架未有效建立起来的情况下，地方债务风险往往有可能转移，发展为区域性的金融风险。更严重的甚至演化为全国性的金融风险。

现代经济是靠信用支撑的金融经济。从根本上讲，市场的规模本来就是依靠信用联结的人与人之间的合作秩序而扩展开来的。“用钱者”对“出钱者”负责的制度是一个社会通过信用扩展得以繁荣的前提。政府信用是社会信用的基石，地方债务的展期、拖欠会严重损害政府公信力，财政该支未支、该补未补还直接损害不少企业的利益。地方债务不能到期清偿还会产生严重扭曲的市场信号，动摇投资与消费信心。地方债务向金融机构转移导致地方金融机构财务状况恶化，不仅冲击宏观经济稳定，而且债务约束软化，还恶化了整个社会信用环境。

政府债务，尤其是各级地方政府债务过重，举债失范，不仅将影响当地经济发展，由于地方政府债务恶化，严重影响了地方的资本运行，恶化了地方的投资环境。同时，政府拖欠企业债务过多，企业讨债无力，许多企业也纷纷被政府债务拖垮。更严重的是严重损害了政府的公信力。一些地方政府已经被称为“赖政府”，与公众的关系变得紧张而对立，激发一些社会矛盾。（吴葵光，2003）

国有商业银行剥离不良债权，虽然存在一定的积极效果，但不能避免对社

① 詹向阳、张兴胜、胡婕：“地方债务风险不容忽视”，《中国经济时报》，2003年11月7日。

会信用品质的抑制。最大的不良后果是有可能导致更多的债务人期望第二次、第三次不良债务的大剥离。前面债权人——债务人框架和图 3 - 1 所示的例子分析表明，由于国有银行系统和地方政府的借贷关系缺乏严格的信用约束，我们没有理由对继续形成的地方政府债务和金融机构的资产质量表示乐观。地方政府从国有金融企业大量融资，在中国建立规范的资本市场监管框架、深化金融体制改革过程增加了变数，使诚信社会的形成更为困难。

国有企业改革是中国经济体制改革的中心环节，至今还有漫长的路要走。但约束一级政府的投资行为要比约束一个国有企业投资行为难度大得多。近几年来推行的项目业主制、组建政府独资的投资公司等公共投融资体制改革，只是一些形式上的改变，实际上行政部门仍然直接决策投资。最终结果仍然是将风险集中出资人，集中于国家。一旦项目投资失败，债权人追索时甚至找不到真正负责任的人。这种结果只能使全社会的债权人减少：一方面人们创业只能靠内源融资，无法通过信用手段得到外源融资；另一方面充当了债权人的国有金融机构资产质量一直恶化，不再有能力提供社会需要的信用支持。

我们通过一个简单的博弈框架，看“赖账机制”是如何在全社会形成的[①]。这里先假定债权人和债务人都是市场交易的独立主体，双方只能按市场规则行事。我们需要一点完全信息动态博弈的概念。动态博弈一般被看作参与人的扩展式战略选择形式。其中一个参与人先行动，其他参与人在观察到第一

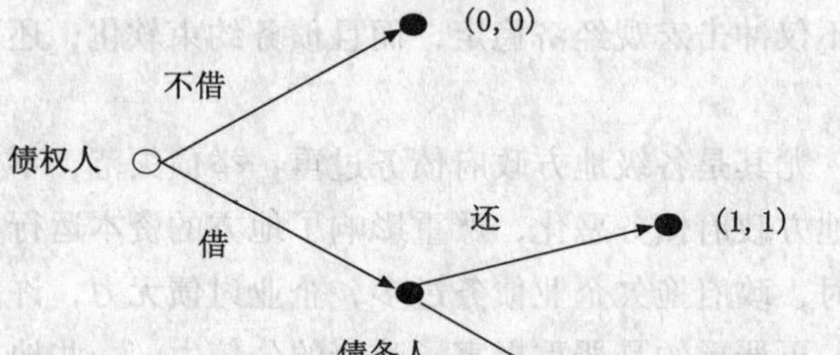

图 3 - 1 债权人和债务人的动态博弈

① 此处分析受到杨如彦（2002）的启发，谨致谢意。

个参与人的行动之后再选择最优策略（行动）。在下面的例子中，我们假定债权人选择出借还是不出借，然后债务人选择还款还是不还款。模型化的博弈过程可以表示如下。

对上面例子简化，即债务人如果能借到10元钱，他将能赚到2元钱，付给债权人1元钱的利息，自己得到1元的利润。在博弈的第一阶段，债权人先决定要不要放债，如果不借，则每人的得益都是0。如果决定借钱，则接下来由债务人决定还与不还，如果还，则债务人和债权人各得到1元钱，如果不还，债务人得到12元，债权人损失10元。用逆向归纳法求解这个博弈，在博弈的最后阶段，债务人发现不还钱比还钱有利（括号中的第二个数字，12 > 1），于是债务人决定不还。现在回到第一阶段，由于博弈双方都意识到对方是理性的，债权人知道在第二阶段债务人将选择不还钱，他会同样理性地发现不借钱是最优的（0 > -10）。于是我们得到的博弈均衡是债务人不还钱，债权人不借钱。

现在假定债权人委托其代理人与债务人打交道，看情况会发生何种变化。假定国有银行对各地方分支机构的监督具有完全信息，或者地方分支机构有足够的激励维护国有银行的权益，我们就会看到上面分析中的均衡结果。但是，由于现实中的国有银行内部治理改革尚未完成，地方分支机构在与地方政府打交道中并不是一个完全独立的债权人。作为代理人，甚至有与债务人合谋的可能性。在双方判断积累了金融风险后上级政府不可能置之不顾的情况下，对于本地来说，这种风险则具有“外部性”。因而，在上面的博弈框架里，借贷双方的行为演化出不同于市场主体的合作与不合作关系：即由不合作（一旦拖欠就强行要求偿还）变为共谋——共同使用国家的财政资金，只不过跟传统体制下的“跑部钱进”和“钓鱼工程”不一样：通过国有金融渠道，来一个“先斩后奏”。

根据吴晶妹（2003），社会信用活动分成四大部分，政府、金融、非金融和居民。信用就是整个社会四大部门对外的负债。通过对包括美、英、德、法、日，还有一些新兴市场经济国家，像新加坡、韩国等12个国家自1959年到2000年近半个世纪的数据研究，以信用所支撑的交易活动与经济增长有着密切的关系。一个国家的经济信用化程度可用经济信用化率来衡量。它是指整个国家统计出来的信用交易规模与该国家GDP之比。经济信用化率是反映一个国家信用程度的主要指标，即 GDP 总量中有多少靠信用交易总规模完成。美国的信用化程度最高已经达到了 80%，中国的信用化程度只有 20%。因为信用缺失给我国造成的经济损失，一年达 6000 余亿元。换一句话说，如果摆脱了信用缺失的危害，我国每年的国内生产总值（GDP）不用增加任何新的投入就要多增长 4% ~5%。

一个发达的市场经济能够给任何一个创业者提供信用服务。中国正在朝这一方向努力。一个重要步骤是培育民间信用市场，国家主动放弃金融租金。这是金融开放的本来意义。但在向民间开放金融市场的过程中，由于分权方向的模糊和分权不到位，地方政府争相分割金融租金。它们在现行体制下有着合法的身份充当融资主体。在民间"草根金融"出现一度混乱而中央政府为避免金融风险不得不整顿时，地方政府却以合法身份取得了开办地方金融的资格，并格外卖力地——因为有着足够的激励"替"中央，实际是为自己——消除金融领域的民间竞争对手，结果是把中央放下的权力截留在自己手中。但事实表明，以地方政府作为融资主体，无以成就全社会的信用建立。在中国，资本市场的培育和建立，需要形成一个"用钱者"对"出钱者"负责的机制，首要任务，应该是避免地方政府对信用的破坏。

第三节　公共服务质量的恶化

在西方政府竞争理论中，人们总是考虑竞争机制对政府提供"好公共物品"（good goods）的影响。实际上，在一定条件下，地方政府之间的竞争，导致它们为社会提供"坏公共物品"（bad goods）。更严重的可能是缺乏制约的权力对市场机制的破坏。这便是奥尔森（2000）讨论的，看不见的左手对看不见的右手的替代。

就好的公共物品来说，地方政府也仅仅专注于得以体现自身偏好的领域。中国建立公共财政已经有 10 年的历史。我们不可否认，与政府直接开办企业相比，像机场、高速公路、城市公用设施等等项目的投资体现出更多的公共财政属性。但与辖区公众的需要相比，基础教育、公共卫生和社会保障，这类公共财政事务的投入长期不足，地方政府在这些方面似乎并没有表现出多大的竞争性来。

就坏的公共物品来说，近几年来媒体不断报道不少令人遗憾的现象。可以想像，一个债务压力下运行的政府，行为方式肯定与没有债务、经费宽裕的政府不一样。基层政府的债务风险已经是社会稳定的隐患之一。由于无法按期归还债务本息或拖欠工程款，个别地方政府及其部门疲于应付筹措资金还债，促进地方经济发展的事早已无暇提起。如果说举债、卖地是在财政产权界定模糊环节下的对上级政府的机会主义行为的话，在辖区内拥有管辖权的基层政府不可能长年安心于捉襟见肘的日子。它们也有足够的力量和动力侵犯公众的产权。尽管这些权利有的已经清楚界定（如每年的承包收入），有的尚未清楚界定（如集体土地产权），基层政府往往情不自禁地伸出有别于市场的另一种看不见的手——设租、摊派、收费——进行掠夺。原本应该提供公共服务的扶持之手，在债务压力下可能变成一只掠夺之手。

我们可以做如下分析，设有中央政府和地方政府两个行为主体。中央政府有两个选择：在与地方政府划分财政资源时选取低分成或者高分成。地方政府也有两个选择：伸出扶助之手或者伸出掠夺之手。不同的行为选择将得到不同的利益结果，这两个行为主体进行一个完全信息的博弈。这个博弈的结果是：20世纪80年代财政包干时，中央政府“分权让利”，选取低分成，地方政府拥有共容利益，可以从地方经济的繁荣中得到好处，因此伸出了扶助之手。但是，低分成和扶助之手并不是一个纳什均衡。到了90年代，中央政府以分税制代替了包干制，博弈就进入了高分成、扶助之手的短暂过渡状态。最后，由于地方政府无法享受经济繁荣的大部分果实，不再具有共容利益，因此选择使用掠夺之手，博弈最终跨过临界点，进入了中央获得高分成、地方伸出掠夺之手的纳什均衡。

陈抗（2001）通过进一步实证分析检验了上述理论。他用预算内收入占政府收入的比重度量扶助之手，用预算外收入和体制外收入占政府收入的比重度量掠夺之手。可以发现，估计出的扶助之手指数自从1994年起有了明显的下降趋势。全国水平的扶助之手指数从1988～1993年的0.67下跌到1994～1998年的0.43，跌幅超过30%。同时他还发现，从扶助之手向掠夺之手的转移回应了1994年中央从低分成到高分成的转变。

是不是中央政府收取高分成和恢复中央集权是中央提高效率的策略？比如

说中央从地方取得更多资源能使地方政府财富减少，降低政府部门的吸引力，减少地方政府官员人数，从而减少地方官僚对市场活动的干预。这种愿望是难以实现的。地方政府官员并没有变穷，而是从扶助变为掠夺。而且掠夺之手会比利人利己、增加未来税基的扶助之手掠取更多，更加严重地抑制经济的发展。的确，近年来关于地方政府的“掠夺性行为”的报导和忧虑越来越多。[①]

据前述审计署的审计，截至2002年9月，其中的42个县（市）累计欠发国家规定的工资18亿元（其中当年1至9月新欠1.32亿元），是1998年底欠发额的3倍多，人均欠发2600多元。无力兑现地方政府出台的工资性补贴48亿元。这49个县（市）财政赤字、负债和欠发工资总计为199亿元，是2001年预算收入的5倍多。（李金华，2003）在一些无力支付基本工资的乡镇，基层干部的政绩标准居然以是否“弄到钱”来衡量。许多乡镇要求乡镇政府及其站所干部，每人必须替乡镇借到钱才能上岗，包括毕业分配的大学生。在中部一些省份，我们走访的地方，乡镇干部没有不借债的。在那里，乡镇主要负责人和财政所的负责人，债务多的达20多万元。村级组织的负责人必须能够借到钱才能够任职，有些地方甚至公开宣称，谁借得到钱，就当乡长、当村长。如果进入政府工作的机会靠借钱可以“购买”，担当某一政府职务也得以“弄钱”的能力考验的话，我们就没有信心指望这种基层政府会给辖区提供基本的公共服务。相反，公务人员的一个逆向选择过程可能会产生：那些奉公守法、严于律己的或者具有创业能力的人在特殊的“能力定价”机制中得不到有效体现，他们只好离开基层政府的公务员队伍；而某些创业无望、善于寻租甚至贪虐成性者，却有足够的动力钻入基层组织，并在这种机制下如鱼得水。

如果说债务压力下基层政府可能由扶持之手演变为掠夺之手主要发生在农村乡村层面的话，那么在城市，地方政府的举债融资也有可能使自己失去提供公共物品的能力。为了招商引资，地方政府以压低城市土地使用权转让价格的办法进行竞争。另外还有广泛的税收和规费的减免。也就是说，它们很少从这种竞争中得到税收剩余。为此，拆迁补偿不足、农地圈占、拖欠民工工资等现象屡屡发生。这意味着地方政府在依靠牺牲辖区公众的产权为自己的竞争行为买单。更糟糕的是，政府在债务压力下往往把手中最主要的资本——城市土地

① 董月玲：“让农民自己讲话”，载《中国青年报》，2003年7月9日。

——已经通过“城市开发”程序转移到了私商手里，将来再想要提供公共产品的建设与服务已经没有能力。而得到开发权的利益集团凭借实力，垄断经营城市的公共部门。但在建造基本的道路、供水和供电设施时，反再要求由居民出资。居民没有表达公共利益的诉求的渠道和解决诉求的机构。甚至地方政府的城市规划也听从利益集团的控制，形成“傍大款”的局面。[①]

通过实地走访我们感到，虽然法律上有“一级政府一级财政”的表述，但在中国基层政府，县与乡，甚至乡与村之间并不符合外界所谓“财政联邦制”关系。事实上，上级政府为了保本级财政平衡，经常要求下级上交，即使借债也得完成任务。村里借债完成乡镇的任务，乡镇借债完成县里的任务。由此我们也可以看到，这种债务积累机制对农村税费改革的潜在障碍：因为分税制改革后，各级基层政府的开支基本上依靠自己分得的收入权限，现在的债务累积既是它们入不敷出的结果，又会更进一步造成其收支拮据。税费改革后，企图通过层层借债缓解收支紧张显然不可能：一是农村税费改革明确提出，改革后不能出现新的债务，不能举新债；二是税费改革后，乡村收入大大减少，乡村的偿债能力大大降低；三是乡村几乎到了破产的境地，许多到期的债务难以偿还，或者单方面用压息换据、以息冲本等方式减少债务，侵犯现有债权人的权益，没有人再敢借款给没有偿还能力的乡镇政府和村级组织。（邓大才，2003）人们把税费改革视为20世纪80年代初土地承包制后的第二次农村重大改革，但这次不同的是，如果说第一次得到了基层政府和农民的一致拥护的话，这次则可能受到基层干部或明或暗的抵制，至少不会积极配合和促进。

中国与其他国家相比，在改革过程中地方政府的行为向来是有差别的。在中国，地方政府从改革措施的探索到地方经济的发展都起到十分独特的作用，而许多国家在体制转轨过程中，地方政府官员因对国有资产的瓜分和对民间产权的侵害而声名狼藉。如果在财政问题上不加注意，中国地方政府与它们的差别将不复存在：地方政府的掠夺、官员的腐败将败坏中国改革的声誉，甚至可能导致地方政府由现代化和改革的建设性力量蜕变为破坏性力量。

小结：地方政府债务的潜在影响，积极的方面是可能使辖区政府突破有限

---

① 《21世纪经济报道》，2004年1月12日。

的财力更有效地为当地提供公共物品或基础设施。但财政预算本身包含着对政府使用财力的正式授权，突破这种授权的债务融资，其潜在后果则要看竞争性地方政府的自身偏好和所受到的其他约束。在中国，地方政府竞争一直对中央政府的宏观经济政策造成程度不同的被动。通过国有金融企业借贷，与在财政分权之前争用中央财政资金有着相同的宏观后果。政府的拖欠和赖账还恶化社会信用环境，而信用的健康和扩展是一个社会得以繁荣的必要条件。债务压力已经使不少基层政府无暇顾及公共服务，更糟糕的可能是，它们往往不会长期安心于捉襟见肘的日子，一旦由积极发展乡镇企业转变为积极设租寻租甚至勒逼，则意味着一个有形之手蜕变为不同于市场机制的另一只无形之手——掠夺之手。这是值得十分警惕的。

第四章 中国地方政府债务成因：财政体制

马克思指出："在所谓国民财富中，真正为现代人民所共有的唯一部分，就是他们的国债。因此，一个国家的人民负债越多就越富这一现代理论是完全合乎逻辑的。公共信用成了资本的信条。随着国债的产生，不可饶恕的罪恶，已不再是亵渎圣灵，而是破坏国债的信用了。"[①] 在前面介绍了中国地方债务现状及其潜在危害之后，我们需要对造成这种状况的原因进行研究。当然，关于地方债务成因，媒体和决策部门都进行了不少分析。1994 年分税制改革以后，总体上各级政府之间的关系呈"财政收入上移、支出责任下移"的格局；这形成了地方政府的被动债务。

第一节 分税制：收入上移，支出下移

中国的改革开放基本上是以"放权让利"为特征的。财政体制是改革的突破口。中国财政税收制度有着特别之处：与资本主义国家不同，在中国，国营企业是主要纳税人；与其他社会主义国家不同，中国大量的国营企业归属地方政府管理，地方政府对所辖企业实际上拥有某种产权。（Granick，1990）这种产权使地方政府与所辖企业的利益息息相关。"分灶吃饭"的财政体制改革

① 《马克思恩格斯全集》人民出版社 1995 年版，第 823 页。

意味着中央政府与地方政府之间财政产权明晰化的开始。这种明晰化对中央政府有两点好处：一是让地方政府承担更多的财政开支；二是保证中央收入至少不低于现有水平。它同时给予地方政府前所未有的机动性，使地方政府成为改革的积极推动者。这样，既激发了地方政府的动力，随着财政总收入的扩大，中央收入部分也会相应扩大。中国的改革能取得举世瞩目的成就，“放权让利”功不可没。

当时中央与地方政府之间财政关系仍缺乏严格的界定。“分灶吃饭”后，中央政府一旦财政紧张，仍不时向地方“借款”。上下级政府几乎每年都要就收入划分讨价还价。在信息不对称条件下，地方政府总是能够设法保护自有财力，并规避上级的监督。结果是财政收入占 GDP 的比重和中央财政占全国财政收入的比重（即著名的“两个比重”）严重下降。分税制之前的 1978 年，中央财政收入占整个财政的 31%，到 20 世纪 90 年代中期下降到 10.3%（见图 4－1)，中央的财政收支甚至必须依靠地方的收入上缴才能维持平衡。

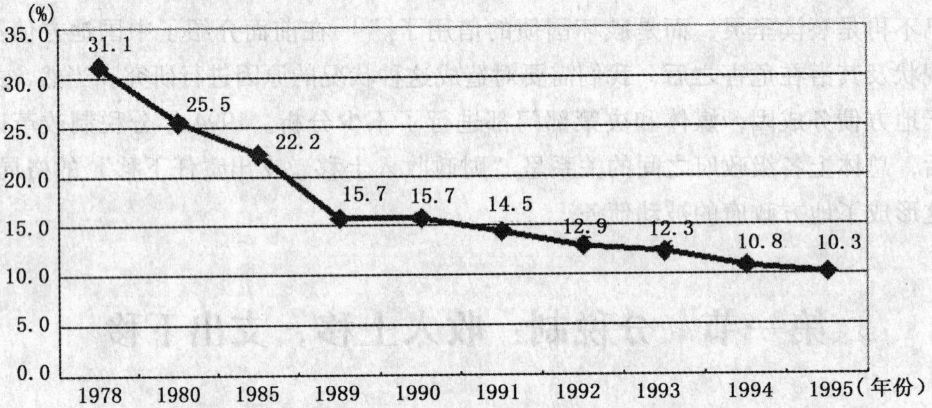

图 4－1 1978～1995 年全国财政收入占 GDP 的比重

一、分税制的内容

有关分税制改革具体内容的著述较多，有兴趣的读者很容易查阅到，本书不再重复。这里仅就分税制改革对政府间财政关系的影响作一些简单概括。

——按照现行中央政府和地方政府各自的事权，划分各级财政的支出范围。中央财政主要承担国家安全、外交和中央国家机关运转所需经费，调整国民经济结构，协调地区发展，实施宏观调控所必需的支出以及由中央直接管理的事业发展支出；地方财政主要承担本地区政府机关运转以及本地区经济、事业发展所需的支出。

——根据财权事权相统一的原则，划分中央和地方收入。按照税制改革后的税种设置，将维护国家权益、实施宏观调控所必需的税种划为中央税；将适宜于地方征管的税种划为地方税，并充实地方税种，增加地方税收入；将与经济发展直接相关的主要税种划为中央与地方共享税。在划分税种的同时，分设中央和地方两套税务机构，实行分别征税。中央税种和共享税种由中央税务机构负责征收，其中共享收入按比例分给地方，地方税种由地方税务机构征收。

中央税包括：关税，消费税、海关代征的消费税和增值税，中央企业所得税，地方银行、外资银行和非银行金融机构缴纳的所得税，铁道部门、各银行总行、各保险公司等集中缴纳的税收（包括营业税、所得税、城市维护建设税）。

地方税收包括：营业税（不包括铁道部门、各银行总行、各保险公司等集中缴纳的营业税），地方企业所得税（不包括地方银行、外资银行和非银行金融机构缴纳的所得税），个人所得税，筵席税，车船使用牌照税，土地增值税，城镇土地使用税，固定资产投资方向调节税，城市维护建设税，房产税，车船使用税，印花税，屠宰税，耕地占用税，农牧业税收，契税。

中央和地方共享税收包括：增值税，证券交易印花税和资源税。

——中央财政对地方的税收返还。为保持原有地方既得利益格局，逐步达到改革目标，中央财政对地方的税收返还数额以 1993 年为基期年核定。按照 1993 年地方实际收入以及税制改革和中央与地方收入划分情况，核定 1993 年中央从地方净上划的收入数额。1993 年中央净上划收入全额返还地方，保证地方既得财力，并以此作为以后中央对地方税收返还基数。1994 年以后，税收返还额在 1993 年基数上逐年递增，递增比例按本地区增值税和消费税增长率的 1∶0.3 系数确定，即本地区上述两税每增长 1%，中央财政对地方的税收返还增长 0.3%，如果 1994 年以后地方上划中央收入达不到 1993 年基数，则相应扣减税收返还数额。

——原体制中央补助、地方上解、结算补助等事项的处理。原体制中关于中央补助、专项补助、地方上解等保持原分配格局，暂时不改变原体制中规定的中央拨给地方的一些专款。1993 年地方承担的 20% 出口退税以及其他年度结算的上解和补助项目相抵后，确定一个数额，作为补助或上解的结算定额。

上述财政关系划分只限于中央财政与省级财政，1995 年《过渡时期转移支付办法》实行，一些省级政府比照此办法开始在本辖区进行分税制的转移支付改革。总体上，省以下体制在分税制方向上实质性的进展几乎没有。在全国，省以下财政体制主要分以下四种模式：一是分税加共享。在按税种划分各级政府固定收入的同时，设立省与市县共享税种，以保证省级财力稳定增长。实行这种模式的有黑龙江、吉林、内蒙古、北京、天津、重庆、山东、山西、湖北、四川、云南、西藏、贵州、甘肃等 14 个地区。二是分税加增量分成。按税种划分各级政府固定收入，并对市县上划中央“两税”收入增量返还部分，省级财政进行行当集中。实行这种模式的有上海、安徽、河北等 3 个地区。三是分税加共享和增量分成。在分税的前提下，既设立省与市县共享税种，又适当集中“两税”返还增量来增加省级财力。实行这种模式的有辽宁、河南、湖南、江西、福建、广西、海南、广东、青海、宁夏、陕西、新疆等 12 个地区。四是分税加增长分成。明确划分各级政府固定收入，对市县财政收入超基数增长部分，省与市县实行比例分成。实行这种模式的有江苏、浙江 2 个地区。

另外，一些地区市（地、州）对下属的县财政体制基本与省对市体制相衔接。其特征：一是保证县既得利益，二是本级集中财力。

2002 年，所得税开始成为中央与地方共享税。除了少数特殊行业或企业外，企业所得税和个人所得税收入由中央与地方按比例分享。各地区 2001 年实际所得税成为基数如。增量部分中央与地方如下分成（中央∶地方）：2002 年，50∶50；2003 年，60∶40；2004、2005 年没有变化。中央政府承诺，因所得税分成增加的财政收入主要用于对中西部的转移支付。

1994 年开始的分税制无疑是中国改革进程中最具深远影响的改革之一。这一改革的直接影响是，中央和地方财政收入的比例发生了颠倒性的转变。而在分税制实行的第一年——1994 年，中央财政收入占整个财政收入的 56%，2006 年，这一比例是 53%。自此以后，中央财政在收入分享中占据十分有利的地位。表 4－1 显示了这一变化。

分税制改革以来的十多年，也是中国社会主义市场经济体制改革和国家工业化快速推进的一个重要时期。中国开始一方面适应社会主义市场经济体制的要求建立公共财政，另一方面为确保国家工业化进程平稳推进避免城乡、地区之间的差异过大。这两方面既要求在原有基础上提高国家财政占 GDP 的比重，也要求提高中央财政收入占全国财政收入的比重。实践证明这种要求都达到了。而且财政收入和支出的增长速度均超过了经济增长速度（见图 4－2 和图 4－3）。

1994 年分税制改革奠定了中国市场经济条件下政府间财政关系的基础。从中央收入占财政收入和国家财政收入占 GDP 两个比重看，这一制度的建立有利于加强中央政府调节经济的能力，而且使得地方政府许多不规范的财政行为得到抑制。国内外学者也都给予积极评价。从对中国经济的影响来看，有人认为中国的财政分权改革促进了经济增长（林毅夫、刘志强，2000）；但是正如本文分析的，这种政府间财政关系下地方政府机会主义行为通过不负责任的债务融资、截留下放的权利和变卖公共资产的形式表现出来。甚至有人认为中国的财政分权有过度之嫌（姚洋，2003a；2003b）。

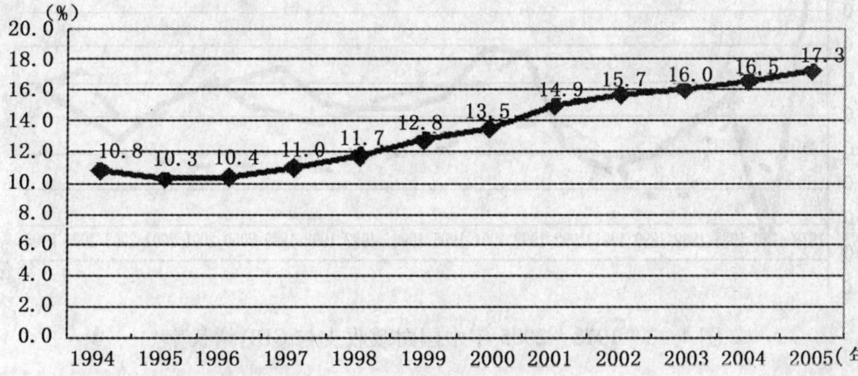

图 4－2　1994～2005 年全国财政收入占 GDP 的比重

二、财政收入向上级政府集中

但是，分税制改革以后政府收入分享中地方占 78%，第二年分税制实行后，这一比例骤降为 44%。而支出方面，中央财政支出一直处于稳步下降趋势（见表 4－1）。

如果从长时段趋势看，新中国成立以来，在中央与地方财政收支分配上，

1960～1985年地方政府均有预算盈余；1986～1993年，地方政府有些年有盈余，有些年是赤字。1994年分税制后，地方预算由1993年61亿元的盈余，一跃成为1994年1727亿元的赤字。1994年开始，各省每年均有预算赤字。地方政府的赤字从1994年到2001年以16%的年增长率增加。分税制后，地方政府必须依靠从中央财政大量的的转移支付才能实现预算平衡。实际上，若将1993年制订的对地方上解中央收入基数返还也计为转移支付的话，则全国无论贫富，各地方财政平衡都有赖于中央的转移。例如，1999年以来，即使最富的省市财政平衡都有赖于大量的中央政府返还。广东——208.6亿元，占该省预算收入的27%；上海——229亿元，占上海预算收入的54%；江苏——203亿元，占江苏预算收入的59%。形成这一格局的政治意义，在于新的历史时期中国单一制政治体制得到了坚实的财政基础。自1978年以来中央和地方政府收支地位发生了巨大的演变（如图4－4、图4－5、图4－6所示）。

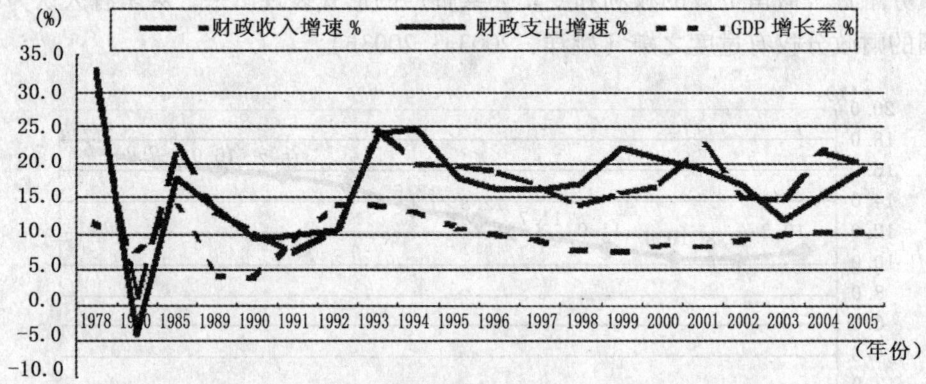

图4－3 1978～2005年中国财政收支与GDP增长率

表4－1 分税制改革中央政府与地方政府财政收支比例变化

年　份	财政收入比	财政支出比
■1978	16: 84	47: 53
■1993	22: 78	28: 72
■1994	56: 44	30: 70
■2005	52: 48	26: 74

专栏 2　新中国中央—地方财政关系演变

建国初～“文革”前：集中→下放→集中

□ 1950 年，全国财政实现收支统一

□1951 年 2 月，中央、大行政区、省（市）三级财政体制

□1952 年建立县一级财政

□1956 年 5 月，改进国家行政体制，一定程度上下放财权

□1958 年 6 月，颁布《民族自治地方财政管理暂行办法》；下放企业的财务管理权。

□1961 年 1 月 15 日，财政适当集中，中央地方实行一本账

□1962 年 4 月 21 日：中共中央、国务院发布“财政六条”，加强财政管理。

□1964 年 3 月 28 日：实行中央国营企业财政驻厂员制度。

“文革”时期：在混乱中探索

□1966 年：逐步取消企业奖金制度；取消中央国营企业驻厂员制度。

□1967 年 7 月 1 日：因财政业务工作瘫痪，对财政部军管。

□1970 年 4 月 13 日，进一步下放工商税管理权限

□1971 年 3 月 1 日，财政收支包干

□1973 年 11 月 26 日，改进财政收支包干办法

□1976 年 3 月 3 日，试行“收支挂钩、总额分成”

1978～1993：财政放权、企业让利

□1978 年 2 月 17 日，试行“增收分成、收支挂钩”；对国营企业实行企业基金制度

□1979 年 7 月 13 日，扩大国营企业自主权（五个文件）。7 月 15 日，广东、福建两省实行“划分收支、定额上交（或补助）、五年不变”

□1980 年 2 月 1 日，“划分收支、分级包干”

□1985 年 3 月，“划分税种、核定收支、分级包干”；对广东、福建两省继续财政大包干

□1985 年 4 月 12 日，建立乡（镇）一级财政

□1988 年 7 月 12 日，对部分地区财政包干

□1992 年 6 月 9 日，在浙江等 9 个省市率先实行分税制

1994 年以来：社会主义市场经济下的公共财政

□1993 年 12 月 15 日，国务院发布《关于实行分税制财政管理体制的决定》。1994 年 1 月 1 日，分税制财政体制和新税制开始实施。

□1994 年 3 月 22 日，八届全国人大二次会议通过《中华人民共和国预算法》，翌年 1 月 1 日起施行。

□1998 年以来公共财政建设：

“收支两条线”管理，清理预算外资金；部门预算制度；国库集中支付制度；政府采购制度；预算科目改革

□2002 年所得税分享改革

□推进省以下分税制改革

财政省直管县改革试点

乡财县管乡用试点

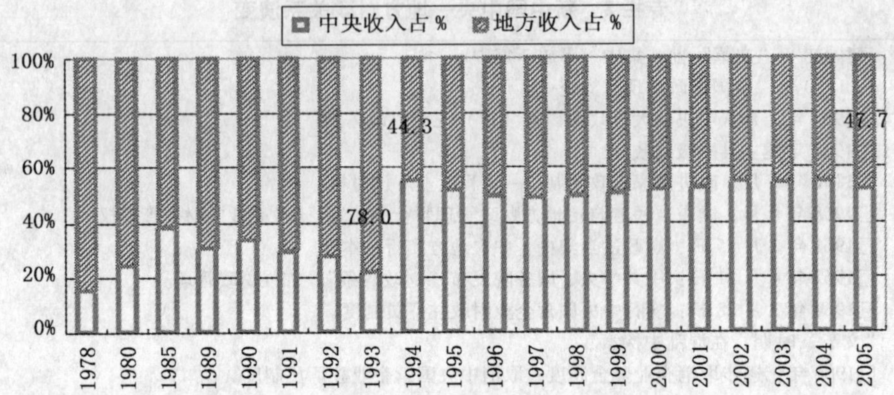

图 4－4　1978～2005 年中央与地方财政收入地位变化

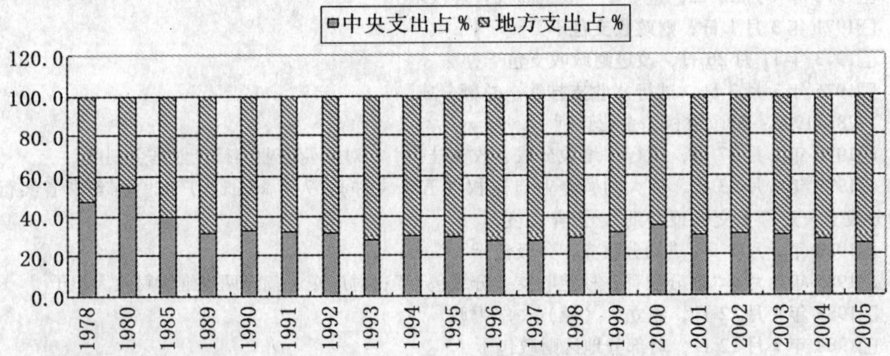

图 4－5　1978～2005 年中央政府支出承担比重的变化

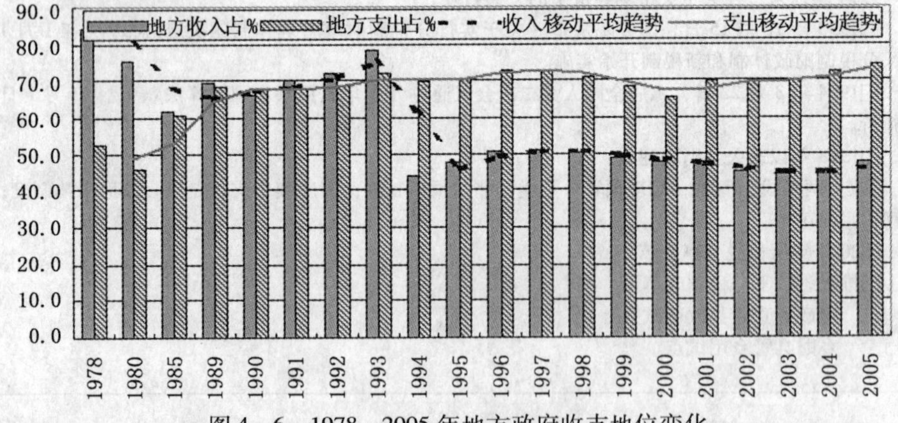

图 4－6　1978～2005 年地方政府收支地位变化

在收入大量向中央财政集中的同时，省级以下政府承担的支出责任仍没有多大的减少。除了国防（包括武警）、外交（包括对外援助）开支基本由中央政府承担之外，诸如义务教育、社会保障、基础开发研究等支出则都以地方政府为主。甚至为执行国家粮食（保证粮食安全）政策，20 世纪 90 年代在全国进行的粮食体制改革中发生的“粮食挂账”也由地方政府承担。这对一些产粮大县财政造成了极大的压力。在义务教育方面，普及九年义务教育达标本来也是科教兴国的国家战略，但这项支出的责任多由地方基层政府承担（见图 4－7）。

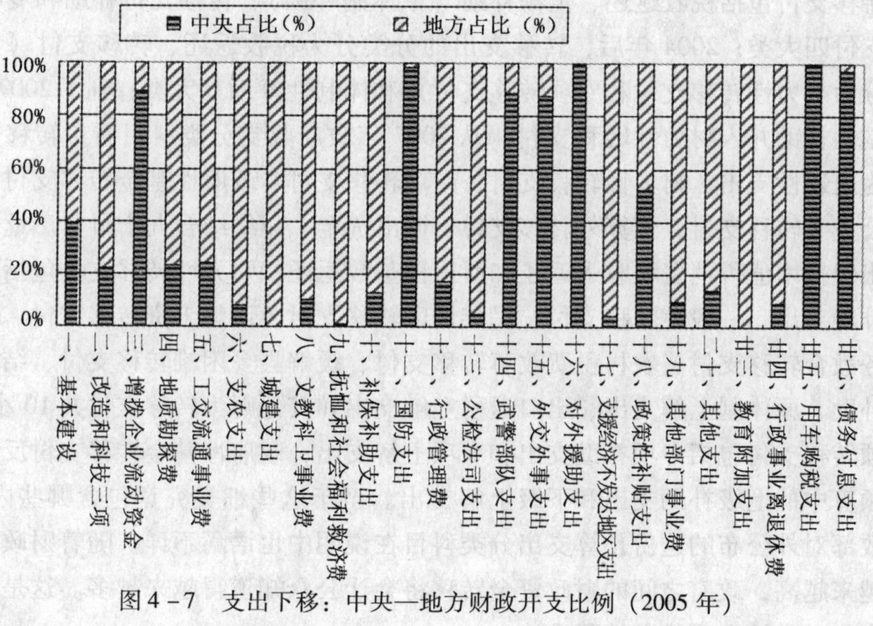

图 4－7　支出下移：中央—地方财政开支比例（2005 年）

第二节　转移支付不规范

1994 年我国进行分税制财政体制改革以后逐步建立的财政转移支付制度，主要在中央与省级政府之间。而省级政府以下，到目前为止还在探索中，可以说是五花八门（见上一节分税制的介绍）。就中央与地方财政关系而言，分税制的要义在于地方承担公共服务职能所需要的财政开支不必直接来自在本辖区的征税，而将更多地依赖于中央统一筹集的财政资金。这就要求中央及省级政府较大规模的财政转移支付。这种上级政府向下级政府无偿的资金流动，必须恰当地做到既满足公共服务均等化要求，又不至于导致地方政府对上级财力的过分追逐和财政挥霍行为。而且，上级政府的转移支付应该被置于一个透明、可信的制度框架之中。这就是说，作为处理政府间财政关系的首要工具，转移支付必须经由宪法、预算法和专门的转移支付法律的支持与约束。

在转移支付分类上，分税制后经历了几次调整。2003 年以前，中央对地方转移支付包括税收返还、定额补助（原体制补助）、转移支付补助和专项转移支付四大类；2004 年后，转移支出的分类分为税收返还、转移支付（又具体分为财力性转移支付和专项转移支付）和体制性补助三大类；到了 2007 年，体制性补助并入财力性转移支付。从 2007 年政府收支分类科目看，转移支付分为返还性支出、财力性转移支付、专项转移支付、政府性基金转移支付、彩票公益金转移支付、预算外转移支付、调出资金、年终结合九个科目。返还性支出包括增值税消费税收入返还和所得税基数返还；财力性转移支付包括原体制补助支出、一般性转移支付、民族地区转移支付、调整工资转移支付、农村义务教育转移支付、农村税费改革转移支付、缓解县乡困难转移支付、结算财力补助、原体制上解支出、出口退税上解支出和其他财力转移支付共 10 小类；专项转移支付包括专项补助支出和专项上解支出；政府性基金转移支付反映基金预算中的上级补助支出和下级上解支出。至于这些细类究竟包含哪些内容，财政部对外公布的这份预算支出分类科目在说明中也语焉不详。随着财政透明度越来越高，政府之间的财政资金转移将会让公众知道得越来越多。这是建设社会主义政治文明的必然要求。

一、向下转移支付：财力性转移支付不足

要实现政府间纵向和横向财力均衡与基本公共服务均等化，一般性转移支付是个有效的手段。1994 年分税制改革后，我国以均等化为目标的一般性转移支付制度于 1995 年开始实施。十多年来，一般性转移支付在技术方法上不断改进，力度逐步加大。特别是 2002 年，所得税收入分享改革，将中央财政从所得税改革集中的收入全部用于一般性转移支付，建立了一般性转移支付稳定增长机制，转移支付规模持续快速增长。2006 年一般性转移支付规模为

1527 亿元，是 1995 年的 74 倍多，年均增长 47.8%（见图 4-8）。其中 94% 用于财政较为困难的中西部地区，目的在于缩小地区间财力差距。

2002～2006 年，中央对地方转移支付总额由 4024 亿元增加到 9129 亿元，增加了 1.3 倍，年均增长 22.7%，超过同期中央财政收入年均增长 4.9 个百分点，占地方财政支出总额的比重从 28.4% 提高到 31.6%，其中中部地区由 40.4% 提高到 47.2%，西部地区由 49.7% 提高到 52.5%。2006 年，中央对地方转移支付占中央本级预算收入的比重已达 45.0%。

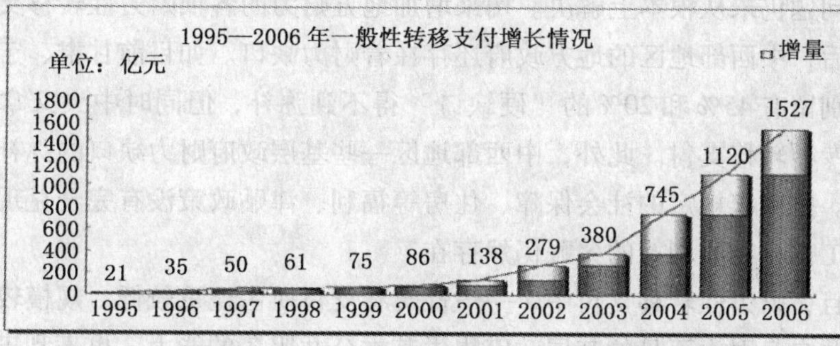

图 4-8　1527 亿元——一般性转移支付规模持续快速增长

在转移支付体制建立之初，具有均衡作用的转移支付数量小。中央对地方政府的税收返还数量是一般性转移支付数量的 10 倍左右。经济总量增长速度越快的地区，税收返还越多。在全部税收返还中，东部地区占 50% 以上。其中“增值税和消费税两税返还”占 52.6%，“所得税基数返还”占 70.82%。即使财力性转移支付后，西部地区的人均财力只相当于东部地区的 48.3%。

这种局面开始有所转变。2002～2006 年，中央对地方转移支付中，财力性转移支付由 1623 亿元增加到 4737 亿元，年均增长 30.7%，专项转移支付由 2401 亿元增加到 4392 亿元，年均增长 16.3%，财力性转移支付占比从 40.3% 上升到 51.9%，专项转移支付占比从 59.7% 下降到 48.1%。如 2006 年，如果将东部地区作为 100，中西部地区按总人口计算的地方人均一般预算收入仅为 32，在中央通过转移支付实施地区间收入再分配后，中西部地区人均财力分别上升到 47、53，人均支出上升到 55、63。

表 4-2、表 4-3、表 4-4 分别反映了 2002 年到 2006 年中央对中西部 7

省区的转移支付情况以及7省区对其下级政府的转移支付情况[①]。中央对7省区转移支付占地方一般预算支出为：河南43.9%、安徽46.9%、湖北47.7%、贵州52.3%、甘肃59.7%、广西60.4%、宁夏64.3%。随着中央对地方转移支付力度的加大，这7省区以此为主要资金来源，对下转移支付规模也在不断扩大。7省区的县市级政府在2006年接受上级转移支付占其一般预算支出的比重都在65%以上。宁夏隆德县、甘肃东乡县更是达到了95.2%、96.1%。

尽管如此，目前的转移支付制度下，地方政府因承担公共服务而导致的财政紧张问题仍未从根本上解决。用来增加地方财力的各项财力性转移支付补助给地方后，中西部地区的地方政府还存在着财力缺口。如目前甘肃、宁夏两省区还分别留有45%和20%的“硬缺口”得不到弥补，但同时中央又拿出资金搞各种专项转移支付。此外，中西部地区一些基层政府财力缺口的弥补只是低水平的。按国家规定的社会保障、住房等福利、津贴政策没有完全兑现，牺牲干部职工部分物质利益的欠账仍然存在。

而且，财力性转移支付中，一般性转移支付所占比重较低、规模较小，限制了一些自身财力不足的基层政府提供基本公共服务的能力，也不利于实现地区间基本公共服务均等化的目标。我国现行财力性转移支付中，真正具有均等化意义的是一般性转移支付，2006年仅有1527亿元，所占比重为16.7%。由于一般性转移支付的比重较低、规模较小，决定了它对从根本上缓解困难地区的财政状况，缩小地区间政府提供基本公共服务能力差距的效果还比较有限。据财政部测算，目前一般性转移支付资金的规模仅能弥补56%的地方财政标准收支缺口，也就是中央应当通过转移支付予以弥补的地方财政标准收支缺口还有44%没有着落，地方政府得到一般性转移支付只能保吃饭、保运转，根本没有余力去发展各项社会事业和提供基本公共服务。这是地方政府，尤其是中西部地方政府产生债务的重要原因。

二、“买税”：逆向财力转移

“买税”，亦称“引税”、“协税”。它是指地方基层政府为了完成上级下

---

① 2007年上半年，全国人大财经委进行了转移支付法的立法调研，主要调研了地方财政问题比较突出的中西部7个省自治区，即河南、安徽、湖北、贵州、甘肃、广西、宁夏等。

达的税收任务，将非本辖区的纳税人所交纳的税款指标计入本辖区。一般来说，一个“引税”的基层政府，需要向非本辖区的纳税人、有时也要向该纳税人所在的基层政府支付“报酬”。如“打折”向外地纳税人“买入”其纳税数额，该纳税人实际交纳的税款只是应纳税款的一部分，不足部分（在湖南省衡阳某县，有个乡每年这一支付比例为20%～30%）由“买税”的政府支付。这样，国家税款是实在的，“引税”、“协税”似乎只是上解入库的税收收入在辖区之间的调剂。但被迫“买税”的辖区却支付的一部分代价，换取的是外地纳税人税负的减轻。这就相当于收税越困难的辖区越要向相对富裕的地方进行财政转移，因此是一种“逆向的财力转移”。

这里是一篇有关“买税”问题兴与废的报道：

探索县乡财政改革 走出“买税”怪圈

又到年尾。湖南省望城县靖港镇干部廖国武不用再像往年一样，整天跑长沙找老板买税，为完成财税任务作最后冲刺。新推行的县乡财政改革让他和其他基层干部得以“解脱”。廖国武说，现在终于有时间来尽自己的本分，回归“乡官”本色。

制止买税：一个农业乡的地税任务由120万元降为一万元

2006年3月17日，望城县财税会议向全县宣布了改革乡镇财政管理体制方案。其中最引人注目的一条是，“严禁乡镇与县级之间和乡镇与乡镇之间相互引进税收，一经发现，所引税额将全部划转为县级收入，并按引税额的30%对引税乡镇进行处罚。”参与引税的税收专管员和乡镇协税人员将被依法依规从严从重处理。

“这意味着买税在望城县成为历史。”廖国武说。据了解，由于毗邻长沙市，在买税盛行时，望城的许多乡镇干部一年到头往长沙跑，主要是找建筑老板谈买税。“买的多是地税收入中的建筑安装税。从乡镇党委书记到一般干部都有任务，并与奖惩挂钩。”廖国武说，买税能够“完成”财税任务，还有“政绩”，使得一些乡镇干部没有心思琢磨经济发展。买税要返还建筑老板一般五成的回扣，但缴税却一分钱不能少，亏空只能以镇乡政府向县财政借款的形式“挂账”，财政风险由乡镇转嫁到了县。买税之中发生的接待、交通及支付给对方的回扣等，都是“暗箱操作”，难以监管。

事实上，从上世纪90年代中期开始，一些中部县乡财政收入非常规“高速”增长的背后，都晃动着买税的影子。近五年，望城县地方财政增长约35%，已经难以为继。“税收秩序全都乱了，你挖我的、我挖你的，数字越来越好看，成本越来越高，可用财力却越来越少。而支出是刚性的，风险越来越大，甚至有可能导致财政瘫痪。”2005年底担任县委书记的罗衡宁说起买税之害，充满危机感。

“向历史开刀，向自己革命。”望城人这样形容这场改革。改革第一步就是弄清各乡镇的实际税源。导致乡镇干部买税最直接的原因，无疑是县政府下达的税收任务不符合实际。传统的税收任务，都是“基数加增长”模式，任务超出税源，乡镇干部就去买税，反过来又抬高了任务基数。如果不继续买税，财政增长的目标和任务就难以完成。天长日久，买税就形成了恶性循环。

今年推行了县乡财政改革后，县地税局将各乡镇2005年从外面买来的税相减，得出本地产生的实际税收，以此为2006年征税基数下达征求乡镇政府意见。乡镇政府上门找纳税企业核实税源上报后，县政府最终据实下达税收任务。靖港镇是位于洞庭湖区的一个农业乡，工商税源少，2005年地税任务为120万元。经过核实，2006年县里仅下达一万元的地税任务。据介绍，今年望城县财政下达给乡镇的地税任务为1620万元，按同一口径统计，去年为7000多万元。

外面的税不准买，本地的税要“颗粒归仓”

望城县政府规定，如果被买税的乡镇“护税”不力，没有及时发现和报告，同样会被县政府取消乡镇财税征管工作先进评选资格，并追查直接责任人和相关领导人责任。过去，设在乡镇的地税分局都可以开建筑安装税票，漏洞大；今年，望城县规定，开票的权力上收到县地税局，税票填制时必须准确填写建设项目所在的乡镇。

过去，望城县一方面买税风盛行，一方面偷税风厉害。偷税风盛行的因素之一，是收税归税务部门，稽查也归税务部门，自己查自己难。有鉴于此，望城县成立依法治税办公室，由财政、国税、地税和税侦四家联合组成。“你老板再有通天的本领，能摆平这么多科局吗?”分管财政的副县长谢进说。

长沙市地税部门从2006年起规定按项目所在地收税，而不是按公司注册所在地。这为望城改革创造了条件。因为靠近长沙，望城的房地产发展很快。为了保护建筑安装税不被别人“买”走，望城将基建税收入作为县乡共享税收。县里成立县基建税收征管办，乡镇按建筑项目建立台账，派专人跟踪管理，根据工程进度和销售情况及时催缴入库。

对于各乡镇来说，最重要的任务就是属地征收“颗粒归仓”。望城县各乡镇按县政府要求统一成立税收征管协调领导小组，由乡镇财办、财政所全体人员、国地两税专管员和其他协税人员组成。“因为不买税，改革后我们有精力有能力捍卫自己的税收不外流。”谢进说。

望城还推行“超收分成、短收分担、分税分享”的县乡财政分配体制，调动了乡镇抓收理财的积极性，特别是培植后续财源的积极性。靖港镇人大主任、党委副书记廖国武对记者说：“乡镇有利可图，有账可算。”2005 年靖港镇完成地税 574 万元，与县里分成后亏 50 万元。今年，靖港镇由县政府下达的财税任务，除地税一万元外，还有国税 10 万元，基建税收 10 万元，预计全年超收分成可达 30 万元。“对市县来说，30 万元算小数字，但像我们这样的困难乡镇，30 万元可以解决很多问题。”

新的财政体制鼓励乡镇干部培植税源，不搞短期行为。望城县国税局朱浩光副局长感觉到一个明显的变化：今年乡镇干部带企业到国税局来办证的多了，以前很少；企业纳税登记规定七天，现在很多乡镇干部请求一天办完。

新体制“把鬼变成人”

2006 年初，望城县人大审计政府通过的全年财政总收入目标为 8.5 亿元，比上年增长近 9000 万元，力争突破九亿元。望城改革最大的风险就是，如果财政收入垮下来，县委、县政府不但难以向上级交代，也无法向全县人民交代。

让人感到惊奇的是，望城县制止买税、拧干“水分”后，财政收入并没有出现开始担心的滑坡。前 11 个月，望城县财政增长比去年同期超过 20%，尽管比全市财政增幅低 10 来个点，但九亿元的收入目标预计可以实现。

财政收入的增长，自然与望城靠近省会城郊、发展较快有关，然而最直接的原因，则是收入“含金量”大大提高了。谢进说，以前乡镇收一亿元的地税收入，扣去 50% 的买税成本，只余下一半的可用财力。现在的地税收入，全是“真金白银”。望城县今年基建税收任务是 8000 万元，比往年多 5000 多万元。由于征管措施到位，今年前九个月就已收上来 6000 多万元，而去年全年实收只有 2000 多万元。

望城县政协的调研报告预测，如果今年全年实际财政总收入达到8.5亿元的规模，县乡两级可用财力将比去年增加8339万元，县对乡镇让利与去年同比，可增加4585万元。县乡两级财力都有明显增加。

从买税中解脱出来的乡镇干部，情不自禁地高喊县委、县政府“万岁”。黄金乡乡长刘金泽告诉记者，原来乡干部夹个包，到处找老板买税，美其名曰抓“无烟工业”。新体制像一根无形的指挥棒，带动乡镇工作重心转移。大家由原来抓数字到现在抓质量，各乡镇都在转变。“乡镇不得不静下心来抓项目的启动、财源的培植和收入的增长点。”

“不搞买税，对我个人是一种解脱。”廖国武对记者说，以前一年到头外出跟建筑老板谈判，几乎没时间去抓正常工作，跟老百姓和基层干部也疏远了。“今年与去年工作截然不同。”他把精力放在招商引资和税收征管上，感觉自己重新回归了乡镇干部的角色。

“这次改革产生了一个好的体制，旧体制把人变成‘鬼’，新体制把‘鬼’变成人，这就是我的感觉。”县地税局副局长宋绍斌笑着对记者说。

望城的改革者展现了他们的勇气与智慧。县财政局局长姚建刚对记者说，尽管望城的改革距科学理顺县乡财权、事权的改革目标还有很大的完善空间，但改革试行一年，已取得了比预想还要好的效果。一些县乡干部告诉记者，制止买税，把实事求是的风气找回来了，这是望城改革最大的收获。

——资料来源：《经济参考报》，2006年12月19日

在中西部乡镇政府或者一些经济欠发达但税收任务重的城市基层区政府，“买税”情况多年来普遍存在。它的产生，看似因为现行税收征收管理方式的“不合理”，其实在于三个更为根本的制度性原因：一是税收法律让位于行政任务。一个地方上解多少税款，取决于本辖区的纳税人是否有应纳税收入或行为。这本是我国两套征税机关（国税局和地税局）的职能所在。可是建立了这两套税收法律的执法机构却仍将收税权力（以任务形式）委诸地方其他行政干部，形同对法律的曲枉，同时也证明在处理纳税人与国家的收入分配关系上，法律的权威让位于行政的裁量。二是内在于单一制政治体制下的考核机制再次得到强化。本来政绩考核已经成为地方政府“有条件要上，没有条件创造条件也要上”，并因此形成地方债务的原因。加上了税收任务后，基层辖区又没有真实的税源，干部只好四处腾挪，筹措上交。三是上级政府对下级政府

的转移支付缺乏法律保障。在随意增加基层政府的考核任务时，转移支付资金的下拨成了一个顺便使用的条件。在地市与县市之间，在县市与乡镇之间，在上级政府那里，税收上解其实是比 GDP 数据更值得关心的核心指标，将税收完成情况与转移支付挂钩是很符合上级政府的经济理性的。在这一过程中，下级政府又不具备与上级政府的讨价还价的力量，基层乡镇干部反映，税收任务完成情况比 GDP 指标完成起来要难得多，都是真金白银的，而且更决定着他们职务的去留。结果，税收任务考核制加重了困难地方政府的财政困难。在实地调查中发现，一些原本无税可交的乡镇政府，不得不到处筹措资金用于购买外地的税收指标，筹措这部分资金本身往往也形成了当地的财政债务。

表 4－2　2002—2006 年中央对地方以及对中西部 7 省区和 7 省区对下转移支付情况

单位：亿元

	项　目	2002	2003	2004	2005	2006	年均增长
中央	本级预算收入	11027	12484	15110	17260	21232	17.9%
	中央转移支付总额	4341	4836	6357	7727	9557	21.8%
	其中：财力性转移支付	1940	2238	2933	4198	5165	27.7%
	专项转移支付	2401	2598	3424	3529	4391	16.3%
安徽	地方一般预算收入	200	221	275	334	428	20.9%
	地方一般预算支出	457	507	602	713	916	18.9%
	中央转移支付总额	175	207	257	305	430	25.2%
	其中：财力性转移支付	79	92	130	172	232	30.7%
	专项转移支付	95	115	127	133	198	19.9%
	中央转移支付占地方一般预算支出比重	38.3%	40.9%	42.8%	42.8%	46.9%	—
	对下转移支付总额	114	139	190	249	363	33.4%
	其中：财力性转移支付	71	77	121	159	217	32.3%
	专项转移支付	43	62	69	90	146	35.4%

续表

	项　目	2002	2003	2004	2005	2006	年均增长
河南	地方一般预算收入	297	338	428	538	679	23.0%
	地方一般预算支出	629	717	880	1160	1440	23.0%
	中央转移支付总额	212	257	351	447	632	31.4%
	其中：财力性转移支付	122	138	190	254	349	30.1%
	专项转移支付	90	119	161	193	283	33.0%
	中央转移支付占地方一般预算支出比重	33.7%	35.8%	39.9%	38.5%	43.9%	—
	对下转移支付总额	173	211	293	385	558	34.1%
	其中：财力性转移支付	109	123	181	242	337	32.8%
	专项转移支付	64	87	112	142	221	36.1%
湖北	地方一般预算收入	243	260	310	376	476	18.2%
	地方一般预算支出	511	540	646	779	1047	19.7%
	中央转移支付总额	189	199	281	336	499	27.3%
	其中：财力性转移支付	87	100	140	183	251	30.4%
	专项转移支付	102	99	141	153	248	24.7%
	中央转移支付占地方一般预算支出比重	37.0%	36.8%	43.4%	43.1%	47.7%	—
	对下转移支付总额	—	—	—	388	501	—
	其中：财力性转移支付	112	124	165	220	276	—
	专项转移支付	—	—	—	168	225	—
广西	地方一般预算收入	187	204	238	283	342	16.3%
	地方一般预算支出	420	444	507	611	730	14.9%
	中央转移支付总额	138	151	210	264	347	26.0%
	其中：财力性转移支付	71	95	122	166	228	33.7%
	专项转移支付	67	57	88	97	119	15.7%
	中央转移支付占地方一般预算支出比重	51.9%	53.6%	59.8%	58.3%	60.4%	—
	对下转移支付总额	100	118	126	165	242	24.9%
	其中：财力性转移支付	47	69	77	97	139	30.9%
	专项转移支付	52	50	49	68	103	18.2%

续表

	项　目	2002	2003	2004	2005	2006	年均增长
贵州	地方一般预算收入	108	125	149	183	227	20.2%
	地方一般预算支出	317	332	418	521	611	17.7%
	中央转移支付总额	153	155	217	264	320	20.2%
	其中：财力性转移支付	76	90	113	156	200	27.5%
	专项转移支付	77	65	104	109	119	11.8%
	中央转移支付占地方一般预算支出比重	48.3%	46.5%	51.9%	50.8%	52.3%	—
	对下转移支付总额	—	—	—	—	—	—
	其中：财力性转移支付	—	—	—	—	—	—
	专项转移支付	—	—	—	—	—	—
甘肃	地方一般预算收入	76	88	104	124	141	16.7%
	地方一般预算支出	274	300	357	429	529	17.9%
	中央转移支付总额	137	153	215	245	316	23.3%
	其中：财力性转移支付	62	69	90	113	165	27.6%
	专项转移支付	74	84	125	132	151	19.2%
	中央转移支付占地方一般预算支出比重	49.9%	51.0%	60.3%	57.1%	59.7%	—
	对下转移支付总额	138	159	178	225	285	19.9%
	其中：财力性转移支付	84	99	114	141	185	21.9%
	专项转移支付	54	60	64	84	100	16.5%
宁夏	地方一般预算收入	26	30	37	48	61	23.4%
	地方一般预算支出	115	106	123	160	193	13.9%
	中央转移支付总额	72	57	83	105	124	14.7%
	其中：财力性转移支付	22	26	35	49	66	32.2%
	专项转移支付	50	32	48	55	59	3.8%
	中央转移支付占地方一般预算支出比重	62.7%	54.3%	67.6%	65.4%	64.3%	—
	对下转移支付总额	33	32	42	50	—	—
	其中：财力性转移支付	13	14	17	23	—	—
	专项转移支付	20	18	25	27	—	—

表4-3　2002—2006年中央对地方以及中央对7省区财力性转移支付和专项转移支付占比变化情况

单位:%

		2002	2003	2004	2005	2006
中央	财力性占比	44.7	46.3	46.1	54.3	54.0
	专项占比	55.3	53.7	53.9	45.7	45.9
安徽	财力性占比	45.4	44.6	50.7	56.5	54.0
	专项占比	54.6	55.4	49.3	43.5	46.0
河南	财力性占比	57.4	53.7	54.0	56.8	55.2
	专项占比	42.6	46.3	46.0	43.2	44.8
湖北	财力性占比	46.1	50.2	49.7	54.4	50.4
	专项占比	53.9	49.8	50.3	45.6	49.6
广西	财力性占比	51.7	62.5	58.2	63.1	65.7
	专项占比	48.3	37.5	41.8	36.9	34.3
贵州	财力性占比	49.8	58.1	52.1	58.9	62.6
	专项占比	50.2	41.9	47.9	41.1	37.4
甘肃	财力性占比	45.6	44.9	41.9	45.9	52.3
	专项占比	54.4	55.1	58.1	54.1	47.7
宁夏	财力性占比	30.0	44.9	42.5	47.1	52.8
	专项占比	70.0	55.1	57.5	52.9	47.2

表4-4　2002—2006年7省区对下财力性转移支付和专项转移支付占比变化情况

单位:%

		2002	2003	2004	2005	2006
安徽	财力性占比	62.0	55.3	63.7	63.9	59.8
	专项占比	38.0	44.7	36.3	36.1	40.2
河南	财力性占比	62.8	58.4	61.8	62.9	60.5
	专项占比	37.2	41.6	38.2	37.1	39.5
湖北	财力性占比	—	—	—	56.7	55.1
	专项占比				43.3	44.9
广西	财力性占比	47.5	57.9	61.1	58.8	57.6
	专项占比	52.5	42.1	38.9	41.2	42.4

续表

		2002	2003	2004	2005	2006
贵州	财力性占比 专项占比	—	—	—	—	—
甘肃	财力性占比	60.7	62.3	64.1	62.7	65.1
	专项占比	39.3	37.7	35.9	37.3	34.9
宁夏	财力性占比	39.6	44.1	40.8	45.2	—
	专项占比	60.4	55.9	59.2	54.8	

一般地说，财政体制上“收入上移，支出下移”的安排，地方政府不得不依靠上级政府的大量转移支付才能完成辖区公共服务职能。在转移支付不规范，满足一般公共服务甚至保运转都难以为继的情况下，地方政府完全可以“有多少钱办多少事”。可是，经验观察却是，无论财政上贫与富，地方政府欠债是普遍的，但他们欠了债还要融资上项目却更是普遍的。在中西部实地调查可以发现，当地政府官员一方面背负着化解债务的考核任务，另一方面更背负着招商引资上项目的压力。后者大多数也招致了新政府债务。往往招商引资任务比化解债务的任务优先。更令人玩味的是，招商引资成功有了政绩，而化解招商引资引起的债务又增加了另一笔政绩。举债和还债在基层政治生态中都成了有利可图的事。这样，地方政府的债务就不仅仅是收入上移、支出下移且转移支付不到位所能解释的了。一个简单的问题是，在地方政府持续不断的投资冲动下，到底需要上级政府多少转移支付？换句话说，地方政府到底需要多少钱才够用？

第三节　软预算约束与地方政府债务

理论上讲，地方政府举债所受到的约束力量来自三个方面：上级政府、债权人和辖区公众。在现阶段，除了上级政府的三令五申外，债权人和辖区公众对某一辖区的地方政府几乎无力进行约束。尽管我国预算法规定地方各级人民代表大会有权批准和监督本级政府的预算，但实际上这种监督力度要远远小于上级政府的约束。在债权人约束中，由于体制转型，国有银行体制改革尚在推进，座落于地方辖区的国有银行分支机构仍充当地方政府随意融资的来源。在国有银行改制过程中，先后2.6万亿元的银行不良资产，大多数有地方政府早期的告贷背景。2005年以来国有银行改制上市步伐加快，地方政府必然会将注意力放在自办金融上：如隶属于本级政府的地方（城市）农村或城市商业银行。在农信社重组改革中，各省级政府又极力推动建立以省为法人的新农信社，并对中央银行以票据融资提供的再贷款来清理其成堆的呆坏账表现出极浓厚的兴趣。原因很简单，这样的金融机构将可能变成当地政府新的提款机。总之，在地方政府的过度融资的背后，预算的软约束是其“有力”的后盾。

一、辖区公众软约束

公共选择理论强调辖区内公众对政府行为的约束，媒体、质询、选举和申诉都是可能或现实的渠道。但这有一个前提就是，政府间财政产权被严格界定，辖区公众有明确的以纳税归还政府债务的预期。但辖区政府没有了破产威胁的话，就具体一个辖区整体来说，政府如果能从外部筹措资金用于本地投资项目，总会得到辖区公众的大多数支持。即使外部债务，若通过种种方式最终可以拖欠乃至赖账，相当于为本地争取一笔免费资金。如果预算约束是硬的，到期必须偿还，辖区公众对这种债务融资的态度就很复杂。因为这牵涉到偿债资金通过本地加税筹集，这种地方税义务和相应基础设施收益在辖区居民代际之间分配。个人理性和通过集体选择程序进行决策，再加上辖区政府官员的激励，这类从外部向辖区内的债务融资一般是符合辖区所有主体的利益的。所以即使在西方代议制政治决策中，地方政府预算赤字和债务融资，其实地方政府在局部利益支配下向中央政府的倒逼，罗伯特·P. 因曼（Robert P. Inman，1990）对此有一个博弈分析。

在中国，辖区公众对政府债务融资的约束主要体现在当政府向他们集资、摊派的反应上。如20世纪90年代地方政府通过农业信用合作基金集资揽存，然后又动用基金形成债务，在中央政府干预下解散清理。个人出资者（主要是农民）的权益必须得到保证，因而中央政府被迫出面，且自己承担了一部分债务，但要求地方政府承担大部分责任。有的地方政府被迫通过变卖剩余财产归还，有的计入每年的农业税费抵偿。如果形成无法化解的拖欠，可能导致居民上访和媒体曝光。甚至如前文所说的，安徽淮南的平圩镇政府，被法院判令以办公楼抵偿干部吃喝的欠债。不过这些对地方政府债务融资的约束并不是真正由地方居民基于集体利益，直接或通过人代会对当地政府举债行为实施的监督——毕竟这种机制在我国还非常软弱。上述约束与其说是辖区公众约束，还不如说是辖区内个人债权人的约束。

二、上级政府软约束

上级政府是向下级政府任务指标分解和年度考评实施者。实地调查发现，自从地方债务问题越来越严重之后，在中央政府的要求下，各地政府每年都向基层政府下达债务化解任务。有的地方还把债务化解指标与 GDP 增长指标、招商引资指标一同下达，要求干部都尽力完成。每级政府领到这些任务后再向各职能部门分解。

多数情况下，招商引资与 GDP 增长任务是一致的，但它们与债务化解任务之间却有冲突。招商引资既要求较多的财力投入以建设基础设施，减免税收、压低土地出让金，还有可能对企业借入资金进行担保——这却可能再度增加政府的或有负债。政府直接兴办项目带动地方 GDP 增长，但“贷款发展”本来就是地方政府债务的根源之一。在四川省某地的调查中，我们竟发现一个使上述三个任务“一致有利”的结局，不禁为基层干部的“创造性”折服：一个当年曾经担保贷款欠下 1.2 亿元债务的镇政府，为完成招商引资、GDP 增长和还债达标，完全承担起当年集体企业的债务，以此为条件吸引沿海一投资者入驻。另一方面镇政府把主要精力用于与国有银行部门公关，以期通过国家对银行化解不良资产之机豁免掉这笔债。集体企业没有了债务后，外地投资者终于放心地以承包名义实际上买断了企业的资产和牌照，然后恢复了生产。这样做的结果是，在化解了历史债务的同时，本届政府又有了一笔招商引资成绩；同时该企业的产出又计入 GDP 增长成绩中。这“一箭三雕”一时间让当地皆大欢喜，上下弹冠相庆。在信息不对称条件下，上级政府既要化解债务又要招商引资的压力，本以为这二者相互对立，但地方官员完全使二者相互统一。甚至两者不仅两不误，而且还相得益彰。至此，我们至少又找到一条地方债务边化解边积累的动力机制。

这里还有一个关键，就是当地国有银行的分支机构，在地方政府主动接过自己的资产时，既感到无奈也找到一线生机：无奈的是它不能不配合当地招商引资发展经济的要求；而一线生机是原有贷款本来收回无望，政府突然出面愿意接过去，说到底算得上一件好事。中国特有国有银行体制的这种债务软约束，客观上是对债务人随意举债行为的刺激，特别当债务人是一级政府时。

三、债权人软约束

20 世纪 90 年代后期，中国国有银行体制改革才真正启动。在此之前，国有银行与国家财政是传统体制下国家的两个钱袋子而已。财政风险的金融化解与金融风险的财政化解交替使用。前者如改革前中央财政赤字向银行（发钞）透支，后者如整顿地方金融由央行再贷款然后以中央财政兜底。在这个背景下，中国地方政府的财政危机，最终必然由中央政府出面解决。无论是地方政府还是地方国有银行的分支机构都深知这一点。道德风险由此而生。通过调查发现，国有金融企业是地方政府债务融资的主要对象。这种债务将是地方政府债务增量中最需要控制的部分。

其实，不仅发展中国家，即使发达市场经济国家，中央政府都必须承担最终贷款人角色，这是现代国际金融领域道德危害越来越严重的制度性原因。在发达国家，有着较为健全的信用制度，信贷市场上的软预算约束问题也比较普遍。马斯金等（Dewatripont and Maskin，1995）曾经将预算软约束问题与中央集权制下的金融体制所包含的信息结构与利益结构联系起来，从而将预算软化问题的内生化分析构造成一种经济理论。平新乔（1998）由他们的理论出发，推断可能出现的两种极端相并列的格局：一种极端是集中的金融体制下慢的项目、大的投资项目比重上升，银行再贷款的概率较高，但预算约束的程度较软，金融资产与贷款项目质量也相应较差；另一种极端是分散的、分权的金融体系与小型的、快的投资项目内在地结合在一起，再贷款的可能性较低，但金融资产与贷款项目的质量相对地高一些。前者以日本的银行体系与金融结构为代表，后者以英国的银行体系与金融结构为典型。一旦遇上金融风波，前者很可能由于预算软约束累积的大量坏账与呆账而陷入危机，而后者则具有较强的抗危机能力。显然，内生化的预算软约束理论的一个逻辑结论是：仅就抵御金融风险这一目标出发，集权型的银行体制与金融结构也需加以改革，使之适当地分权化。但是钱颖一与罗兰（G. Roland，1998 年）贡献了若干个独立的模型专门分析了中国的软预算约束问题。他们证明，财政分权的改革是有利于加强对预算的约束程度的，而金融的分权（即赋予地方政府以扩张信贷的自主权）则会降低对预算的约束程度。

在大型银行系统中，人们总是不自主地假定分权金融体制就有较硬化的预算约束，而集权的金融体制就有软化的预算约束。实际上，金融的分权与集权程度本身不应该是问题的症结，我们需要在一个一般化的债务人——债权人博弈框架里看待预算约束的软或硬。无论是集权还是分权，一个对自己的资产质量高度关心的债权人，总会有激励通过适当的制度安排确保在自己的代理人[①]与债务人的交易中避免赖账。如果债务人是一级政府，他还应该寻求适当的制度框架保护自己，否则便不会对其贷款。

我们通过一个简单的博弈框架，看债权人约束对政府融资的影响[②]。这里先假定债权人和债务人都是市场交易的独立主体，双方只能按市场规则行事。我们需要一点完全信息动态博弈的概念。动态博弈一般被看作参与人的扩展式战略选择形式。其中一个参与人先行动，其他参与人在观察到第一个参与人的行动之后再选择最优策略（行动）。在下面的例子中，我们假定债权人选择出借还是不出借，然后债务人选择还款还是不还款。模型化的博弈过程可以表示如下（见图4－9）。

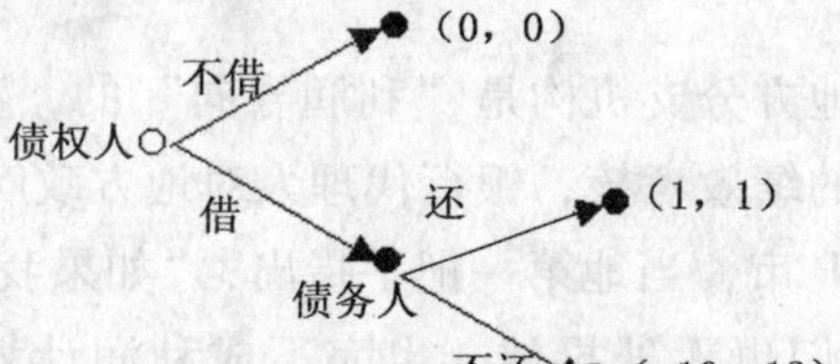

图4－9　债权人和债务人的动态博弈

在图4－9中，债务人如果能借到10元钱，他将能赚到2元钱，付给债权人1元钱的利息，自己得到1元的利润。在博弈的第一阶段，债权人先决定要

① 在信息经济学里，一般在交易中具有信息优势的一方被称为代理人，而信息处于劣势的一方为委托人。因此在银行——地方政府双方，后者属于代理人。但这里由于分析国有金融系统内部的治理关系，进一步将国家视为银行中的委托方，地方分支机构为代理人。

② 此处分析受到杨如彦（2002）的启发，谨致谢意。

不要放债，如果不借，则每人的得益都是0。如果决定借钱，则接下来由债务人决定还与不还，如果还，则债务人和债权人各得到1元钱，如果不还，债务人得到12元，债权人损失10元。用逆向归纳法求解这个博弈，在博弈的最后阶段，债务人发现不还钱比还钱有利（括号中的第二个数字，12 >1)，于是债务人决定不还。现在回到第一阶段，由于博弈双方都意识到对方是理性的，债权人知道在第二阶段债务人将选择不还钱，他会同样理性地发现不借钱是最优的（0 > -10)。于是我们得到的博弈均衡是债务人不还钱，债权人不借钱。

现在假定债权人委托其代理人与债务人打交道，看情况会发生何种变化。假定国有银行对各地方分支机构的监督具有完全信息，或者地方分支机构有足够的激励维护国有银行的权益，我们就会看到上面分析中的均衡结果。但是，由于现实中的国有银行内部治理改革尚未完成，地方分支机构在与地方政府打交道中并不是一个完全独立的债权人。作为代理人，甚至有与债务人合谋的可能性。在双方判断积累了金融风险后上级政府不可能置之不顾的情况下，对于本地来说，这种风险则具有“外部性”。因而，在上面的博弈框架里，借贷双方的行为演化出不同于市场主体的合作与不合作关系：即由不合作（一旦拖欠就强行要求偿还）变为共谋——共同使用国家的财政资金，只不过跟传统体制下的“跑部钱进”和“钓鱼工程”不一样：通过国有金融渠道，来一个“先斩后奏”。

即使国有银行的地方分支机构是“利润导向”的，鉴于特殊的经营环境，银行对地方分支机构的绩效考核，银行代理人对地方政府的债务约束也缺乏足够的激励。在四川省P市，当地第一把手指出，“如果我们不向他（本地国有金融机构）借钱，他们也无处投放，也完不成利润计划。如果借钱给我们，即使拖欠，有建成的项目，他们多少还有收益。”这样，由于债务人的行动，债权人的预期发生改变：对于银行方而言，按地方政府发放的这些贷款即使最后出现坏账，既避免了像给民营企业贷款那样受贿嫌疑的风险，也省却了个人信贷评估责任的风险。

假定债务人还没有上面显示的那么“居心叵测”，主观上也愿意与债权人分享收益。但在市场存在风险的情况下，不同的借贷关系的事后结果，总会让国有银行的地方代理人找到最优战略。改变一下博弈结构，我们让债务人承诺给债权人更多，比如地方政府以高息集资，或者答应债权人在一定时候把债权变成股权。如果投资项目未来收益可观，持有股权可以稳定地分到红利。假定借来的 10 元有 220 元的回报，收益将在他们中间平分。这意味着，如果借贷不成功，债务人和债权人将各自损失 110 元的机会利润。如果将债权转化为股权，债权价值为 111 元（注意，11 元中已经包含了债权人的两种收益，一种是债权收益，假定是 1 元；另一种是转股期权，假定价值是 110 元。期权价值中包含了对转股不成功的考虑，即就是，10 元钱是债权人的一个确定性等值），减去主张债权的成本 1 元，净收益 110 元；按照同股同权的道理，债务人能获得 110 元的收益（投资项目收益 - 利息支出 - 股权稀释损失），博弈中参与人收益的变化反映在图 4 - 10 中。

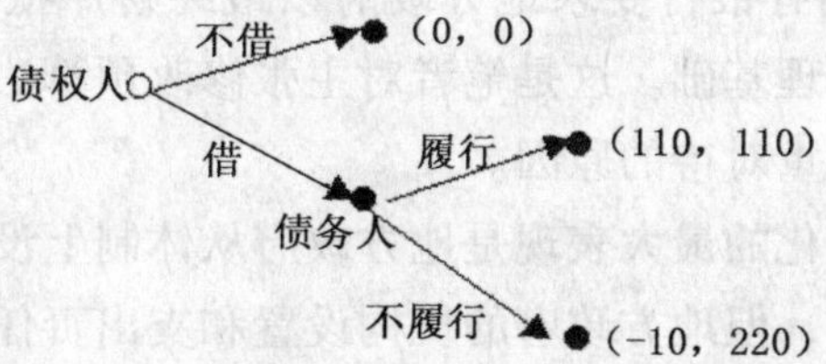

图 4 - 10　债权人和债务人的动态博弈

求解这个博弈，我们看到，不履行承诺仍给债务人提供着高度的诱惑。如果债权人对债务人实施足够的约束，双方得以分享投资收益。但是，投资是否有收益取决于市场状况。在政府发起的为刺激 GDP 增长的种种基础设施项目中，多数是投资数额巨大，建设周期长，回收利润不高甚至市场回报没有保障的。此时如果债务人按照自己的最优选择仍然不还，债权人的最优选择依旧是不借钱。但是由于金融体制原因，债务人通过行政影响能够控制债权人的代理人，或者不履行承诺后将高额收益的一部分用于对代理人的补偿，只要在信息不对称条件下代理人设法将坏账损失“解释”为自然状况所致，国有金融机构与地方政府之间的借贷关系就能继续进行下去。这便是中国地方政府债务融资的寻常故事背后的真正逻辑！

我们在实地调查中发现，最令地方干部头疼不是占 85% ~90% 的对国有金融机构欠款，而是其中 10% ~15% 的欠个人的债务。他们坦承欠银行的债务“那是欠国家的，我们倒不担心”。在四川省 P 市，地方政府为实现超常规、跳跃式发展，希望在未来 5 年内增加 400 亿的投资，来拉动当地经济增长。据测算，靠招商引资引入投资150亿元，如果没有相当数量的政府担保，在目前中国资本市场的争夺中该市是不可能的做到的。其余资金则靠争取上级政府投入和本地金融机构贷款。正如已经提到的，地方国有金融企业在现有债务的“保息展期”过程中，一般是听从地方政府的决定。这种债权人对债务人的高度依赖和顺从，成为近一个时期地方政府债务迅速增长的主要原因。而由此积累的金融风险，最终只有向上“传递”，成为国家银行系统的整体风险。

成问题的是，即使国有银行体系通过改革后有了“火眼金睛”，能够判定项目风险状况，或者能够识别自己的地方代理人机会主义行为，但作为两个“国家单位”，即使国有银行要求地方政府以最终财产抵债即破产清算，我们还没有看到相应的法理基础。这是笔者对主张修改预算法和担保法，允许地方财政借债强烈提醒慎重对待的原因。

债务预算约束软化的最大表现是地方政府从体制上没有破产的可能。尽管财政权益越来越独立，但地方政府的机构设置和支出责任并不由地方辖区独立决定。为设立与上级政府对口机构和执行上级政策，所引起的后果地方政府无以独立承担，由此导致的财政危机令地方政府破产的话，道理上也说不过去。这一点，在后文关于地方政府债务借贷分权的讨论中还有述及。

第五章 中国地方政府债务成因：地方政府间的竞争

在现有政绩考核机制之下，地方政府总是有动力追求政绩。自从地方债务问题引起重视以后，上级政府每年向下级政府下达化解旧债、严禁新债的考核任务。在经济增长任务和化解债务任务同时考核的情况下，地方政府如何选择呢？是本着“有多少钱办多少事”的原则行事，还是宁可冒增加欠债的风险设法完成更高增长任务？为什么？

我们由此需要考虑政府之间的利益竞争问题。市场中的企业总是在预算约束下为实现利润最大化而展开竞争。通常人们认为与企业相比，政府有着本质的不同，即政府追求的是公共福利最大化而非利润最大化；政府拥有以暴力为后盾的公权力而企业只有从事商事活动的民事权利。政府的职能在于为社会提供公共物品：包括安全、环境保护、市场机制运行的规则、社会可接受的公平收入分配格局、社会正常的法律与秩序，还有必需的基础设施。为此，政府一直承担着经济稳定、收入分配和资源配置三种职能。在政府内部，中央政府往往更多地承担那些外部性更强、排他性更低的公共物品，地方政府则提供基于辖区范围的基础设施或公共物品。经过长期的历史演变，各级政府的职能分配逐渐形成一个相对稳定的格局。一般来说，在上述三种职能中，中央政府负责：一是保持经济稳定的宏观政策；二是照顾贫困人口的收入再分配措施；三是提供全国性的公共产品如国防、环境保护等。地方政府更多地承担资源配置职能（Richard A. Musgrave，1959）。

但是，在新制度经济学家眼里，国家作为一个拥有唯一合法暴力的组织，它所追求的是税收（广义地，指得自社会的各种“抽取”）最大化。在一国内部，不同辖区间、不同政府机构之间，其实也存在着对可支配资源的争夺。对资源的竞争既发生在地方政府与社会公众之间，也发生在地方政府之间，还发生在地方政府与中央政府之间。分税制的财政改革在强化着地方政府的“产权边界”，但在公共资产（土地）、经营特许权，特别是在融资权的划分上的模糊，导致地方政府与中央竞争中，变相地突破中央政府制定的规则。举债偏好与债务监督失衡的特有预算约束环境，为地方政府突破预算限制扩大可支配财力提供了机会。中国地方债务风险的形成，是政府类似于企业之间竞争的表现之一。地方政府债务融资既有各国普遍存在的地方政府竞争特征，又有着中国特色的生成逻辑和发展路径。此外，公共投资体制不健全、民间资本准入门槛高，基层政府以合法的融资身份，不断积累着市场投资风险。

第一节　竞争性政府的理论考察

一、政府竞争：早期文献回顾

对地方政府角色的研究，最早的文献见于 1914 年 JPE（Journal of Political Economy）上的一篇文章。作者在列举了美国联邦和州法律对地方政府举债的种种限制后，就地方基层政府的性质进行了分析：

“地方社区本质上有双重特征。一方面它们以州政府派出的代理人身份，属于行政单位；另一方面，它们的设立原本是为了向地方提供必需品和便利条件，它们又是谋利性机构。前一个特征表现在，县级单位设立时最先是为了帮助州政府管理司法和发展教育等事务的，它们直接并仅仅和州政府的公共政策相关，作为一个代理者贯彻那些政策。后一个特征表现在，它们需要铺设道路、修建灌溉和排水设施、处理污物，以及解决日常事务，等等。因而，一方面城市社区是州下辖的诸如行政执法的分支机构，同时它们是，并越来越成为一个谋利性单位，为其主顾——辖区公众——提供服务”。

——Horace Secrist，1914，*Constitutional Restrictions on Municipal Debt*

不仅如此，理论上还可以证明，提供公共产品职能尽可能低地界定给地方政府，还有助于避免公共品集中提供中的种种问题。因为地方政府总是能够根据辖区规模、位置、禀赋和人文特点，提供仅限于有利于本辖区发展和适应于本辖区公众偏好的公共服务，所以应该把适于地方需要和特点的公共品的提供尽量下放于基层政府。这便是所谓的财政分权定理（Decentralization Theorem)：公共服务应该尽量由从空间意义上说包含着相关收益与成本的最低层次的政府来提供。[①]（Oates，1972，p. 54）。这一定理有一个强烈假定，即市场机制的引入，充满竞争关系的地方政府可以实现地方公共产品的有效供给。在一个市场经济社会里，地方政府参与配置资源意味着它们为了实现本辖区福利而与其他经济主体展开争夺资源的竞争。

这一点得从微观经济学关于公共品供给理论谈起。萨缪尔森曾经断言，在确定公共品的最优提供时，由于缺乏一个显示偏好的信息机制，市场机制带来的效率也就无从获得。也就是说，人们只能依靠政府提供公共物品。但是离开了市场的价格机制，政府提供公共物品是否有效率是个无法解决的问题。蒂伯特（Tiebout，1956）提出了个反证，说明存在一个确定地方公共品最优供给的可行机制。蒂伯特的中心前提是，由于自利的个人通过选择居住辖区而显示其对公共品的偏好，地方政府之间在"挽留"和满足居民（进而可以推知企业）的要求方面存在着竞争关系。若公众可以在众多辖区之间自由地"用脚投票"，[②] 就会形成不同的、其内部的公民偏好均质的辖区，则帕累托效率是可以达到的。他进一步证明，社区数量越多和越有多样性，公共物品的提供就越有效。[③] 由此可以推论，"用脚投票"相当于公众从地方政府的公共物品清单中进行"订购"，而这一地方政府只有尽可能地按照他们的偏好行事。即使没有政治投票程序，没有内部的政治监督，仅仅存在于地方政府之间的竞争，就可以保证公共物品的最优提供。不过，后来坦齐（Tanzi，2000）曾经对此有一个批评，说蒂伯特的这个结论可能推导出来的是国家本身应该越分越小，越来越多，而不一定是在一个国家内部辖区又小又多。因为他没有考虑公共物

---

① 奥茨（Oates，1972）在经典著作《财政联邦制》（*Fiscal Federalism*）中阐述这个定理的内容：假如不存在公共物品提供的成本节约和辖区之间的外部性，只要在每个辖区内部公共品消费达到了帕累托水平，社会总福利水平至少与一单个、统一的跨辖区公共品消费一样高（在特定条件下会更高）。在欧洲，这一定理的应用被称为"辅助原则（subsidiary principle）"，即（欧盟）中央对各地公共事务只作为必要的补充时才介入，一般由（各成员国及其）地方政府负责本地公共品的提供。该原则被写入奠定欧盟基础的（1993 年）《马斯特里赫特条约》中。

② 人们之所以愿意聚集在某一个地方政府周围，是由于他们在各种辖区之间就政府服务与所征税收之间寻找一种精确组合，以便使自己的效用达到最大化。所谓的"用脚投票"是指，当他们在某地发现这种组合符合自己的效用最大化目标时，便会在这一区域居住下来生活和工作。

③ Charles M. Tiebout，1956："A Pure Theory of Local Expenditure"，The Journal of Political Economy，Vol. 64，No. 5（Oct，1956），416 - 424.

品的外部性和规模收益问题。

蒂伯特描述的机制因缺乏经验支持而沉寂了许多年。问题似乎在于地方辖区政府如何有效地察觉人口的流动是由于对公共物品的选择而不是其他原因，辖区公众如何通过公共物品的价格（税收）和质量计算来决定迁居。也就是说，想象中的政府竞争对公共物品的有效提供，能否得到现实的验证。对这一根本问题的回答，要求对“用脚投票”机制进行经验证明。直到 1969 年奥茨证明，蒂伯特机制的作用在财产价值资本化的差异中表现出来。因为理论上，不同税收待遇、管制条件、基础设施和公共服务，将使得坐落于某一社区的财产在资本市场上表现出不同的价值来。经检验表明这种资本化在现实中确实存在。有人重复并扩展了他的试验，结果与他的发现一致。但是，伊德尔和斯克拉（Edel and Sclar，1974）发现，长期内，蒂伯特机制并不导致不同税收和公共服务水平的资本化差异来。他们的解释恰恰与奥茨提出的相反，并且还有经验证据。①

在上述新古典理论中，地方政府似乎是一个出售公共物品的企业，它们为了争夺“主顾”——辖区企业或居民——而相互竞争。这里就暗含着两个假定：第一，地方政府追求最大化自己的税收剩余，即从居民主顾收取的公共物品售价扣除公共物品成本后的剩余，犹如企业留存收益；第二，辖区居民有能力支付地方公共物品的税收价格。第一点要成立的话，我们无法解释广泛存在的“同归于尽”（race to bottom）② 的竞争现象，即地方政府竞相压低税收价格，扩大公共物品的提供范围，反而使税收剩余消失甚至为负。第二点如果成立的话，一旦人口或税制原因，辖区居民不仅没有支付足够的税收，相反还需要地方政府提供广泛的补贴，这时的地方政府为了什么而竞争？

这就需要打开地方政府这个“黑匣子”，从内部治理结构考察它们的行为方式。公共选择理论被引入对地方政府的分析。在集体选择的政治制度里，辖

① 由于缺少一个体现蒂伯特机制的正式模型，对蒂伯特假说的解释不可避免要产生矛盾。Dennis Epple，Allan Zelenitz 和 Michael Visscher（1978）在一篇论文中分别提供了两个模型证明：（1）因为税收资本化参数无以得到计量确认，奥茨提出的税收资本化不能得到实证——这是奥茨的发现与 Edel 和 Sclar 的发现相反的一个可能原因。（2）即使得到了对税收资本化的实证，但没能验证帕累托效率，因此也不是对蒂伯特假说的证明。详细综述，参见 Dennis Epple；Allan Zelenitz（1981a）。

② 对“race to bottom”一语国内有人直译为“将竞争进行到底”，殊费解。

区选民和政府官员通过不同的偏好显示机制和监督机制，共同决定了地方社区财政工具的选择。居民的偏好一般求助于投票程序，代表纳税人意志的议会机构对政府官员进行监督。在“中位选民模型”里，地方政府的财政行为不取决于领导人的偏好，也不取决于辖区“大多数”公众愿望，而是取决于在多数规则下处于观点相左但人数相当的、处于中位数的那部分选民的偏好。罗默和罗森塔尔（Romer，Rosenthal，1978），斯潘塞（Spencer，1980）和后来许多学者，先后开发出一些包含有别于中位选民框架正式模型。地方官员通过居民对具体财政政策偏好所表达的充分程度而调整财政措施。同时他们作为理性的个人，也有着自己的效用最大化目标。尼斯坎南（Niskanen，1971；1975）通过模型表明，官员们尽管无法直接将政府拨款放进自己的腰包，但他们追求预算支出的最大化。在不对称信息条件下，政府官员的这种行为总能够成功地引导纳税人同意预算规模的稳定增长。这样，从内部决策机制入手，地方政府不断扩大对资源的使用规模问题还是得到了有效的解释。

但是，上述关于政府制度和集体选择机制的模型明确承认地方政府的一个重要特征，即它们每个差不多都是相同的辖区，各个地方从禀赋、人口、决策方式和人们的偏好都是同质的，类似于符合完全竞争假定的企业。从这一点看，这种分析类似于新古典思路。二者的差别只在于，要么地方政府之间的竞争起着突出作用，要么政府内部的决策方式起着决定作用。后来，Epple 和 Zelenitz（1981b）开发了一个正式模型。他们把新古典意义的辖区政府间竞争与新政治经济学中的政策决策机制合而为一，从而全面讨论了辖区间竞争和辖区内决策过程对地方税收和公共物品的决定。他们假定，各个辖区都有着固定的边界，各自有征税并提供公共物品的政府。居民能够无代价地在辖区之间流动。但是存在于众多辖区之间的竞争，并不能充分保证公共部门的效率。尽管居民能够用脚投票，可是土地是不流动的，政府可能出于自身目的侵夺土地租金。增加辖区数量可以限制地方政府对权力的任意行使，但不能完全消除它。[①] 结论是，仅靠蒂伯特新古典意义上的地方政府间竞争是不够的，要使地方适当地融资并有效地提供公共物品，地方政府的内部决策方式和外部竞争环

① Dennis Epple; Allan Zelenitz, 1981b: “The Implications of Competition Among Jurisdictions: Does Tiebout Need Politics?” *The Journal of Political Economy*, Vol. 89, No. 6. (Dec., 1981), pp. 1197 - 1217.

境起着同样重要的作用。

布雷顿（Breton，1998）在公共选择理论中，地方政府不过是辖区公众与官僚之间互相作用的工具，选民的偏好通过投票、议会监督而形成官员的行动，官员总是凭借信息优势制定有利于自己效用最大化的预算方案。共同的趋势是，为了增进当地福利——如促进地方发展、为本地人创造就业机会、提供本地所需的社会保障、教育、卫生事业，地方政府相互之间展开了广泛的竞赛。其手段不外如下几种：宽松的管制政策、削减地方税费、基础设施配套、压低土地价格，等等，不一而足。这种竞争既发生在横向的地方政府之间，也可能发生在上下级纵向的政府之间。

地方政府竞争的后果，主要表现在三个方面。一是客观上有利于公共物品的有效供给。这是从蒂伯特、奥茨到布雷顿一直试图证明的。二是为制度创新提供了动力和环境。这一点被称为“实验室财政联邦制”。（Oates，1999）就是说，在财政联邦制近期的发展中，中央和各级地方政府从各自利益出发进行种种创新，都从中汲取有益的成果确立自己的财政制度。何梦笔（1999）等则把它归结为政府间的“制度竞争”[①]。值得提出的是，孙广振、张宇燕（1997）用“贾谊定理”来概括，说明众多地方政府之间的竞争是一个大国得以长治久安的重要条件，大大深化了我们对政府间竞争意义的认识。[②] 三是地方政府的竞争可能导致本来应由市场机制引导的资源被扭曲配置，同时，“同归于尽”式（race to bottom）竞争也使得地方反而无力提供本应提供的公共产品。早在1967年，布莱克（Break，pp. 23 – 24）就指出美国的政府间竞争带来的负面影响：“州和地方政府为企业入驻本辖区，相互之间进行的日益激烈的竞争有时产生了很多问题。地方官员一点也不敢让本地税率超过邻近或与其自然条件相同的辖区……积极的税收竞争通常削弱了州和地方的税收努力，也使得州和地方税收结构带有强烈的累退因素。”由于政府按照属地税收管辖原则征税，资源的流动直接会影响地区的税基。地区间财政竞争结果对地方政府的行为产生约束。为了防止税基外流，地方政府就不敢对流动性强的资源过度

---

① 由于本文主要讨论地方政府对经济资源的竞争，关于制度竞争的分析和介绍从略。

② 其实，贾谊“众建诸候少其力”的思想早就被孟子提到过。孟子曾对梁惠王说：“万乘之国，弑其君者，必千乘之家；千乘之国，弑其君者，必百乘之家。”（见杨伯峻，《孟子译注》中《卷一·梁惠王章句上》，中华书局2005年第2版，第1页。）

征税。可是如果税负过轻，地方政府又无力提供辖区公共产品。可见，地方政府都陷入了某种“囚徒困境”：由于担心失去本地的企业和就业机会，导致地方公共物品的提供不足。不仅如此，如地方自然或人文资源的保护，需要地方规章加以保障。但在招商引资的竞争压力下，这些可能提高企业进入成本的管制标准常常被降低乃至废弃。因此，卡姆伯兰德（Cumberland，1979，pp. 225－281；1981，pp. 1－9）把存在于美国州和地方政府间的这种现象称为“破坏性地方竞争”。这种现象甚至引起人们对财政分权和地方政府竞争的质疑。恩里奇（Enrich，1996 年）指出，“有必要进行某种集权把各地方政府解救出来。”在欧洲，尽管欧盟统一协调各国之间的财政税收政策，但各国政府都有激励进行资本争夺的竞争，对可流动的资源征低税、对流动困难的资源征高税，如对利息税变相地进行差别征收。这种竞争使得各国间财政政策相背离（Janeba and Peters 1999）。

总之，在发达的市场经济里，辖区政府承担着两重角色：它们既是上级政府的当地代理机构，因而从事着社会治理和行政活动，同时还在资源使用和公共物品的提供方面存在着竞争关系。这种竞争关系与市场上的企业竞争极为相似。正在是后面这一意义上，布雷顿（Breton，1978；1989；1998）提出并论述了一个“竞争性政府（Competitive Governments）”的概念①。它的原意是指联邦制国家中政府之间对资源和权力上的争夺关系。在竞争性政府框架下，政府所提供的所有产品和服务，其中有“好”的产品和服务（good goods），也有“坏”的产品和服务（包括制度）（bad goods）。前者如有用的基础设施，还有诸如公正（法律、法院、法律援助、监狱等）之类的无形服务；后者如随意征税、不公正（警察暴力、错误拘留等）、歧视行为等等。它们被通称为“政府供给品”（government－supplied goods and services）。正是辖区政府之间的竞争条件决定了上述政府供给品的不同组合。

① Albert Breton and Anthony Scott，1978：*The Economic Constitution of Federal States*，Toronto：University of Toronto Press；Albert Breton，1989：“The Growth Of Competitive Government，” *The Canadian Journal of Economics*，Vol. 22，No. 4（Nov. 1989），pp. 717－750；Albert Breton，1996：*Competitive Governments*：*An Economic Theory of Politics and Public Finance*，New York：Cambridge University Press；Albert Breton，Alberto CaAlberssone and Angela Fraschini 1998：“Decentralization and Subsidiarity：Toward a Theoretical Reconciliation，” University of Pennsylvania，*Journal of International Economic Law*，Vol. 19，No. 1，Spring，pp. 21－51.

二、中国特色的地方政府间竞争

国内学者对于发生于中国的地方政府之间的竞争早有研究。地方政府在资源和产品市场上，在中央政府投资方向上，就像众多国有企业一样展开“兄弟竞争”；（樊纲、张曙光，1990）这种竞争对宏观经济政策和地区经济发展起到了明显的影响；（张曙光，1993；杨灿明，2000；周业安，2003）在制度变迁方面，地方政府与中央政府博弈实际上是中国民营经济得以发展的前提条件。（张维迎、栗树和，1998）就公共物品的提供和融资而言，西方学者政府竞争理论为我们提供了有价值的启示。冯兴元（2001）、李扬等（2002）考察了近年来中国地方政府竞争对公共物品融资和提供的激励。但是，经验观察表明，中国地方政府的竞争从动因、方式和后果上，与西方学者描述的竞争性政府有着很大的不同。在中国，基于特有的制度环境和经济模式，地方政府的性质和功能，目标函数和竞争方式，还有待于重新认识。它们在不同体制条件下会在哪些领域进行竞争，竞争的手段有什么不同？不同级次的政府——省、地市、县、乡镇和村在竞争中各有什么特点？除了为促进本地经济发展进行“善意”的竞争外，是否还有掠夺性的“恶意”竞争？地方政府是如何与上级政府，比如与中央政府进行竞争？这些研究都有待于基于现实观察进行细化。

在许多发展中国家，基层政府不仅为公共物品的提供进行竞争，而且还有着与一般企业相近的性质，在产品市场、资本市场或政策市场进行广泛的竞争。就中国来说，改革开放前后，地方政府在制度变迁和经济发展过程中承担的角色是耐人寻味的。改革开放以前的人民公社，实际上承担着为中国工化业提供原始积累的征税组织的职能。（蔡昉，1999）改革开放后，中国推行的地方分权，如农村的包产到户制、财政收支权力的下放、外贸权力的下放、非公有企业的发展、地方国有企业及地方投资的扩展、经济特区与开发区的发展以及金融权力的地方化等等，为地方政府获得和维持独立利益和自主地位创造了条件。正是在地方化格局的基础上，中国的政府体系也开始表现出竞争性。20世纪80年代，中国乡镇企业发展中，基层乡镇政府实际上承担着在当时制度许可和融资环境条件下的融资与管理者职能。它们不仅扮演了中国深化改革的动力来源，而且在改革过程中形成了一种以辖区发展为最大利益取向的经济主体。一方面，地方政府和地方干部在国家放权让利宏观政策的诱因下，倾其全力发展地方企业，同时快速地推动地方的工业化进程；另一方面，在当时计划经济为主的政策环境中，除了政府，任何个人和组织都无法满足企业发展对原料、技术、资金和管理等要素的需求，在个人无法承担制度变迁的风险与成本的时候，只有政府才能担当此重任。中国乡镇企业在20世纪80年代的兴起，意味着在当时的要素交易条件下地方政府实际上担当着合法的融资和要素整合者角色。这时，不仅地方公共物品由地方提供，而且地方经济发展也由地方政府推动。中国地方政府，越靠近县、乡两级基层，就越呈现出企业实体的特征来。在最基层的行政村一级，在现行农地制度下，村社区有着明确的产权边界和独立利益。在不同的市场或资源组合下，它们实质呈现出不同的社区型企业的特征来（张宇燕等，2004）。

具体地，地方政府促进当地经济发展过程中扮演着两类角色：一类是地方政府的官员兼任乡镇企业的负责人，地方政府直接参与企业日常经营活动及决策，企业运作直接纳入政府行政监督之中。对此，戴慕珍（Jean C. Oi，1992；1999）用“地方政府法团化”（Local State Corporatism），布莱彻（Marc Blecher，1991）用“企业型政府”（Entrepreneurial State）的概念进行概括；另一类是地方政府和乡镇企业保持一定的距离，政府官员与企业负责人分属两个群体，政府不直接介入企业的决策过程，而是以其他的政策来引导，地方政府扮演了一个类似发展型国家的角色。对此，布莱彻（1991）又用“发展型政府”（Local Developmental State）来描述。

上述概括从从制度方面描述了地方政府的某种性质。特别是戴慕珍（1995）创建的两个核心范畴：一是“激励结构”（The structure of incentives），二是政府的“法团化”（Corporatism）。“激励结构”是指基层社会组织所面临的激励制度。她认为促进中国乡村工业起飞的是非集体化和财政改革两个动因。地方政府基于自身收入最大化的理性选择，确定本地的经济发展策略，与上级政府围绕税收与提成展开博弈，导致中国乡村工业的起飞和制度的变迁。“法团化”是指地方政府即县、乡（镇）、村三级政府（特别不包括省级和中央政府）直接介入经济，担任管理企业的角色的过程，以及各级政府、政党与所辖企业形成的一个类似大企业的利益共同体。经济转型时期，党、政、地方企业，后来又有地方民营企业相结合，形成一定意义上的法团组织，成为中国经济改革的微观层次上的制度基础。

"法团化"揭示出地方辖区各种行动主体的利益一致性程度。其中的行动主体有政府官员、社会团体、当地企业和一般居民。它们之间总体上有着共同倾向，但相互之间还可能有冲突。整体而言，一个局部的地方辖区往往会把宏观经济稳定、收入分配公正和环境外溢影响等等都视为"外部性"问题，由外来投资、上级政府的资助或特别优惠，总是能够增加地方事业的发展机会，如经费的宽裕、就业机会的增加和财政收支的扩大，这时，一个辖区就成了一个"利益集团"；范围再缩小一点，如当地企业，则希望得到更多的政府扶持，包括市场保护和项目承担机会；更进一步，地方政府官员则希望有更加慷慨的公共开支。正在推行的公务员制度将会提高公共部门的进入门槛，但也将使公职人员与外界之间有着更明显的利益边界，从而使他们在提高薪酬、扩大行政审批权和追加预算方面结成越来越紧密的共同利益。在部门推出的立法提案中，这种诉求会有更多的体现。可见，随着"利益集团"范围的逐渐缩小，由奥尔森所称的"共容利益"（encompassing interest）也逐渐被狭隘利益（narrow interest）所替代。共容利益与社会的繁荣关系密切，其拥有者有强烈的激励为社会提供公共物品，借以提高自己的利益。当共容利益占主导地位时，权力的使用是建设性的，政府官员伸出的是扶助之手。狭隘利益与社会的繁荣关系不大，因此其拥有者有强烈的激励通过损害社会的利益来提高自己的利益。当狭隘利益取代共容利益时，权力会起到破坏性的作用，政府官员伸出的是掠夺之手，产生寻租和腐败。就地方政府来说，他们可能追求这两种利益中的一种，也可能都追求，关键在于是否有相应的激励相容机制使二者一致（Olson，2000）。

第二节 中国地方政府竞争的激励机制

一、从政府首脑到辖区公众

（一）行为假定与约束条件

我们假定，地方政府就像其他市场主体一样，为取得更多的资源控制权而竞争，即实现更多的税收剩余和剩余控制权是政府的最大化选择。但政府这种竞争主体与普通企业不同之处，除了前述合法拥有暴力手段外，还有两个与企业不同的约束条件：一是软的预算约束，即几乎不存在破产倒闭的风险。尽管日本和美国历史上曾出现过基层政府破产清算案例，但毕竟在大多数联邦制国家和几乎所有单一制国家这种情形都很少见。特别在单一制国家，下级政府合法性主要来自上级的授权，法理上地方政府是非独立民事主体。再则，上级政府为了维护合法性，往往对深陷破产境地的地方政府不得不施以援手。二是在像中国这样的以公有制为主体的国家，宪法规定诸如土地、矿山、森林、河流及海洋等自然资源归国家所有，由国务院代理国家行使所有权。但实际上，国务院或明或暗地将这种产权的行使权分授给各地政府。而地方政府也很自然地对坐落于本辖区的上述资源行使产权。这样，就公共资源的产权界定而言，地方辖区政府实际上面临的财政产权约束，边界是较为模糊的。

（二）辖区各利益主体间的互动

地方辖区各种行动主体，包括政府官员、社会团体、当地企业和一般居民。我们用图 5－1 来表现这些行为主体之间的关系。总体上，它们之间有着共同倾向，但相互之间还可能有冲突。

第一，一般来说，一个地方辖区往往会把宏观经济稳定、收入分配公正和环境外溢影响等等都视为“外部性”问题，而由外来投资、上级政府的资助或特别优惠，总是能够增加地方事业的发展机会，如经费的宽裕、就业机会的增加和财政收支的扩大，这时，一个辖区就成了一个“利益集团”；

第二，范围再缩小一点，如当地企业或社会团体，则希望得到更多的政府扶持，包括市场保护和项目承担机会。但他们这些目标既可能与辖区公众和政府的一致——这是他们得以在当地立足的条件，也可能不一致。尤其是当与社会公共利益不一致时，他们会更多地求得与政府的目标一致，如或者代替政府出面融资，或者主动配合甚至包揽政府工程拆迁之类的事务。

第三，更进一步，地方政府官员则希望有更加慷慨的公共开支。这是符合官僚预算最大化理性的。正在推行的公务员制度将会提高公共部门的进入门槛，但也将使公职人员与外界之间有着更明显的利益边界，从而使他们在提高薪酬、扩大行政审批权和追加预算方面结成越来越紧密的共同利益。

随着“利益集团”范围的一步一步缩小，由奥尔森（2000）所称的“共容利益”（encompassing interest）也逐渐被狭隘利益（narrow interest）所替代。

共容利益与社会的繁荣关系密切，其拥有者有强烈的激励为社会提供公共物品，借以提高自己的利益。当共容利益占主导地位时，权力的使用是建设性的，政府官员伸出的是扶助之手。狭隘利益与社会的繁荣关系不大，因此其拥有者有强烈的激励通过损害社会的利益来提高自己的利益。当狭隘利益取代共容利益时，权力会起到破坏性的作用，政府官员伸出的是掠夺之手，产生寻租和腐败。就地方政府来说，他们可能追求这两种利益的一种，也可能都追求，关键在于是否有相应的激励相容机制使二者一致（Olson，2000）。

第四，我们来看地方官员与上级派驻首脑之间的关系。一方面，上级委派来的党政首脑有义务也被赋予权力执行上级政府的统一政策。地方官员也必须以实际行动表明他们的行为符合上级的要求。另一方面，在信息不对称情形下，上级政府只能用一个监测费用较低的指标来考察被委派者和他当地班子的努力程度。

这就出现了大国治理过程中不可避免的政绩考核问题。一个简便的办法是用经济总量及其增长率来度量。这时，上级委派者与地方政府在争得更多的外来投资和可支配财力方面达成一致。通常是，一个没有在上级党政系统中兼职的派驻者更需要激励其地方同事为提高经济增长指标而努力，也更容易代表地方利益与下级讨价还价——既可能要求争得更多的政府项目，也可能要求更多政策变通。而一个在上级党政系统中兼职的派驻者更容易执行将辖区经济发展带来的外部性内部化的政策。

在图 5 - 1 中，阴影部分表示一个辖区，其外部是全社会。阴影中由内向外每一层次扩展，辖区首脑——辖区官员——辖区公众在追求本辖区共同利益的同时又分别追求自己的利益，这些已在每一层次中标出，但由此引发的外部性则由本层次之外承担（见图中方框内斜体字），政府辖区垂直体系设计的核心问题是，如何保证所设辖区、每一辖区内部各层次的行动主体在追求自身利益的同时也实现了更高辖区——中央政府的总体利益，即实现机制设计中的激励相容。

这就牵涉到中央政府与地方政府的政策一体化问题。钱颖一等对中国这一问题的研究很有启发性。他们用黄亚生（Yasheng Huang，1999）的 bureaucratic integration index（BII）指标，刻画省级首脑与中央的紧密程度，分为四档：省领导从本地提拔出来的，省领导从其他省市调过去的，省领导从中央部门调过去的，省领导同时兼任中央政治局委员，分别赋予 1、2、3、4 四个数值。数值越高越说明地方官员与中央的关系越紧密。他发现，从宏观经济的稳定上看，BII 越高，即地方与中央的关系越紧密，越有利于宏观经济稳定；如果从银行贷款角度看，地方财政激励越高，越不利于宏观经济稳定，而 BII 越高，对宏观经济稳定没有显著影响。（Hehui Jin，Yingyi Qian，and Barry R. Weingast，1999）由此似乎可以得出结论：随着地方政府与中央政府一体化程度的提高，地方行为的外部性越有可能被内部化。

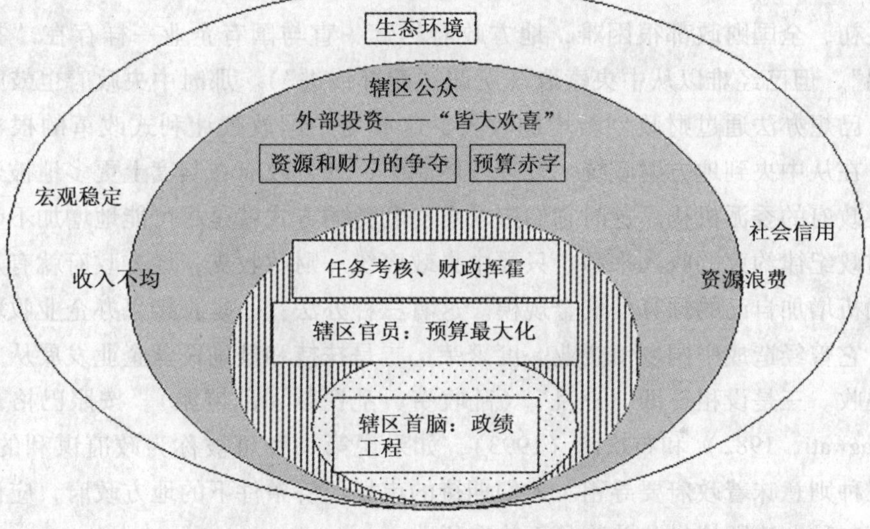

图 5－1　辖区内公众、官员与首脑的激励结构

更一般地，这种观点被财政联邦制理论中的公共池塘模型所支持。这种理论认为，在一个联邦制国家中，如果下级政府执行者与中央政府是同一党派的话（即中央与地方一体化程度较高），财政支出和赤字会较低。因为地方扩大财政支出的宏观效应更易被内部化；如果下级政府更多地依赖政府间转移支付的话，财政支出和赤字会较高。由于财政挥霍的宏观后果无法内部化，地方政府倾向于有更高的赤字。但是，克曼尼通过 1972～1995 年的数据发现，印度 15 个主要州（邦）里，地方政府与中央政府同由一个党派执政，但这些州（邦）财政支出和赤字都非常之高（比此间平均水平高出 10 个百分点）。下级政府所增加的赤字几乎全部是向中央政府（而非市场）借款解决的。（Khemani, 2002）他认为，在一个较高一体化的上下级政府关系中，由于信息不对称，中央政府更可以在与地方政府的讨价还价中让步。而地方政府并不考虑宏观经济稳定等“外部性”效应。可见，一旦有了独立的地方利益，仅仅靠提高一体化程度并不能排除政府竞争带来的不利后果。甚至党派意识形态在此问题上也得服从经济逻辑。

二、财政产权、税收剩余和金融租金

辖区政府对资源的争用，在不同制度约束下有不同的表现。在中国改革开放之初，全国财政都很困难，地方政府尽管一直与国有企业一样存在“投资饥渴”，但已经难以从中央索取（所谓“跑部钱进”）。那时中央政府也鼓励各地自己想办法通过财政创新增加收入。这成为中国放权让利式改革的根本原因。在从中央到地方财政统一管理的体制下，地方政府在制度上更多地被当作中央政府的委派机构。这时它们追求自身利益的方式就是尽可能地增加不受上级财政纪律约束的收入来源。只要中央政府统一财政收支，地方政府就有足够的动机增加自己的预算外资金规模。这有三种办法：一是直接兴办企业收取利润。它曾经造成中国乡镇企业一度繁荣。二是扶持和鼓励民营企业发展从中收取税收。三是设租，即“三乱”（乱收费、乱罚款、乱摊派）。按照巴格瓦蒂（Bhagwati，1982）和布坎南（1993），如果说第一种可被称为政府谋利的话，第三种则意味着政府要寻租。人们期待的市场经济条件下的地方政府，应该通过第二种办法即提供公共物品而收取税收。

财政体制中，上下级政府收入权利和支出责任的划分过程，实质上是政府间独立的财政权益不断明晰的过程。1994 年分税制改革，政府间的“产权边界”得到进一步强化。地方政府被界定了真正自由支配的资源，其预算也由本级人大通过，报上级政府备案即可。尽管每年从中央到地方各级人代会上，财政部门负责人都要报告本级和下级预算汇总的预算状况，但是本级人代会有权审核和批准的仅仅是本级政府的预算部分。这种体制下的预算外资金和制度外资金与以前不同，原来规避上级财政监督的预算外资金没有必要存在了，中央政府将这些资金纳入预算内管理的措施因而顺利推行。[①] 随着收入划分和预算外资金逐渐纳入预算管理，财政纪律得到加强，我们说，各级政府之间逐渐清晰了“财政产权”。

我们不妨再以一个“税收剩余”概念，来刻画政府依靠行政权力取得收入扣除其征税成本和资助公共物品后的余额。这里的“税收”不仅仅指由现行税法所列的那些，而泛指政府依照行政权取得的所有收入。地方政府的收入有预算内和预算外两部分：预算内收入由中央和地方分享，分享比率已在财政合同里规定，其数量决定于地方政府执行税收的努力水平和当地的经济社会情况；而预算外收入则决定于地方分配在预算外收入的努力水平、地方政府的廉洁程度。后者是指地方政府征收预算外收入时是否违背中央政府的纪律，比如“三乱”。地方政府的税收剩余就是预算内外收入和地方支出之差。它是地方政府财政产权的重要内容。[②]

但是与企业剩余索取权不同，任期制使得地方政府对税收剩余的索取不一定具有连续性。地方官员只有追求再任命，才会有机会享受对税收剩余的控制权。决定再任命的可能因素有地方对政绩考察指标的完成情况、辖区公众的反应和辖区社会形象。这时我们看到“形象工程”、“政绩工程”的制度原因。

从地方政府考虑，在财政产权被日益界定而税收剩余入不敷出情况下，能够筹集收入的财政工具还有：（1）公营事业收入；（2）政府的特许权使用费；（3）公共资产，特别是土地资源收益；（4）金融租金。其中（1）和（2）常常紧密相连。这是因为国有企业作为地方政府的收入来源，在市场竞争下效益越来越微薄，一个有效的办法是授予经营特许权，即某一领域的垄断权。这主要在公用事业、基础设施和中央政府尚未放开的石油、烟草、出版等行业。但是，在税制改革后，税种而不是企业的行政隶属关系决定着一级政府的自有收入，靠兴办企业而增加公营事业的收入不再有吸引力。有吸引力的是通过设定

---

① 但本级政府中的个别机构为了绕开本级财政或人代会监督还在开辟预算外资金渠道，这部分资金纳入预算内管理还有待时日。

② 产权的另一项内容为剩余控制权。财政产权里也是这样。这表现为地方政府对资源的控制上。改革中的经济放权，最重要的表现就是绝大部分国有企业直接在地方政府的控制之下。这里的“控制”意味着广泛的事实上行使的（de facto）所有权利——重要决策的权利，吸收剩余的现金流和处理资产的权利。尽管常有中央政府的禁止，地方政府掌握在手中的广泛的政府权力补充了他们的所有权功能。

和攫取租金。这时我们就可以发现地方政府与上级政府、与社会公众进行竞争，在三个方面得到充分体现：一是政府特许经营权的截留和出售；二是公产特别是土地资产的变卖；三是金融租金的变相争夺。

中国放权让利式改革发展过程中，一方面，中央政府对市场的直接干预越来越少；另一方面地方政府自主权增加。但是，本该下放给企业的权力有相当大一部分可能被地方政府截留。目前地方政府不但直接掌握一部分投资经营权，而且实际控制、影响着相当一部分非政府投资。它们既可以以特许权成立自己的企业，也可以在某些情况下“出售”这一权利。特许范围可以是中央政府认可的，也可以是从中央政府的下放中截留的，甚至还有地方政府“自创”的。这时我们发现，与改革开放之初作为制度变迁的积极推动者不同，地方政府越来越成为中央政府改革中或隐或现的“抵制者”或权力的截留者。正是对投资领域的行政壁垒，导致基础设施投资不足和地方政府财政压力沉重，最终造成它们对国家金融租金的攫取——通过债务融资争夺资源。这是后面要着重分析的。

公产收入是一项潜力非常大的地方政府收入项，目前主要体现在土地使用权上。地方政府拥有的公产很大一部分是地产。尽管国家法律将诸如土地、矿藏资源等资产界定为国有和集体所有，但在上下级政府之间，在政府各部门之间，谁具体行使产权，谁从中受益，如何划分这种收益，中国并没有完善的公产产权制度进行界定。这种财政产权的模糊为地方政府提供了广泛的权利，从中攫取了可观的土地租金。2004 年，全国各级地方政府共征地 1612.6 平方公里，其中广东、山东、江苏、湖南最多，四省征地相当于当年全国 50% 左右。2004 年，江苏、浙江、湖南三省政府土地收入 3258 亿元，接近于全国“政府出售土地收入”的 50%。

可以说，目前地方政府或政府机构对土地、矿产等公产的争用几乎没有规范的秩序。其结果不仅使得收入流失很大，而且附着于矿产、土地等公产的公众的权益也得不到保障。开发区热衷的土地圈占和失地农民的保障问题至今还是社会热点。[①] 地方政府在招商引资中，出于竞争的需要收取的土地租金一般十分微小。土地批租时不是随行就市，而往往是私下廉价转让。大部分企事业单位占用的土地实际上成为各单位所有的土地，它们可以比较自由地进行开发经营，收益归己。一些地方企事业单位有权进行土地置换经营，将工厂、办公地点等从闹市区往城市边缘或郊区迁移，利用闹市区地皮进行其他经营活动，甚至直接出售地皮。这部分收益有的被地方所属的国有企业当做脱困手段，其实相当于地方政府对国有或集体土地行使产权后，给予企业的财政援助。

所谓金融租金，是指政府垄断金融活动而得到的超出社会平均盈利水平的收益。尽管我们不能说国家垄断金融行业仅仅是为了谋取这一租金，但除了保证宏观稳定之外，中国长期的金融体制中，国有金融机构（银行和非银行）以中央政府隶属企业为主，客观上金融租金还是主要由中央政府所拥有。改革开放以来，地方政府在取得一定程度的财政产权之外，还通过金融业的地方分权与中央政府分割金融租金。1984 年一系列银行改革措施，给地方银行更多的自主权。在一个分权制度的框架里，这样做实际上意味着地方政府得以控制一部分金融资源（Chen，1991）。1984 年后，在地方政府的影响下，地方银行对乡镇企业的贷款额迅速增加。在 1985 ~ 1988 年，乡镇企业贷款的年均增长率为 35%。甚至 1988 ~ 1990 年间，在紧缩银根的宏观政策环境下，乡镇企业的银行贷款仍然每年增长 19%。地方政府实际上起了担保人的作用，承担了部分进入风险，使新生的企业能够以足够的规模经济进入生产（Naughton，1995）。在 20 世纪 90 年代后期中央政府清理整顿信托行业、民间金融活动之后，地方政府仍通过自己的信托公司、项目集资、变相担保和隶属企业举债，设法对这部分租金继续攫取。有分析人士总结道：

“从改革后的历史看，政府在融资方面与企业的合作主要有以下表现形式：一是地方政府及官员帮助企业协调跑贷款额度；二是地方政府出资设立信托公司或者各种信用中心，以财政资金吸引银行资金投给企业；三是地方政府

---

① 按照《全国土地利用总体规划纲要》的安排，1997 ~ 2010 年全国非农业建设占用耕地的指标为 2950 万亩，然而，仅 1997 ~ 2001 年就占用了 1351 万亩，占 45.8%，照此速度，2005 年指标就被用完。且不包括违法征地在内。在整个“十五”时期，全国耕地占用规模达 9700 万亩，平均每年使用了 1940 万亩。2006 年底，全国耕地面积为 18.27 亿亩，要守住 18 亿亩这根“红线”的话，则到“十一五”末的 2010 年，全国只有 2700 万亩的建设用地指标，平均每年 540 万亩。土地形势十分严峻。

为企业直接贷款作担保（或变相担保）；四是一些地方为帮助企业上市，帮助上市公司虚增利润，制造盈利，以便于达到贷款条件；五是地方政府设立各类开发区，将土地批给企业，与企业一起做‘开发区’概念，然后企业在地价虚涨、有价无市的情况下，将土地抵押给银行，获得贷款；六是地方政府以财政资金对地方性非银行金融机构进行财务救助或重整，或以地方财政资源作为担保向中央银行申请再贷款，帮助地方性金融机构；七是地方政府出资设立担保公司，帮助地方企业贷款等”（邱海洋，2006）①。

如果把“发展中国家”理解为一国经济发展的某一阶段的话，追溯历史可以发现，今天的发达国家在当年处于“发展中国家”阶段时②，各级政府也承担了类似的这种角色。比如说，美国从1790年到1933年间，先是各州政府（到1842年），后又是各地方政府（自1842年到1933年），都曾经充当了地方经济发展积极的“张罗者”的角色（John Joseph Wallis，2000）。从1790年到1842年，州政府主要通过两项努力来促进经济发展：一是法律创新，以促进公司制企业和银行机构的成长；二是基础设施投资。在这一过程中，州政府也为搞到足够的资金而挖空心思：通过出售土地、授予特许经营权筹措收入，更通过改造公债筹措收入。1842年之后，地方政府扮演了一个活跃的角色。它们在教育、公路、供水系统、排污设施和其他公用事业方面承担了绝大部分投资义务。州和地方税收收入是其主要资金来源。这种局面一直延续到1933年③（Wallis，2000）。从这点来看，历史的确有相似之处。

三、建国以来地方与中央的财政竞争

中国特有的国家体制和近代经历，使得地方与中央政府的财政关系几经变迁。19世纪末，清朝中央政府的财政收入至多占当时国民生产总值的1%～

---

①《第一财经日报》，2006年5月22日。

② 按照麦迪森（Maddison A.，1997，pp. 4－5，32），美国1820、1870、1900、1913年人均GDP（按1990年国际美元计算）分别为1287美元、2457美元、4096美元、5307美元。按同样的算法，中国1973、1992年的人均GDP分别为1186元、3098元。上述年份的美国处于其历史上的“加速发展阶段”。

③ 这次大萧条之后，地方政府的上述作用让位给联邦政府。联邦政府承担全国性的基础设施投资，如田纳西流域管理局。其他基础设施先由联邦政府筹集，然后下拨给州和地方政府使用和管理。（John Joseph Wallis，2000）

2%。1928年后，虽经种种努力，国民党政府的全部财政收入占国民生产总值的5%，其中中央政府收入占全部财政收入的40%，省及省以下各级地方政府财政收入占到60%。（Lardy，1978，pp. 40－41）财政收入特别是中央政府财力不足严重限制了政府推动经济现代化的努力。作为政治上的单一制国家，伴随着中央财政力量缩小的，是地方政府的所谓“自治”。但是，这种自治只是地方当局的，而与辖区公众自主参与无关。也就是说，中央政府财政以及其他作为一个统一大国必须由中央政府履行的职能渐次旁落于地方管理者，并没有惠及广大百姓。相反，缺乏中央约束的地方政权由于政权纷争时期特有的行为短期化，对辖区公众的盘剥更加严重了。（刘五书，2003）尽管国民党政府结束了晚清和北洋政府时代军阀割据的局面，但这个政权并没有完成统一多民族单一制国家所必需的财政统一。

1949年后，在短短几年内，新中国使这种局面一举改观。与其他发展中国家比较，中国1949年后政府财政在资源配置和分配中的作用也显得十分突出。第一个五年计划期间（1953～1957年），中央集权的计划管理体制逐步巩固并得以发展，国家汲取财政资源的能力也随之大大增强。这期间，国家预算收入绝对额和与国民生产总值的比例都迅速成长。1952年，国家预算收入只占国民生产总值的22%，到1957年已增至29%。（Carl Riskin，1988，pp. 71－72）预算收入中，中央收入占主导地位。整个“一五”期间，中央收入相当于全部预算收入的80%左右，而省、县两级收入加起来也不过占全部预算收入的20%。预算支出的情况也一样由中央政府唱主角：75%的支出由中央确定，只有25%左右的支出由20多个省和2000多个县支配。

财力的高度集中带来的弊病即地方缺乏积极性，中央政府的反应是一方面进行“多快好省”的鼓动，一方面以下放权力以增强激励。“大跃进”期间中央与地方政府支配的财力变为各占50%。（柳随年、吴群敢，1988，p184）特别在“大跃进”期间，地方政府随着自主权的扩大，更广泛、更深入地干预自己辖区的经济，已经开始展开了对资源的争夺。一个重要后果是预算外资金的产生。所谓预算外资金是不纳入国家预算，由各地区、各部门、各企业事业单位自提自收，自行支配的财政资金。这一现象一直延续至目前。建国初期，预算外资金数量很小，项目也不多，它在“大跃进”期间第一次迅速膨胀。1952年，预算外资金第一次列入统计时只相当于当年国家预算的7.8%。“一五”期间平均为预算内资金的6.5%，1957年总额仅为26.33亿元。但翌年即翻了一番至55.99亿元，1959年再至96.55亿元，几乎又翻了一番，1960年达111.78亿元。3年间预算外资金的数额几乎涨了5倍，与预算收入之比由1957年的8.5%增至20.6%。[①] 地方政府有了财力，便扩大基本建设规模。一时间，计划外项目遍地开花。贫困省份如甘肃省，在1958年上半年投资兴建了224 500个新工厂。（柳随年、吴群敢，1985，p. 231）就全国而言，1958年的基建投资达267亿元，比1957年增加了97%，几乎相当于整个“一五”期间基建投资的一半（同上，p. 239）。基建膨胀导致宏观失衡，财政开支膨胀，结果造成从1958年到1961年连续4年共148亿元的财政赤字。[②]

经过20世纪60年代初期的严厉整顿，地方政府财政份额和预算外资金都有大幅度下降。1961年至1965年预算收入占国民收入的比例降低到了1957年的水平（约34%）。同时，中央财政收入占整个财政收入的比例回升到60%。地方政府的预算外资金也受到全面清理。1965年，预算外资金相当于预算内收入比例已由1960年的20.6%降为16%。（赵德馨，1989，第80—694页）但地方政府终于有了相对独立的财政收入来源：即所谓的“五小工业”（小钢铁、小机械、小化肥、小煤窑、小水泥）。即使亏损，地方政府也不会因办“五小”企业而吃亏，因为经省（市、自治区）批准，可以由财政给予亏损企业补贴，或在一定时期内给予减免税照顾。（左春台、宋新中，1988，p. 376）

预算外资金在20世纪70年代初也开始再度膨胀。1970年至1976年间，预算收入只增加了17.1%，但预算外资金增加了172.8%。1970年，预算外资金只相当于预算内资金的15.2%；1976年，这个比率已上升到35.5%。[③] 随着中央对财力控制权的削弱，不少地方政府对完成国家调拨指针的态度也消极起来。更有甚者拒绝按国家调拨价将本地物资卖给外地。（赵德馨，1989，p. 60－62）中国经济已在相当程度上分裂成一批各自为政、自成门户的封闭体系。（Lyons，1987，第213～218页）多次的权力下放不仅刺激了地方政府

---

① 国家统计局，《中国统计年鉴》，中国统计出版社1990年版，第243页。

② 这里用国际通用的定义，预算收入中减去了国内外债务收入，预算支出中减去了偿还内外债的支出。参见 World Bank，China：Revenue Mobilization and Tax Policy，pp. 9－10.

③ 国家统计局，《中国统计年鉴》，中国统计出版社1990年版，第242页。

的自利动机，也实实在在扩大了它们的财力，尤其在地区和县一级，“地方主义”比省级政府要强烈得多。因为这一级政府官员不必直接受到僵化条条的约束，相反，在中央号召自力更生、自给自足的鼓励下，这些地方政府正好名正言顺地建立各自为政、自成门户的“独立王国”。（Riskin，1988，第213~218页）

从中国情况来看，中央—省—地（市）—县（市）—乡（镇）财政关系调整后，地方政府的竞争特征非常明显。不过与一般意义上的企业比，地方政府的竞争毕竟有不同的表现。由上级政府授予的辖区治理和管辖权力经常被地方政府在竞争中使用。而企业再不可能凭借司法、行政上的权力参与竞争。比如，中国城市改革首先是从中央政府对国有企业和地方政府“放权”和“让利”开始的。其中下放给地方政府的权力，演变为后来各地变通税制、转变政府管制方式、试办各种开发区。地方政府这样做的激励则在于当地就业、经济增长和财政收入的最大化。中央对企业和地方政府的“让利”致使财政收入占GDP和中央财政收入占全国财政收入两个比重的严重下降。这构成了中国改革过程中中央政府为制度变迁支付的“成本”。当然，这种成本地方政府也在支付：压低地价、投资基础设施和对投资商的税收优惠，变卖公产即地方企业民营化。随着地方政府为支撑当地经济发展的成本增加，它们面临的财政压力也与日俱增。

因此，随着分税制财政体制的推行，中央与各级地方政府财政产权日益明晰。但这种明晰只是相对意义上的。各级政府都不同程度地表现出机会主义倾向，在财政产权模糊的环节更为严重。中央政府的机会主义倾向表现为中央政府根据自己的利益不断调整分税制财政体制方案，还表现在对承诺的不兑现。① 在各省向下级政府逐级推行分税制财政体制过程中，上级政府总是设法集中更多的财力，分派更多的支出责任，而且常常拖欠本应拨付的转移支出款项。这种倾向使地方政府难以相信中央政府的承诺，从而表现出了更强的机会主义倾向。其主要表现为鼓励企业拖欠中央税款、谎报收入基数以及鼓励地方企业逃避银行债务等。更严重的是，通过变相的债务融资而积累中央的财政风险。

第三节　政府竞争与地方政府债务

一、一个简单模型

接下来的问题是，政府竞争何以导致今天中国基层政府的高额负债？我们通过一个简单模型进行分析。

设政绩考核（DL）和自有财政收入最大化（FL）构成各级政府的效用函数（UL）；其中 Ld 为统计上的 GDP 增长。则：

---

① 如1）证券交易税原来的分享比例为中央与地方 50:50，后来屡次调整为 80:20、88:12，现在是 94:6；2）本来营业税划为地方税收，但将发生在全国各地的金融业、铁路运输业的营业税统一汇算到这些企业的总部上交中央；3）将房地产和建筑安装业的营业税改为增值税。一个著名的中央政府“失信”即“出口退税账户托管贷款”危机。所谓出口退税是指对出口商品已征收的国内税部分或全部退还给出口商的一种措施。但由于中央财政无法按时足额退还企业应退税款，出口企业占压资金而陷入困境。为此人民银行、外经贸部、国家税务总局联合推出了“出口退税账户托管贷款”，即商业银行为解决出口企业的退税款未及时到账而出现短期资金困难，在托管企业出口退税账户前提下，以退税应收款为抵押，向出口企业提供短期贷款。这既解决了企业流动资金困难，又缓解了中央财政的退税压力，可谓一举两得。但随着出口退税欠款的日益积累，商业银行反而陷入贷款陷阱：因为中央财政并没有按时足额退还企业的应退税款。中央政府又出台的办法，一是将出口退税率总体下调 3%，二是由各省、市、县三级地方政府承担 25%。可是地方政府又以身处当地的出口企业 75% 的增值税上交中央为由，陈述自己财政困难。这笔贷款实际上成为银行在政府承诺失信下的不良资产，等于被迫为中央财政“买单”。这也是 1993 年以来中央政府保证不再向银行进行财政融资的违背。2002 年应退税 2000 亿元，但国家安排的预算只有 1250 亿元，缺口达 750 亿元。据保守估计，到 2002 年底，全国累积出口退税拖欠款已达 2500 亿元。预计 2003 年该数字将达到 3000 多亿元。按照最初的规定，这一贷款的期限为 6 个月（后来延长为 1 年），可以展期，但展期不得超过原贷款期限，即该贷款的最长时间为 2 年。而调查显示 92.88% 的欠退税时滞超过了 12 个月。（张吉光等，2003）

UL = DL + FL

其中，DL 和 FL 存在如下关系：DL 构成了地方政府及其官员的合法性主要依据。它越大，越能提高地方政府及其官员的政治地位，也有可能使其自有财政收入 FL 增加，此时二者共同增加 UL；但作为提高 DL 的条件，地方政府必须有融资能力，也就是说要垫付相当大的财政代价，如招商引资、变卖公产、压低地价、担保贷款、直接举债或集资，否则无法换取 DL，此时，二者又保持一种反向关系。

现在看 FL，在民间融资受到限制和国有金融体系对基层金融服务不足的条件下，地方政府融资能力构成推动 GDP 增长的主要因素。如前所述，除了政府间已经划分的财政收入（自有税收加税收分成，设为 FI）之外，地方政府可用的财政工具还有：（1）公共资本收入，设为 Rs；（2）从上级政府争得扶持资金，即"跑部钱进"设为 Rb；要扩大机动财力，地方政府还可以，（3）对辖区经济活动的地方性征收 Rt（"三乱"）所形成的预算外资金；（4）通过下达层层指标，以种种优惠条件从外部招商引资，设为 Lc；（5）地方政府直接举债，其中，向坐落于地方的国有金融机构借款（Ls）；除此之外，（6）辖区内居民集资（Lp）也是一部分。这样，地方政府因发展地方经济的资金约束（Kf）条件为：

Kf = FI + Rs + Rb + Rt + Lc + Ls + Lp

根据上述分析，FL = Kf，这样，地方政府的效用函数又可以写为：

UL = DL + FL = DL + Rs + Rb + Rt + Lc + Ls + Lp

在这个效用函数中，DL 的存在使地方政府不规范的财政活动有了"充分"的理由——促进地方经济发展本来是上级政府鼓励乃至要求的任务。正是为"发展地方经济"这一目标，预算外资金、"三乱"、大量举债、乱搞开发区、人为压低地价、越权减免税收等等，地方政府的不规范财政行为有了"合法"的依据。

FI 代表政府间财政关系对地方政府财力的影响，这一点将在下文讨论。公共资本收入 Rs 包括公产变卖和公营事业赢利收入。前者主要是土地使用权收益，前已有述，这是中国土地资源紧张、开发区热的失地居民保障问题的根源。后者在中国乡镇企业繁荣阶段，一度是地方政府的主要收入来源。随着民营企业竞争和按税种划分而不是按隶属关系划分财政收入，地方政府得自此项收入份额日渐减少。但在特殊资源条件下，如我们在四川省 P 市的一个乡，自有的采沙厂利润提供着基本的运转费用。鉴于 20 世纪 90 年代中期纷纷办企业反而落下亏空的教训，乡镇，或者还有村，不再敢轻易染指一般经营性项目。当年兴办企业的债务构成了乡镇政府和村级债务的主要组成部分，这被当地官员归结为“历史原因的债务”。关于上级政府的资金扶持 Rb，随着财政体制改革的深入这一块的潜力也不大，但国家专项转移支付则以不规范的形式（分散于不同政府主管部门并取决于讨价还价）仍然存在着，一般都要求地方政府拨付相应的配套资金。我们在实地考察中发现，地方政府总是千方百计争得这部分资金，为此不惜举债。Rt 即“三乱”被中央政府严厉禁止，实际上是一个在中央政府法律框架下地方政府与辖区公众产权的界定过程。如今我们可以看到，地方政府对治理“三乱”、对进行农村费改税、对化解政府债务的态度可能是抵制的。因为这些由中央出台的代表公众利益的措施在减少他们的总效用。

三项借贷在地方政府的财政工具中有着突出的作用。自从通过向农民集资和农村借贷组织形成严重债务后，中央政府下令关闭了农村合作基金，并严禁基层组织再进行这种融资。因而 Lp 虽然在基层政府的债务存量中数额较大，但在增量中已不明显。本文强调的是另外两种方式：即招商引资中的政府担保和政府的直接债务融资。这种行为虽为《预算法》和《担保法》所限制，但经过变通后却成为地方政府债务的最大增长源。而这一点，正是中国现阶段特有的金融体制和监管状况决定的。这是政府间财政产权界定较为模糊状态下的必然现象，下文详述。

加入任期因素后，地方政府及其官员行为就更有意思。DL 的考察是当期的，公产很可能在任期内变卖完 Rs，每一届政府对上级政府的补助 Rb 都会能要多少就要多少，在国家明令禁止“三乱”的情况下，集资、摊派和乱罚款——即增加 Rt 在辖区内不得人心，而且可能影响对自己的政绩考核。为此，举债有可能成为增加 UL 的上选之策。其诱人之处不仅在于还本付息压力不在本期实现，而且还有现阶段中国金融体系固有的软预算约束做支撑。这一点可以从我们前述四川省 P 市的案例得到验证：到 2012 年，全部财政收入扣除政府运行的基本开支后，政府债务还本付息数额将比最大还债能力多出 2.6 倍，形成近 6.9 亿元的还债缺口。这种举债方式在一个有着长期产权保证的企业里是无法让人理解的，但在考虑到政府财政产权相对明晰和决策者因任期制而导致的控制权收益不确定时，我们发现它是地方官员的理性选择。

地方政府“纵向”竞争中的做法。其实比中国各地政府间横向竞争更为明显，从早期的以市场封锁为主的地方保护主义，到竞相招商引资，不一而足。在这个过程中，种种行为都可从新闻媒体上看到。除了“土地财政”、擅自审批和上马一些地方项目之外，还有比较离奇的如装穷，“贫困帽是个好东西”，有些收费或罚款项目令人匪夷所思，如出售违章“月票”，即让潜在的违章者预先交纳一定款项，相当于出售一定时限内的“违章权”。从地域上分，基本呈“东部重土地，中部重收费，西部靠转移”的格局。

这样，地方政府尽管在收入分享中处于劣势，但通过各种竞争和正当渠道寻找，仍取得了为数可观的可支配财力。2004 年这笔财力达 30367 亿，其中：预算内收入 11893.37 亿元，中央转移给地方 8000 亿元，卖地 6150 亿元(2006 年有望突破 1 万亿元)，行政性收费 4323 亿元①。这一财力占当年全国 GDP 的 19%（经济普查调整后数据）。2004 年，全国各级地方政府共征地 1612.6 平方公里，其中广东、山东、江苏、湖南最多，四省征地相当于当年全国 50% 左右。这一年，江苏、浙江、湖南三省政府土地收入就达 3258 亿元，接近于全国“政府出售土地收入”的 50%。

二、竞争性政府变相的赤字融资

正如前述竞争性政府理论所指出的，地方政府总是会在配置和争夺资源方面与同级政府，也与上级政府展开竞争。在中国，历史上地方政府的竞争是国家经济发展中不可缺少的“引擎”，正是各地政府的竞争，为中国经济长期增长提供强大的动力，尤其在经济发展初期，市场机制不完善，政府的融资优势和快速动员能力是不可替代的。

但是，出于资源控制权争夺，一个谋取税收剩余最大化的竞争性政府一旦面临软的预算约束和模糊的财政产权环境，必将进行各种财政“创新”，只是在不同体制条件下有不同的表现而已（见表 5－1）。

---

① 平新乔：“中国地方财政支出规模的膨胀趋势与公共管理成本”，《CCER 中国经济观察》，2006 年秋季报告会简报之三，2006 年第 62 期。

表 5 - 1　　竞争性地方政府在不同条件下的资源争夺

时间	资源争夺	条件变化
80 年代	预算外资金膨胀	清理整顿预算外资金
90 年代前期	变卖公有资产	地方国企改革
90 年代中期	创设特许权（设租）	清理整顿"三乱"
1998 年以前	办地方金融	清理整顿地方金融
90 年代中期以来	欠债	清理化解地方债务
下一步呢?	变卖土地和矿产资源	清理整顿土地财政

在地方政府举债融资过程中，中国特有的金融体制也扮演了一个积极的角色。广泛的"银政合作"表明，尽管我国银行业改革取得了不小的进展，但国有银行在市场竞争中仍是看重各级政府在项目投资中所起的作用。如果从规避市场的风险角度讲，这样做也无可厚非。但有一点可能是：如果这些银政贷款项目失败，由于合作方是政府，与纯粹非政府背景贷款相比，银行决策者被追究的责任要小得多。处心积虑融资搞建设的地方政府也看准了这一点，即使所贷资金偿还无望，借贷决策也无问责之累。这样，一种金融领域的典型"错配"——对风险不敏感的贷款方与无须承担风险的借款方走到一起来了。

总之，政府间机会主义行为总是发生在财政产权较模糊的领域。中国地方政府的债务，地方官员总是更多地强制因体制转型和财政分配原因引起的被动负债。其实更为根本的，是各级政府的自身利益诉求，在现有财政产权制度下进行可支配资源的争夺——无论是税收收入的划分、转移支付不到位，还是预算外财力的开创，以及地方财政的盛行和五花八门的政府融资，都是典型的上下级政府间的财政竞争。而且，在单一制政府体制下，中央政府不可能摆脱最终贷款人角色，这是其与国有企业打交道时相同的地方。另外还有不同之处：国有企业重组、破产的障碍容易克服，对于地方政府，重组与破产几乎没有任何可能性。因此我们可以推论：只要满足：（1）政府绩效考核缺乏完备信息；（2）政府间财政产权缺乏保障；（3）债权人约束激励不强，那么地方政府的主动债务就会继续积累。在市场机制逐渐确立过程中，其他微观主体越来越受到市场纪律的约束，但政府因其特有的性质和功能，市场纪律显得苍白无力。所以，在某些条件下，地方政府主动债务问题可能恶化，一旦波及资本市场，将可能成为中国市场经济中特有的导致动荡的根源。

那么，如何从制度上更好地进行设计，在一个单一制国家里安排各级政府之间的财政关系？在接下来的第六章和第七章，我们将考察这些问题，并介绍其他联邦制国家（美国和德国）和单一制国家（日本）的经验。

第六章 财政收支在政府间的分配

国家之所以成其为国家，首要功能是有效地对其拥有的领土和人口实施管辖和保护。作为实现这种功能的前提，国家自身必须生存下去。这就需要设置分层的征税和开支的财政体制。一个国家设置多少级次的政府，每单位基层政府管辖幅员多大，既与国家规模有关，也与征税和治理的效率有关，而不同民族的历史传统和文化也有一定的影响作用。

第一节　地方政府的级次和规模

一、政府的层级

无论是联邦制还是单一制，世界上绝大多数国家都是多级政府体制。联邦制下通常是三级政府，单一制是两级或准三级。所谓准三级，是指像法国设有若干大区，其性质类似联邦制国家的州或省；英国的英格兰、威尔士、苏格兰和北爱尔兰，各自实施与郡、区的两级管理体制，加上中央政府，是一种“准”三级政府体制。一般而言，国家规模越小，可设置的政府级次也越少，反之就越多。单位基层政府辖区越细分，越有可能导致设置的政府级次越多，因为众多的基层政权需要更多的上级代理人实施监督。第二次世界大战后，西方国家普遍存在大幅度减少地方政府辖区数量的过程，这种减少意味着越来越多的原有较小的基层政权被合并（见表6－1）。但与此同时，政府级次却并未出现明显的减少，仍保持联邦（中央）——州（省）——地方的三级格局。

表6－1　二次大战以来若干国家地方政府数量和平均规模的演变

国家	地方政府数量的变化（个）			地方政府平均人口规模（1990年）
	1950年	1992年	增减%	人
英　国	2028	448	－76	118440
法　国	38814	36763	－5	1580
德　国	24272	8077	－67	4925（全德）
意大利	7781	8100	＋4	7130
丹　麦	1387	275	－80	1876
美　国	116756	87525（2002年）	－25	2970（2002年）
中　国（2004年）	41636乡（镇、区、街道）/709026村、居委会			31405/1844

表6－1中关于中国的地方政府数量问题需要说明。若按照制度规定属于一级地方政府的，应该以乡（镇、城市所辖的乡级区）为基层政府，2004年为4.1636万个这样的行政单位。若按直接为居民提供公共服务并行使管辖权的，则应以农村的行政村和城市的区委会为基层行政单位，其数量在2004年达70多万个。后者平均的管辖人口为1844人，这样似与西方国家口径相一致。

若将基层政府定义到行政村或居委会这一级，那么中国当前的政府级次就达六级之多，即中央、省（市、自治区）、地区及地级市、县及县级市和城市辖县级区、乡镇级及同级城市区街道办事处、村及城市居委会。若将第六项仅视为居民自治单位而不属于一级基层政府，则中国的政府级次仍有五级之多，这在世界上是比较的多的。如图1－3所示。

不同的政府级次对行政成本的影响差别十分巨大。如1997年我国将重庆市设为直辖市之后，该市作为与其他省同级政府，下辖县和乡镇两级政府，不像其他省再设有地区或地级市一级政府，仅此一项每年节约预算开支超过100亿元人民币，而居民得到的公共服务并不比其他省的少，甚至更多。这说明，中国目前达五、六级之多的次国家政府设置，将有极大的简化空间，这一改革可能引发的预算效率的提高，潜力也将是巨大的。

二、辖区的规模

对于地方政府的规模，从经济学看，有两个因素具有决定作用。一是在分权视角下，因为公众偏好差异很大，只有那些离自己辖区公众最接近的政府才能够为居民提供更有效的公共服务。这要求辖区越细分越好，因为可以尽可能地反映到不同人群的偏好。这意味着，基层政府平均规模越小就越有效率。正是在这个意义上，奥茨提出了著名的财政分权定理（见第七章第一节）。二是在规模收益视角下，由于政府主要是提供公共物品的，鉴于这种物品的天然的不可分性，一项开支所形成的公共物品让越多的公众享受到，其边际成本一般可以忽略不计。而且人口、资本和商品跨辖区流动性越来越高，那么，相对原来较小规模的辖区，较大规模的政府提供的每一笔预算开支，所形成的公共物品将会使更多的人受益。各个国家正是因为自身规模差异和对上述两个因素考虑的不同，而在地方政府规模上形成较大的差异见表6－2。

表6－2 若干国家地方政府的规模

国家	平均人口规模(人)	地方政府人口规模比例(%)				
		低于1000人	1001～5000人	5000～1万人	1万～10万人	超过10万人
奥地利	3340	25.8	65.7	5.6	2.7	0.2
比利时	16960	0.2	17.1	29.0	52.3	1.4
丹 麦	18760	0	7.0	44.0	47.6	1.4
法 国	1580	77.1	18.1	2.5	2.2	0.1
德 国	4925	53.6	30.4	7.1	8.4	0.5
意大利	7130	23.9	49.0	14.2	12.2	0.7
波 兰	15560	0	27.7	47.3	23.3	1.7
西班牙	4930	60.6	25.6	6.4	6.7	0.7
瑞 典	30040	0	3.1	19.2	73.8	3.9
英 国	118440	n. a	n. a	n. a	n. a	n. a

资料来源：Council of Europe（1995）

由上表可见，欧洲各国尽管政治制度和经济发展水平相差不大，但因各自国家所赋予的功能不同，地方政府的平均规模差异很大，从 1580 人（法国）到 11.844 万人（英国）不等。以人口规模衡量，各国地方政府的数量分布差异更大，但超过 10 万人的不多。英国所有的地方政府人口规模都在 1 万人以上。如 1990 年平均人口规模，英格兰是 12.7 万人，苏格兰是 9.162 万人，威尔士是 7.537 万人。二次大战之后，英国集权程度日益提高。其原因：一是没有成文法保护地方政府的自治地位；二是战时动员体制的遗留；三是战后福利国家制度要求中央政府集中大量的财力进行全国性的福利开支。当然，20 世纪 90 年代以来，工党执政者主张更多地向地方政府分权，但效果至今尚不明显。其地方政府的规模却明显扩大了，如从 1990 年到 1995 年，英国地方政府的平均人口规模由 11.844 万人上升到 13.93 万人。

理论上，在辖区规模细分的效率提高和规模扩大的效率增进之间，二者边际损益相等的那一点，可以形成一个微妙的均衡。这种观点引入现实政府管辖规模的设计，将会极大提高全体公众的社会福利。即使政府规模的设置因受历史文化传统等影响而不一定全然决定于经济计算，但若将预算开支项目按所涉及的服务对象可能的受益面进行划分，如将受益面较广的预算开支界定由较高层次的地方政府承担，反之受益面较确定和较小的预算开支界定由较低层次的政府承担，可提高公共服务提供的效率。

第二节 政府职能与财政收支划分

基于市场机制失灵考虑，中央与地方政府职能划分可以开列出如表 6－3 的清单。

大致说来，财政收入和财政支出在不同级次政府之间进行分解基于三种经济原因：一是不同级次政府的应该承担的职能和实际发挥的作用有别；二是要素流动性差异；三是辖区居民偏好不同。这些因素的作用是如此之强烈，以致于人们还认为，即使在联邦制和单一制国家间，财政收支的政府间分解也会呈现出某种相似性来。

表6-3　中央政府和地方政府在弥补市场失灵中的职能

A. 基于市场失灵的中央政府职能	B. 基于市场失灵的地方政府职能
公共物品：国防、外交、社会保障	地方性公共服务
外部性：污染和有溢出效应事项	地方性公用事业
市场垄断：自然垄断、市场壁垒	地方性公共工程
信息不对称：欺诈、次品市场	城市卫生、交通
产权保护：长期激励	城市治安、消防、规划、绿化
经济波动：通货膨胀和失业	地方公共福利与保障
经济安全：国内保护、防止冲击	地方性的文化教育
收入分配	地方非营利性的体育和娱乐
产业规划和市场规制	

一、不同级次政府的职能划分

各级政府的财政支出范围划分，都以政府间职能划分为基础。在市场经济条件下，如何处理市场与政府的边界，毕竟有一个公认的理论标准。而在政府内部，政府职能如何在不同级次的政府之间分配，各国之间差异都很大。如何界定上下级政府之间的职能，是一个长期受人关注却一直存在争论的问题。

各国政体有联邦制与单一制之分，前者如美国、德国、澳大利亚、加拿大、俄罗斯、印度、巴西等，后者如中国、日本、英国、法国等。表6-4表示美国、德国、澳大利亚和俄罗斯等几个联邦制国家各级政府的职能分工情况。

表6-4　部分联邦制国家各级政府间职能划分

国别	联邦政府职能	州政府职能	地方政府职能
美国	国防、国际事务、货币与经济稳定、能源安全及属于联邦政府的资源、大型基础研究、大型公共工程、社会保险	教育、卫生、机场、道路、警察、消防、社会服务	道路交通、公安消防、社区教育、社区公用事业
德国	国防、国际事务、欧盟事务、联邦交通（包括铁路、公路、水运和航空）、通讯、核利用、太空利用、海洋开发及矿山开采基础研究、需要联邦干预的环保、州际事务协调	环境保护、卫生保健、法律事务、社会文化与教育	地方公路、城市公交、地方文化与教育、住宅与城市规划、水电和能源供应、社区安全、社区医疗
澳大利亚	国防、国际事务、货币与经济稳定、生物安全、邮政电信、州际事务协调	教育、运输、卫生、农业	地方规划、地方道路交通、排污、社区服务
俄罗斯	国防、国际事务、货币与经济稳定、社会福利、州及共和国之间协调	教育、卫生、社会服务	地方教育、地方公共事务、地方交通和消防、城市警察

在市场经济中，政府以提供公共物品、解决外部性和经济稳定为主要职能。而这些职能在各级政府之间的划分，则主要依据公共物品和外部性的受益范围。表6－4说明，诸如国防、外交等国际事务，货币与经济稳定等职能都由联邦政府承担。基础研究、社会保险、义务教育等这些随着要素“外溢效应”明显的事务也由联邦政府承担。州或地方政府承担的事务，都是与本辖区关系更为密切的那些。处理这些事务带来的好处（或避免的坏处）一般都局限于本辖区之内。

我们再将现代“市民社会”的公共事务教育、健康、失业保险、社会福利和警察治安等项目作为观察点，可以发现在不同国家上述职能在各级政府之间的分配有所不同。从与其他国家的比较中可知，在事权上，中国在处理这些公共事务方面更多地依靠了地方政府（见表6－5）。表中情况也表明，尽管属于发达国家，日本对这些事务的处理，强调的是中央和基层政府，也就是说，在日本，上述公众事务的处理以中央和市、町、村为主，而都、道、府、县这些“中间层”地方政府并不承担多少责任。但印度尽管属于发展中国家，由于属于联邦制政治体制，上述职能的划分却与作为发达国家的美国、加拿大、澳大利亚、德国等相似，中央（联邦）政府和州（印度是邦）政府担当了较重要的角色，基层地方政府显得较为“轻松”。

表6－5　　中央/地方政府支出责任：中外比较

	失业保险	教育	健康	社会福利	警察
中国	L	L（F）	L	L	L
印度	F/S	F/S	S	F/S	S
日本		F/L	F/L	F/L	L
马来西亚		F	F/S	F/S	F
加拿大	F	S	S（F）	F/S	F/S
美国	F/S	S/F	S（F）		F/S
澳大利亚	F	F/S	F/S	F	S/F
德国	F	F/S	F/S	F	F/S
奥地利	F	F/S	F/S	F	F/S

注：F指联邦或中央政府；S指省州政府；L指城市/地方政府

二、单一制国家政府职能划分：历史视角

在讨论政府间职能划分时，有一个观念问题需要澄清，那就是民族国家形

成来源与由此决定的政治体制。比如，基于远程贸易和城邦间缔约形成的国家，与基于远程征服、设立郡县并严加羁縻而形成的国家，政府间关系是截然不同的。而且无论是统治者还是公众，对国家的想像和期待也不相同。在美国，州是形成美国这一国家的原始单位，联邦政府和地方政府的职能，原来都来自殖民后期州的授权。州自愿向上授权给联邦政府，向下授权给地方政府，逐渐就形成了政府间的职能划分。而在中国，国家形成的历史要比西方一些国家早得多。公元前221年秦建立统一的帝国后，此前上千年分封制让位于中央设立的郡县制。也就是说，中国历史上中央是形成国家的原始单位。地方各级政府的权责职能都来自中央的授权。“设郡县以安天下”。此后两千多年的历史上，中国作为一个国家的规模虽时分时合，但总是由小到大。尤其是近代历史上，面对西方的反复冲击和瓜分豆剖，中国失去了相当于6个法国的土地之后，仍作为一个幅员在世界上占前列的国家而保存下来。这不能不说，历史形成的公共治理的组织资源和经验基础，是中国在全球化的当代作为一个民族国家稳固而复兴的前提条件。既然如此，二战后在全球越来越流行的所谓“财政分权”、“财政联邦制”等概念如果要用于对中国财政体制的讨论，必须经过一个“适应性开发”过程。否则，简单地拿这些得自西方国家历史传统的概念“考问”中国的制度设计，会产生相当大的误导和混乱。

比如，中国的郡县一种行政管理制度发端于春秋，战国时期在中原地方广泛推行。秦统一六国后“分天下以为三十六郡，郡置守、尉、监”①。汉承秦制，县成为中国历史上最稳固的一级地方政权。而行省作为一级行政区划，源自后金而推广于元朝②(马大正，2000，p. 16)。从那时到明清时期，中国的行省不过是中央的派出监督机构而非固定的管辖区域。③省级财政的建立则到19世纪六七十年代清朝政府镇压太平天国和开始洋务运动的时候了（楚双志，

① 司马迁:《史记·卷六·秦始皇本纪》，中华书局1982年11月，第2版，第239页。

② 到1820年，清朝将全国设内地18个行省，东北有盛京（初为奉天）、吉林（初为宁古塔）、黑龙江3将军、西北西南有蒙藏准6区。后来，新疆于1884年设行省，台湾于1886年设行省，而东北的三将军于1907年分别设为奉天、吉林和黑龙江三个行省（马大正，2000，第18~20页）。

③ 这一点可从行省官员称谓的最初汉字字义得到理解，如分别负责朝廷在各地钱粮事务的“布政使司”、司法治安的“提刑按察使司”和地方防务的“都指挥使司”中，“使”即“出使代理”之意。而为了监督上述官员的努力程度，后来朝廷又向各地派出了代皇帝考察官员并负责上奏的“巡抚”，即“巡查安抚”之意。

2006，p. 103）。当时朝廷拿不出钱来镇压太平天国，只好授权各省自筹经费以作兵饷。后来同治皇帝大婚、举办洋务，朝廷收支更加局促，不得不向地方摊派。各省督抚纷纷奏请“地方财政自主”。从收入上征收厘金、支出上自行安排，原来必须经由户部批准的“奏销”制度逐渐废弛。由户部派驻各地的“布政使司”，户部在地方经理国库的“藩库”逐渐接受地方督抚的支配。①光绪三十四年（1908 年），清廷被迫提出制订颁布国家税和地方税章程（申学锋，2006，第 175～227 页）。自此以至晚清政府倒台，此后中国政治、军事大权由中央旁落到各省督抚之手，形成尾大不掉之势，地方财政权的膨胀是背后的财力基础（申学锋，2006，第 204 页）。民国初期，由于各省独立，地方向国家解款制度中断，中央财政极度困难。袁世凯称帝灭亡后，中央完全失去了对各省的控制，不仅解款无望，就连中央的专款制度也无法实行。1921 年以后，财政状况更加恶化，各省解款全部停止，税收也被截留（赵云旗，2005）。省级政权在中国政府间财政关系中完全处于主导地位。

国民党政权尽管名义上统一了全国财政，但其特有的政权性质及战时状态，使其从未从根本上恢复中央政府对地方特别是省级财政的支配力量。中华人民共和国建立，战争时期的根据地起到了非常大的作用。新中国成立之初，原有的“根据地”辖区形态由跨省的“大区制”形态代替。但是不久，大区制作为一种“准”中央直辖单位废止，省级政府被恢复，中央取得了全部国家事务当然包括政府间财政关系的绝对支配地位，结束了近一个世纪的地方分权和社会动荡，中国历史上单一制的政治体制自此重新确立并巩固下来。

当然，新中国成立以来，中央与省级政府，以及省级以下政府的关系一直随着经济体制和政治中心的转换而转换（见第四章第二节）。在社会主义市场经济中，政府与市场之间的关系，同时政府内部各级政府之间的关系，都是需要长期探索的问题。就市场经济对政府职能的要求而言，就公共财政下各级政府间职能划分而言，其他国家无论是单一制国家还是联邦制国家的经验，可以为我们提供某种启示。但真正以所谓“财政分权”、“财政联邦制”概念及其标准衡量中国的政府职能划分和财政关系，不仅文不对题，而且可能是有误导

① 不仅如此，各省还拖欠户部款银。光绪中期，部库每年应进款为 1580 余万两，实际入库仅七八百万两（申学锋，2006，p. 205）。

作用的。而且，有人以此为参照，主张中国需要从法律上对各级政府在事权与财政支出方面进行划分和界定。这不仅意味着财政收支权限的改变，要改变的可能是政府组织法和宪法。在中国的政治体制究竟是否适合联邦制的问题没有解决之前，这种主张是草率的。

三、各国财政收支在政府间的划分

尽管实证地看，一个国家政府间财政收支划分决定于一些经济因素，但毕竟由于政体不同，宪法规定的各级政府的职能和政府间关系（最重要的是财政关系）有所差别。单一制国家和联邦制国家里，政府间关系一般由宪法规定，有明显的不同特征。在单一制国家，全国议会是制宪和立法权力的唯一来源，地方政府只能依据由中央政府颁布的相关法律条例的授权采取行动。任何未经特定授权的行动都因超出了地方政府的权限而属于违法之举。在宪法上，地方政府既是当地辖区公众的代理人，也是中央政府的附属机构。世界上近80%的国家属于单一制。而在联邦制国家，宪法把立法权在联邦政府和联邦政府以下的地区、州或省政府之间进行划分；联邦政府和作为国家组成部分的省州政府各自具有独立的征税权；上下级政府之间主要是契约和协作关系。世界上20%的国家是联邦制。

政府收入包括政府性收费即规费、税收、公用事业收入和债务收入，不同收入来源有不同的处理原则。地方性的特许权收费往往由地方政府独有并支配。但是为了维持全国性的市场秩序，中央政府对这种特许权的设立或资金的使用给予严格的约束。如美国建国之初，宪法就规定严禁各州对跨州贸易征收关税。中国自20世纪80年代以来，中央政府三令五申禁止地方保护主义的特许权收费，并规定政府收费必须实行“收支两条线”管理。

税收在各级政府间的分享较为复杂。按照贝夫·达尔比（Bev Dahlby，2005），一些税种可以按一定的标准在中央、省和地方政府之间进行划分（见表6－6）。

地方公用事业收入当然属于地方政府。但若公用事业的资产在不同级政府之间产权未作明确划分，这种公用事业的收入分享也比较复杂。至于债务收入，一般而言，出于维护一个国家整体财政健康考虑，多数国家禁止地方政府超越自身预算能力而以一般预算作为抵押而举债，除非一些具有收益性的基础设施融资。尽管如此，中央政府也对这种举债行为进行严格的监测。

表 6－6　　　　贝夫·达尔比的税收划分依据

税种	归属	理由
个人所得税	中央和省	收入再分配首先与中央政府相关，且资本和高收入者具有高流动性。省则应对本地区居民征收。
公司所得税	中央	由于转移定价和负债可用于跨州界的利润转移，因此公司税基具有高度流动性。省级征收会面临大量管理问题和极高成本。税率的差异也会对投资项目和地点产生不良影响。
工薪税	中央和省	二者均可征收，特别是对利益相关项目，如社会保障计划等。
财富、继承和遗产税	中央	中央政府承担主要的收入再分配指责。否则这些高度流动的税可导致州际间的过度税收竞争。
财产税	各级政府	由于土地的不可流动性（但资本投资是流动的），财产税成为地方政府征收的主要税种。
销售税零售税	中央和省	零售税的管理成本较低，对零售商的投入产出征税，却往往对消费服务不征税，由此产生竞争问题。各地政府征收的不同零售税率可导致跨边界的购买行为。
增值税	中央	如果州政府采用不同税率，对以地区为基础的、购进扣除的增值税的管理将变得非常困难。
消费税	中央和省	对酒精饮料、烟草产品和动力燃料等商品征收的税款可用于街道、高速公路和医疗服务等定向支出。
关税	中央	州政府不应对进口商品征税，避免对贸易产生不良影响。
自然资源收入（特许使用费和采掘税）	中央	这部分收入在各地分配相当不均，出于公平原因，此项权力应交与中央政府。下级政府对自然资源征税而造成的财政不平衡将导致劳动力和资本的流动，引发资源的分配不当。
使用费（包括环境税）	各级政府	这些财政手段对各级政府都适用。

资料来源：贝夫·达尔比，“税收选择：联邦制度下的收入分配问题”，见沙安文、沈春丽：《财政联邦制与财政管理》，中信出版社，2005 年 6 月版，第 33—34 页。

理论上，在联邦制国家，由于地方政府有着独立的课税和预算定制权，地方政府财政收支的规模应该相对大一点。但实际上，这种特点并不明显。表 6－7至表6－10给出了几个联邦制国家地方基层政府财政收支的格局。从表

6－7和6－10看，作为单一制国家的丹麦，全部财政支出占 GDP 的比例较高，且地方政府的收入相对规模比联邦制国家的都大。

表6－7　　各国地方政府财政收入结构

	澳大利亚	加拿大	丹麦	德国（1996）	美国
□全部税收	44.8	43.2	50.9	30.6	38.9
■所得税	—	—	47.7	23.9	2.4
■财产税	44.8	40.3	3.2	6.4	28.4
■商品劳务税	—	0.0	0.0	0.3	8.1
非税收入	32.6	17.5	8.1	32.8	23.9
■企业和财产	3.0	2.9	1.2	3.4	10.8
■规费罚没和销售	24.3	13.9	5.8	24.7	11.7
■其他	5.3	0.7	1.1	4.7	1.4
□资本收入	6.2	—	0.7	4.2	0.1
□拨款	16.4	39.3	40.3	32.5	37.0

表6－8　　各国地方政府财政收入的相对规模

	澳大利亚	加拿大	丹麦	德国（1996）	美国
占政府总收入的比例	5.9	17.9	54.3	18.8	25.0
占 GDP 的比例	2.1	8.0	31.1	8.9	9.0
全部政府收入占 GDP 的比例	35.8	45.1	59.8	47.7	36.1
■州	10.1	18.6	—	10.1	9.4
■联邦/中央	23.9	21.5	38.6	31.6	21.1

表6－9　　各国地方政府财政支出的结构

	澳大利亚	加拿大	丹麦	德国（1996）	美国
一般公共服务	13.7	5.5	3.9	7.4	5.7
公共秩序和安全	2.4	9.1	0.3	3.4	10.9

续表

	澳大利亚	加拿大	丹麦	德国（1996）	美国
教育	0.4	42.0	12.4	13.0	43.3
卫生	2.1	1.4	16.2	14.5	8.9
社会保障	6.3	7.0	57.5	24.6	7.8
住房和社区设施	18.7	5.5	1.0	15.3	2.0
文化和宗教	17.7	6.4	2.9	5.7	3.4
交通和通讯	27.5	11.3	2.7	6.0	6.0
其他	10.2	11.9	0.7	6.0	11.5

表 6－10　　　　　各国地方政府财政支出的相对规模

	澳大利亚	加拿大	丹麦	德国（1996）	美国
占政府总支出的比例	6.1	18.1	59.2	18.0	26.2
占 GDP 的比例	2.2	8.1	32.6	9.2	8.8
全部政府支出占 GDP 的比例	33.4	45.6	55.9	51.2	30.9
■州	15.7	19.2	—	10.6	4.3
■联邦/中央	15.5	18.3	24.8	31.8	17.9

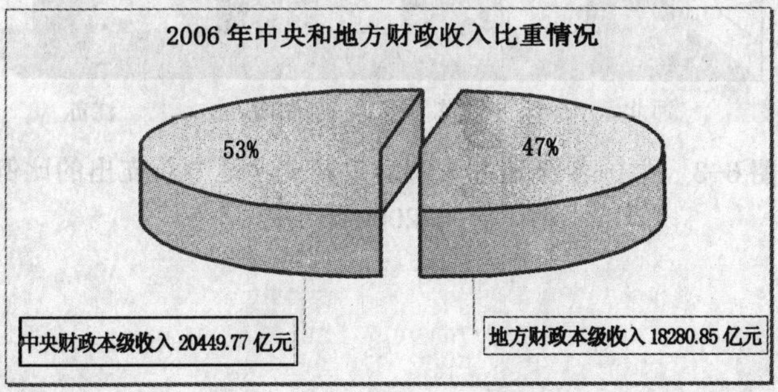

图 6-1　中国中央和地方政府财政收入划分

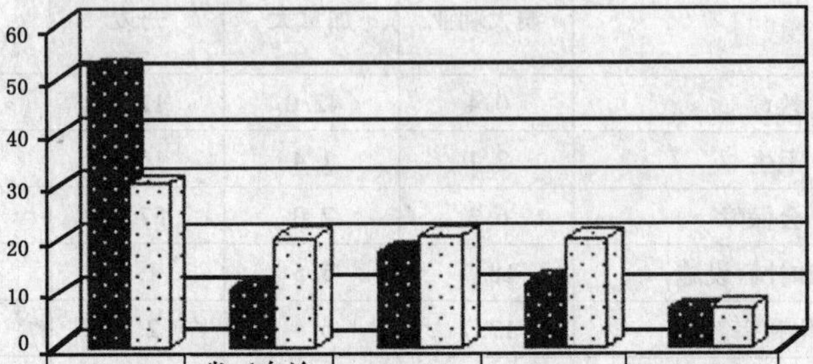

	中央	省（自治区、直辖市	地市级	县市级	乡镇级
■各级收入比重	52.38	11.15	17.47	12.08	6.91
□各级支出比重	30.51	20.71	20.86	20.52	7.4

图 6-2　中国五级政府财政收支地位

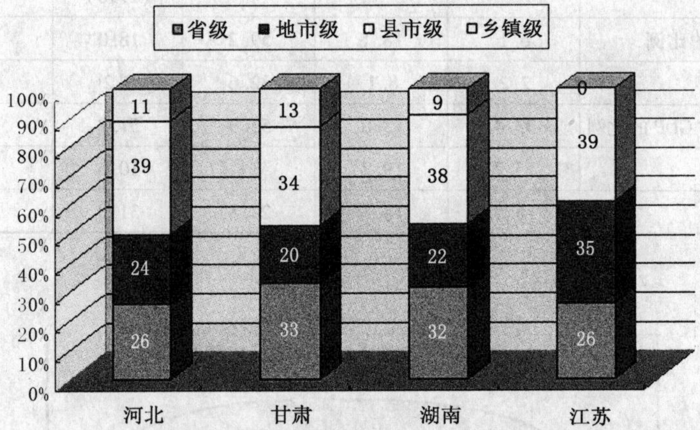

图 6-3　中国各级地方政府财政开支占地方总支出的比例
(2002 年)

第三节　财政分权：定理及其验证

一、政府分权和财政分权

所谓政府分权，是指上级政府将公共管理或者决策权的一部分向下级政府分解或授权的过程。这包括经济分权、行政分权和财政分权。其中经济分权主要是指经济的市场化，即在恰当考虑政府作用和市场机制基础上，减少政府干预，由市场发挥更多的作用。而行政分权主要是指公共管理职能的分散化。这是为了提高管理效率，由下级政府或机构具有更多的管理自主性和灵活性。而财政分权，则指财政决策权由中央政府向次国家政府的转移，表现为财政支出决定权的分散，有时候还表现为收入权利的转移。应该指出的是，财政分权并不能由财政收入和支出的数量金额在哪一级政府发生来说明，它是指决定这些收支的权力由更低层级的政府行使。

根据斯蒂格勒（George Stigler，1957）和奥茨（Oates，1972），财政决策权由上级政府向下级政府分解，总是有利于减少消费者剩余的损失从而实现帕累托改进。也就是在规范意义上，为尽可能实现社区公众的需求和偏好，并更有效地使用本地区的资源，公共决策权应该尽量由上级政府向下级政府分解。这被称为财政分权定理。

在实证意义上，财政分权之所以能够在各国实施主要由于三个方面的原因：一是民主政治扩展。在过去1/4世纪中，民主政体从全世界的不足30%扩展到60%以上。二是城市化发展。世界上几乎一半以上的国家正在经历着城市化，越来越多的大城市属于发展中国家。城市化提高了对公共服务的需求，特别是那些社区层次的服务。三是收入水平和受教育程度提高，人们越来越希望提高公共服务质量，从而对辖区政府提供公共物品的效率提出要求，促使一些职能由离公众“距离”最近的辖区政府行使。因此，1985年欧洲委员会制定的《欧洲地方自治政府章程》指出：

“公共职责通常最好由那些最接近居民的政府加以实施。向另外一个层级政府进行职责分配应当权衡相关职能的范围和性质，以及效率和经济要求。”

——《欧洲地方自治政府章程》，第 4 条①

在这种思想指导下，分权化原则在欧盟内部一直以“基层化”（subsidiarity）的名义进行着。政府的权力应当尽可能在最低层级的政府实施日益被人接受。

理论上，考虑人们的消费偏好差异，最理想的状态是越往低层的政府所管辖区越小，公共物品提供规模越往下转移，则越能够做到公共部门的产出与需求相匹配。集权化选择导致供给的同一性，而无法考虑到各个地方的不同偏好。因此，基层政府在这方面总是比上级政府更具有优势。图 6-4 刻画了，在国家范围内统一进行公共物品的提供导致了消费者剩余的损失（见图 6-4）。

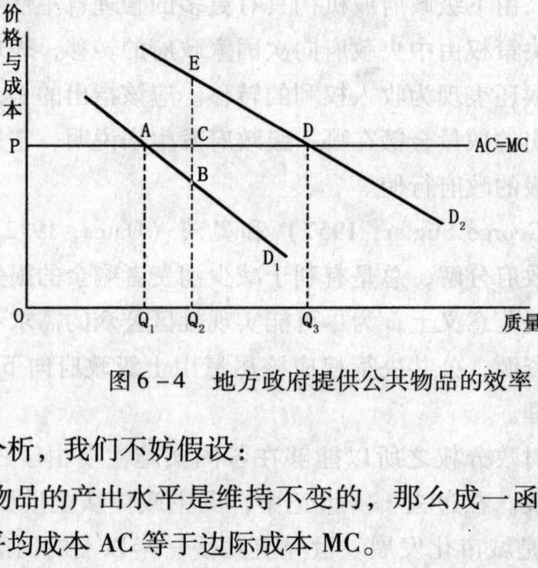

图 6-4 地方政府提供公共物品的效率

为便于分析，我们不妨假设：

1. 公共物品的产出水平是维持不变的，那么成一函数显示为一条水平的直线。此时平均成本 AC 等于边际成本 MC。

2. 假定社会只存在具有偏好差异两个群体，即群体 1 和群体 2，在图中显示为需求曲线 D_1 和 D_2。

3. 国家层级的政府决定生产 Q_2 数量的产出。

在价格 P 水平上，群体 1 对公共物品的需求量为 Q_1，群体 2 对公共物品

① 转引自斯蒂芬·贝利著，左盛昌、周雪莲、常志霄译：《地方政府经济学：理论与实践》，北京大学出版社 2006 年版，第 23 页。

的需求量为 Q_3。这样两个群体对公共物品的需求量分别少于和大于国家层级的提供量 Q_2。群体 1 将被迫比他们所愿意支付的数量消费得更多，其中的“强迫消费”成本为 Q_1ACQ_2，高于他们所愿意支付的水平 Q_1ABQ_2。同样地，群体 2 所愿意得到的部分消费却被剥夺了，其愿意支付的水平 Q_2EDQ_3 要高于消费的成本 Q_2CDQ_3。

因此，群体 1 受到了图中区域 ABC 大小的福利损失，而群体 2 则受到了图中区域 CDE 大小的损失。

结果，与中央政府的选择水平相比，若分别由群体 1 和群体 2 建立两个地方政府的话，公共物品将分别由两个辖区分别提供，从而改进了分配效率和增进了福利。由于分权并得以分别按各自偏好决策，削减了消费者剩余的损失，公共选择的分权化就引起了帕累托改进。这便是奥茨分权定理的经济学依据。①

分权定理的实质在于，之所以越来越多细分辖区并创建地方政府，是因为公民的偏好在某一个区域相差不大而在不同区域之间又相差悬殊。这一定理与经济分权化即决策更多地由市场做出也是一致的，因为它考虑到选择的地方性甚至个性化而避免潜在的消费者剩余损失。但是，这种考虑却忽略了公共物品提供的规模收益。基于主观评价的消费者剩余，强烈地依赖于选择者对公共物品的信息掌握程度。反而，同质化并大规模的公共物品提供极大地降低实际成本，节省纳税人的税款。与可能存在的消费者评价相比，公共物品的提供效率将高得多。

我们还要注意到，这个定理是基于纯粹新古典经济学的一种思想。因为在这里，无论是辖区政府包括决策者还是辖区公众都是同质的，即都是希望最大化自身效用的行为主体。而制度、规则或约束条件都由这些毫无差别的自利者所决定。这样，无论全球哪个角落，制度、历史及其决定的偏好都不重要了。人们都同样地就支付的税收价格和得到的公共服务产品之间进行收成收益分析。

① 以上讨论见斯蒂芬·贝利著、左盛昌、周雪莲、常志霄译：《地方政府经济学：理论与实践》，北京大学出版社 2006 年版，第 25~26 页。

二、财政分权的效应

斯蒂格勒和奥茨提出的上述分权思想，受到了很多学者的支持。Buchanan（1965）用一个俱乐部模型从另外一个角度刻画了地方政府在资源配置方面的优势。他在后来给出的标尺效应（yardstick effect）和权力制衡（abuse control）等观点支持分权观点：因为权力下放，政府部门之间的竞争能够提高政府运作效率，削减预算赤字，防止滥用权力。后来，财政联邦制观点（几乎也是财政分权的同义语），到20世纪80年代十分流行。世界各国普遍出现了财政分权（fiscal decentralization）的趋势，全世界人口超过500万的75个转型经济中，84%的发展中国家正致力于向地方政府下放部分权力（Dillinger，1994）。似乎一个国家要实现财政效率，只有尽可能地向地方政府分权，让地方政府财政自主（包括发行债务）（黄佩华，2003）。而且，这种做法似乎当然地适合所有国家。

但是根据马斯格雷夫（Musgrave，1997），历史上，财政联邦制概念在战后被提出来时，主要是指如何强化中央（联邦）政府财政地位的。分权是否必然地有利于经济增长，可能是个见仁见智的问题。Xie，Zou 和 Davoodi（1999）对美国经济的实证检验发现，财政分权对经济增长有负面影响；Akai 和 Sakata（2002）的研究却支持传统的财政分权有正作用的观点；Zhang 和 Zou（1998）对中国经济的研究和 Davoodi 和 Zou（1998）对46个国家的研究都表明，发展中国家财政分权与经济增长之间的关系为负；从60年代到80年代的经验证据表明，财政分权对发达国家没什么影响，对发展中国家的经济增长却有妨碍作用。（Zou，1998）与之相反 Lin 和 Liu（2000）的研究表明财政分权推动了中国经济发展。

2005年，张晏和龚六堂的一项研究更有意思：他们采用全国的面板数据分析，对中国1978～2002年的财政分权与经济增长的关系进行验证，发现分税制改革之前，中国地方财政分权对地方经济增长的影响是负的；而分税制改革之后，地方财政分权对经济发展的影响是正的。他们还发现，在经济发展程度较高的地区，财政分权对经济增长的积极作用要大于经济发展程度较低的地区。也就是说东部各省的财政分权优势要高于中西部地区。此外，他们的分析还发现，就中央和地方财政支出构成来说，1994年后中央政府用于经济发展的支出比重的系数显著为负，地方政府用于经济发展的支出比重的系数显著为正，这与分税制改革前的结论恰好相反。这表明分税制改革后，在财政支出结构上，中央和地方可能存在无效配置（张晏和龚六堂，2005）。

一概而论，说财政分权必然会提高经济效率是不严肃的。那种基于流行观点而要求所有国家都必须加强地方财政分权的建议应该受到重新审视。要使分权有力地刺激政府执行适当的政策，所需要的条件下可能十分重要而且十分严格。否则，糟糕的财政联邦制安排可能产生许多意想不到的后果，从严重的宏观不平衡和低增长，到公共服务的无效提供、腐败和地区间不公平。（Tanzi，1995；Prud’homme，1995；Fukasaku and de Mello，1997；Fornasari，Webb and Zou，1998）拉丁美洲三个国家——阿根廷、巴西和墨西哥的经验表明，政治激励对政府间财政关系带来了很多问题。分权处理不当，不仅削弱了中央政府统一管理和协调国内发展的能力，而且助长了地方政府不负责任的财政行为，地方政府官员的腐败有可能更加严重。地方政府任意举债、投资于没有收益的项目、维持不合理的税收和支出格局，最终也为辖区带不来繁荣和稳定（Haggard and Webb，2003）。

实践上，分权定理经受另一种观察的考验，即各国在处理政府间财政关系过程中，出现了财政越来越集权的趋势。以美国为例，作为联邦制国家，美国各级政府有独立的财政立法权，是否借债，借债数额、条件、使用和偿还，以前都是由各级政府议会自己确定的。马贝尔·纽卡默（Mabel Newcomer，1937）对20世纪30年代联邦、州和地方债务的状况分析发现，大萧条使得三级政府的债务发生剧烈变化：美国联邦政府债务从1931～1936年5年内翻了一番，州政府债务只增加了27%，但地方政府在1932～1934年大幅度下降。这是因为大萧条使得地方政府自有财产估价大幅缩水，按此借债的法定基础不足。那时候一般规定是净债务不得超过资产的10%。当时城市地方政府76%的债务用于供水系统，它们未来收益充分，不会给地方政府造成压力。根据亨普尔（Hempel，1971，1973），在20世纪30年代，有4770个地方政府发生债务拖欠，大部分设法寻求破产保护。70年代这一局面又出现，许多地方政府财政拮据，濒临破产。这种现象推动了美国地方政府破产法律和破产程序的演变。

考虑到分权的前提条件和带来的各种可能后果，Roy Bahl（1998）为财政分权提出了一套指导原则。他认为恰当的财政分权应该是：

1. 财政分权应被视为一个全面综合的体系。
2. 事权决定财权。
3. 必须有一个强有力的中央政府去监控和评价财政分权。
4. 一种政府间关系体系不能同时适合于城市和农村。
5. 财政分权制要求政府有显著的税收能力。
6. 中央政府必须对他们制定的分权政策持之以恒。
7. 尽量简化并实行预算硬约束。
8. 政府间转移支付体系的设计必须和财政分权改革的目标一致。
9. 财政分权必须考虑到各个级次的政府。
10. 认识到政府间关系总是在变化着，并做出动态安排。

其实对于这些原则都需要进行进一步的讨论，比如说“中央政府必须对他们制定的分权政策持之以恒”和“认识到政府间关系总是在变化着，并做出动态安排”实践起来可能是矛盾的。说“事权决定财权”，意味着不同级次的政府应当有法定的职能和权利，如果遇到“一个强有力的中央政府去监控和评价财政分权”时，下级政府的权利如何保证就很难说了。如果考虑到政府之间的竞争性——无论是纵向的还是横向的，名义上划定的政府分权可能与实际表现的结果大相径庭。这些都是上述原则所考虑不到的。

三、政府竞争与财政分权

因为要素的流动性，一项预算开支的绩效不一定局限于某一辖区的边界，对其衡量将变得较为复杂。例如，预算对基础教育或研发（R&D）的开支，由于接受基础教育者或从事新产品开发者在一个国家内是自由流动的，某一辖区政府所进行的这类开支，所带来的收益不一定最终在本辖区内实现。这种现象被称为“溢出效应”。为克服“溢出效应”而导致的地方政府预算绩效难以准确衡量或者激励不足问题，大多数国家将这类预算责任界定给较高级次的政府承担。或者，预算资金的管理由基层政府进行，但资金来源却由上级政府通过转移支付而成。

在竞争性地方政府视角下，逻辑上从财政联邦制难以导出地方财政分权结论。因为在一个竞争性政府体系里，地方政府争相通过更多的公共服务和更低的“税收价格”将居民或居民企业留在本辖区，这导致它们“不敢”对高流动性要素而“敢于”对非流动性要素征税。就是说，地方政府税收与要素的流动性呈反向关系。考虑到要素流动性和溢出效应，预算收入要向更高级次的政府分配；而对那些流动性较弱的要素征税（如财产税）、适合于地方政府低成本行使公共管理的事项（如自来水、道路和垃圾处理等社区服务），尽量界定给地方政府。事实上也是这样，在财政高度分权的国家，地方政府往往以财产类或资源类税收为主要收入来源，不得不放弃对诸如商品、劳务、技术和资本等要素的税收，后者只能由中央或联邦政府税收。但是仅依靠财产类税收无法满足辖区越来越多的公共服务要求，上级政府的转移支付就会越来越多。既然上级政府的转移支付占地方政府财政收支的比重越来越大，“财政联邦制→财政分权→地方财政自主”的逻辑难以成立。那种基于财政联邦制而认为地方政府自主的观点多是出于规范的考虑，缺乏实证支持。许多发达国家地方财政地位的演变说明了这点。在美国，地方政府得自州和联邦政府的转移支付每年占39%。而在欧盟国家，这一比例达49%，其中在英国达73%，在德国，一个联邦制国家，地方政府开支中，得自上级政府的转移支付所占比例仍达到69%。

第四节　财政均等化

所谓财政均等化，包含两方面的意义，一是指一级政府的财政能力要与其所承担的职责相适应。这被称为纵向均等。二是指在一国内部，不同辖区的公众应该享有大致相同的公共物品。这被称为横向均等。纵向财政均等也就是说基于职能划分财政收支在上下级政府之间的划分是相匹配的，第六章第二节已经作了分析。这里只讨论横向财政均等化问题。

一、横向财政均等化的实现

财政横向均等化的目标是实现公共服务均等化。其终极目标：一是维护一个国家政治上的统一；二是使社会成员之间福利水平的差别不至于远离可接受的水平。但在实现横向均等的时候，有两个问题不得不考虑。一是如纵向均等化中出现的，由于预算资金的下拨与使用由两个政府主体行使，加之“溢出效应”和信息成本的存在，预算的绩效很难衡量，杜绝浪费和腐败是均等化拨款中永远要面临的问题。二是如何避免“逆向激励”。横向均等化的实质是财政资源丰富地区的一部分财力向资源相对贫困地区转移。这一方面可能使得财力输出地政府的激励不足，甚至产生隐匿财力的冲动。而财力输入地政府却有可能越来越依赖外部支持，甚至靠“装穷”过日子。①

各国在制定财政转移支付方案方面进行了广泛的探索。表 6－11 给出了财政转移支付方案的目标和设计思路，并按照世界银行的评价指出了应该总结的经验和吸取的教训。

表 6－11　财政转移支付方案的设计原则

目标	设计	较成功者	应避免做法
财政缺口	细划支出责任；税基共享	加拿大	赤字拨款 单项税收共享
地方区财政差别	财政能力均等化	澳大利亚、加拿大、德国等	多因素一般收入共享
全国最低线	地区分类转移支付要求最低服务水平	印尼公路、教育，巴西卫生，哥伦比亚和智利教育	支出方面的限制条件
溢出效应	配套拨款	南非的教育和医院	
引导地方优先事项	开放式配套拨款	加拿大的社会救助	特别拨款
宏观稳定	有责任的资本拨款	政治与政策风险	无条件拨款

资料来源：沙安文（Anwar Shah），“政府间财政安排：国际应用的经验教训”，见沙安文、沈春丽，《财政联邦制与财政管理》，中信出版社 2005 年版。第 95－96 页。

① 目前在我国中西部一些县乡，千方百计搞“贫困帽”，或者迟迟“不愿”脱贫的现象时有发生。一些地方甚至进行另一种“跑部钱进”——不进直接争资金要项目，而是设法为自己争取到一个“贫困县资格”。

二、中国的财政均等化问题

确定财政横向均等化所需要的财政转移规模，要求设计出公共服务均等化的指标。在这方面，比较简便的指标是人均财力。以人均财力衡量，进入21世纪以来，中国东部地区与中西部地区之间的财政横向不均等问题越来越突出。而且中部地区人均财力略呈下降趋势（见图6－5）。

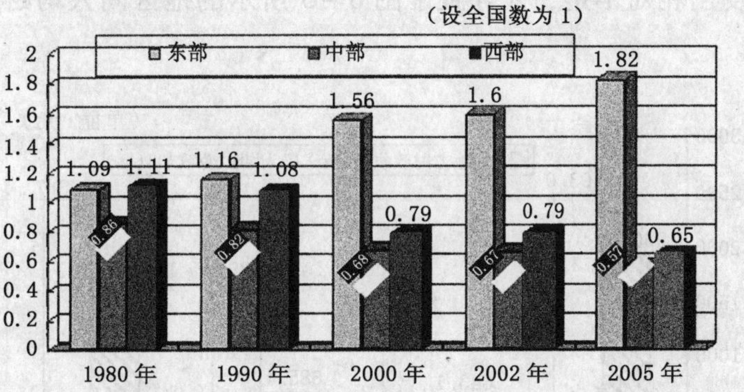

图6－5　我国东、中、西部人均财力与全国人均财力比较

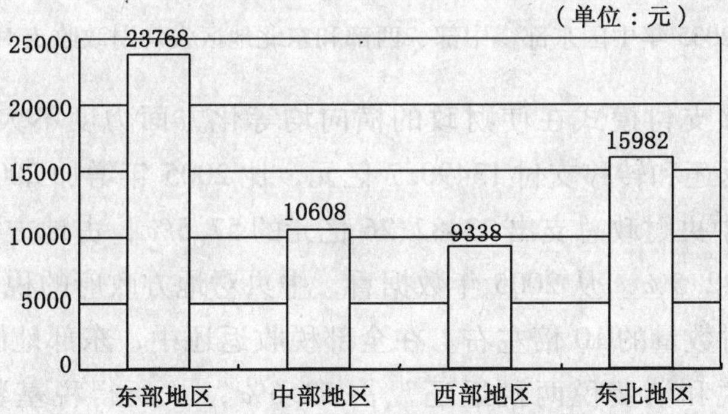

图6－6　2005年中国东部、中部、西部和东北地区人均GDP

一个国家的财政和公共服务实现的均等化程度，至少受两个条件的影响。一是国内区域经济发展的均衡程度；二是中央政府的财政能力和再分配政策倾向。就经济发展区域均衡程度而言，中国可能是世界上少有的区域经济水平差

距大的国家。图6-6、图6-7分别从人均GDP、人均财政收支两方面将2005年中国东、中、西和东北地区差异呈现出来。

由图6-6可知，人均GDP对比，东部地区比中西部高出一倍还多。人均财政收入东部几乎是中西部的3倍。从财政收支关系上看，中部西部和东北地区支出大于收入一倍多，而东部收支之差仅1/5强。可见，全国各地都需要中央财政给予财政转移，但中西和东北地区需要量要大得多。正是由于具有均衡作用的转移支出相对不足，才导致了图6-5所示的地区间人均财力差别不断扩大的趋势。

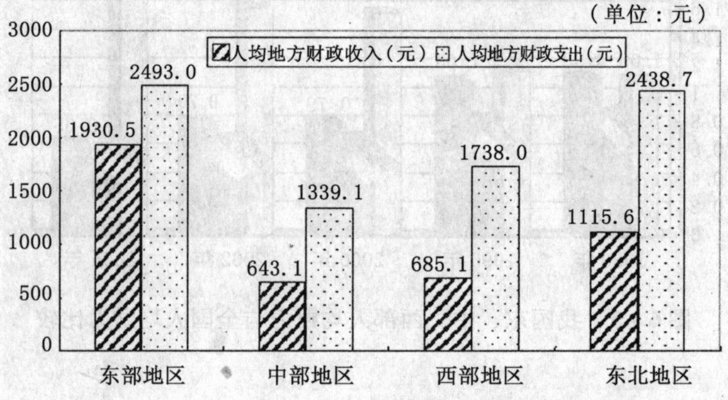

图6-7 2005年中国东部、中部、西部和东北地区人均财政收支对比

但现行的转移支付模式在使财政的横向均等化方面力度不大。2006年，中央对地方税收返还和转移支付13490.7亿元，比2005年增加2006.68亿元，增长17.5%，占中央财政总支出23482.26亿元的57.5%，占地方财政总收入31771.55亿元的42.5%。从2005年数据看，中央对地方政府的税收返还数量是一般性转移支付数量的10倍左右。在全部税收返还中，东部地区占50%以上。其中“增值税和消费税两税返还”占52.6%，“所得税基数返还”占70.82%。也就是说，经济总量增长速度越快的地区，税收返还将会越多。这是1994年分税制改革中中央政府为保东部发达地区的利益，所确定的基数分成方法遗留下来的体制后果。即使计算了财力性转移支付后，西部地区的人均财力只相当于东部地区的48.3%。按总人口计算，1994~2005年东部人均财力年均增长16.9%，中、西部年均分别增长15.4%、14.5%，东部与中、西

部人均财力差距从 1994 年的 2 倍、1.6 倍扩大到 2005 年的 2.3 倍和 2 倍。人均财力在地区间差异扩大，公共服务水平差距则必然加大。

在地区间经济发展很不平衡的中国，中央政府总是将实现城乡之间、地区之间的协调发展视为自己的历史使命。财政均等化概念已经及时地进入正式施政文本。中共十六届六中全会通过的《中共中央关于构建社会主义和谐社会若干重大问题的决定》（以下简称为《决定》）指出，要“完善公共财政制度，逐步实现基本公共服务均等化”。为实现这种均等化，该《决定》还指出，要“进一步明确中央和地方的事权，健全财力与事权相匹配的财税体制。”“完善中央和地方共享税分成办法，加大财政转移支付力度，促进转移支付规范化、法制化。”“保障各级政权建设需要。完善财政奖励补助政策和省以下财政管理体制，着力解决县乡财政困难，增强基层政府提供公共服务能力。”通过西部大开发和社会主义新农村建设，依靠政府力量引导社会资金向欠发达地区流动，实现全国范围内的经济平衡发展，已经列入每届政府的议事日程。旨在实现公共服务均等化的措施不断出台，全国人大并将财政转移支付法纳入立法程序。与此同时，一般性财力转移的数量也稳步提高。（请回顾图 4－8）

第七章 若干国家的政府间财政关系

第一节　美国的宪法财政联邦制

一、美国地方政府的构成和职能①

按照2002的数据，美国50个州中，共有地方政府87525个。它们大致可以分为三类：第一类被称为“一般目的性机构”（General Purpose Government），共38967个，占地方政府总数的44.5%。在这类地方政府中，又有郡（county）3034个，它们存在于47个州中，由原来州政府的派出机构演变而成；市（municipality）19429个；镇（town and township）16504个，它们存在于东北部、中西部的20个州中。第二类被称为“学区”（School District），共13506个，占地方政府总数的15.4%，它们存在于46个州中。第三类叫“特区”（Special District），共有35052个，占地方政府总数的40%。美国地方政府中县、市、镇之间法律关系错综复杂。在有些州，镇在法律上和区域上从属于县，但县是州政府的分支机构，没有地方自治权，并不是严格意义上的地方

---

① 除特殊注明之外，本节和第二节、第三节内容参阅（加拿大）梅尔维尔·麦克米兰（Melville L·McMillan），“地方和地方政府间的财政关系：经合组织五成员国的经验和启示”，中文版载于《地方政府与地方财政建设》，沙安文、沈春丽主编，中信出版社2005年版。

政府。而在另外一些州，镇在法律上从属于市，但市政府和区域内的镇政府都是通过选举产生的地方政府，两者之间不存在行政隶属关系，在公共服务供给方面是协商、合作关系。(杨之刚、张斌，2006)

一般目的性机构负责的项目包括：道路和公交、公共医疗服务、社会福利管理、治安和消防、文娱、用地规划、地方商业管理。地方政府还可能通过其部门运作公共设施，但更经常的情况是通过特区、特殊机构或公共企业来运作。学区是经州教育部授权的产物，负责初级和中级教育，可能管理社区和职业大学。现在学区管理者经由地方选举产生，但接受州教育部的监督。而特区则由一般目的性机构转化而来，当初是为了解决个别问题而产生的，如资源保护、消防、供水、排污等。这些机构的管理者并非经选举产生，公开程度较低。

地方政府是州政府的合法产物。除非另外授权，根据以19世纪地方法学家迪龙（John Dillon）名字命名的规则，地方权力仅限于州公开授权之范围，十分有限。为避免这一规则限制，某些州采用了一些自治规则，其最高形式是将自治机构写入州宪法。在这种情况下，地方政府有权决定地方事务，州政府自行决定对地方政府的干预程度。甚至在不被州立法禁止的领域内，地方可以自由行事。采用最大程度自治规则的只是少数州，大多数州选择放松迪龙规则的影响。在美国，有48个州的市政府和37个州的郡都存在一定程度上的自治。但是，由于各州之间对法律的解释差异很大，一些形式上相似的自治方案在各州实际动作起来大相径庭，是不能简单进行比较的。

二、美国政府间财政关系的演变

美国联邦政府的建立源于原来13个州的授权，这种授权构成了联邦宪法的主要内容。同样，地方政府的地位也由州宪法确立。根据州宪法，地方政府是州宪法的合法产物。它们的职能也出于它们产生时得到的授权。根据沃利斯(Wallis，2000)，美国在1790～1990年间各级政府在经济发展中的地位经历了三个不同阶段。第一个阶段是1790～1842年。这一阶段中各州政府一直积极地从事地方基础设施建设和相关法制的创立。到19世纪30年代末，如果把地方和联邦政府的债务相加，仅相当于州政府发行债务的1/8。由于1839～1842年经济衰退，州政府普遍经历了债务危机。此后各州议会通过法律对政府举债进行了严格限制，没有足够的估价财产或税收抵押不得借债。（Horace Secrist，1914）因此在第二个阶段里，各州由于在前期债务教训和剩余财产无多，大幅度从经济建设领域退出。地方政府代替州政府承担了较为积极的角色，它们按照财产估价发行公债从事基础设施投资。这一时期地方政府债务总额达到联邦政府债务额的 8 倍。第三阶段开始于 1929～1933 年大萧条，联邦政府的作用被提高到前所未有的地位，联邦从税收、债务方面掌握了大量的收入，并承担起了主要的开支责任。（Wallis，2000）

以联邦财政收支占全部财政收支规模和 GDP 的比例为依据，吕炜（2005）从另一个角度讨论了美国政府间财政关系演变。他指出，美国建国以来联邦、州和地方之间财政关系大致经历了三个阶段，第一阶段美国的联邦财政由州政府授权产生。1787 年的费城制宪会议确立了《联邦宪法》，联邦政府所拥有的权力来自各州共同交出的权力，由此形成统一的联邦政府。剩余权力仍归各州拥有。该宪法明确，联邦财政主要依赖关税和国内货物税为收入，联邦议会不得对个人的所得征税。这个宪法也是调整州权限与联邦权限的纲领性文件。直到 1929 年，美国政府支出仅占 GDP 的 10%，其中联邦政府支出只占 GDP 的 2.6%，剩余占 GDP 的 7.4% 的支出由州与地方政府开支。也就是说，在全部财政支出中，州与地方政府支配了 3/4。第二阶段，财政向联邦政府集中。20 世纪 30 年代经济大萧条中，联邦政府大规模开支以刺激经济增长。这就是说，联邦政府到这个时候取代了州政府而居于财政主导地位。到了第二次世界大战，战时特殊支出结构一方面使得联邦政府的支出也急剧扩张，另一方面国家总财政支出规模迅速扩大，达到 GDP 的 38%。第三阶段为财政的再次分权过程。这是沃利斯所没有分析的。战后几十年，美国政府支出和支出结构发生了几个变化：首先是联邦支出先缩减后膨胀。从 1945 年到 1947 年，联邦开支占 GDP 的比例由 38% 降到 15% 左右。50 年代朝鲜战争以及 60 年代越南战争和“伟大社会计划”，使联邦支出占 GDP 的比由 1947 年的 14.8% 递增到 20 世纪 90 年代后，稳定在 30% 左右。其次是联邦政府与地方政府支出结构呈缓慢分权趋势。战后州与地方政府财政支出比例无法恢复到经济大萧条之前水平，不过也一直在缓慢增长。州与地方的财政支出规模（占 GDP 的比重）则一直在缓慢增长，从 1947 年的 4.7% 上升到 2003 年的 10.7%。联邦与地方政府支出规模比（占 CDP 的比重）由 1947 年 14.8∶4.7 上升到 2001 年的 19.9∶10.7。

20世纪80年代里根上台后，对联邦政府的权力、承担的社会义务有所下放。这被称为“新财政联邦制”。内容主要包括：（1）州和地方政府承担更多的社会义务；（2）联邦政府的部分规则制订权下放给州与地方政府；（3）对援助方案进行变革，包括扩大一揽子援助计划，减少联邦援助规模等。由此，联邦政府权限边界收缩，对地方政府的转移支付规模逐渐增大。从1984年起，联邦政府支出规模占GDP的比重有所减少，由1983年的23.5%下降到2000年的18.4%（但最近的几年有所增长）。①

由此可见，尽管有着明确的宪法规定，美国三级政府之间职能和权力的划分仍随着社会经济发展的要求而适时地改变。或者，国家根本大法——宪法必须按照形势的要求进行适当的修正。作为这一格局演变的反映，财政收支在三级政府之间的划分随之变化。

三、美国地方政府的支出与收入

美国各级政府支出的总规模大于GDP的31%。其中地方政府支出占GDP的8.8%，州政府支出占GDP的4.3%，联邦政府支出占GDP的18%。可见，联邦政府支出规模是全国财政开支的主要部分。地方政府支出占全国财政支出的1/4。

在地方支出中，教育支出是唯一最大的项目，1998年达到地方政府总支出的43.3%。学区占地方政府数量的15.7%，但在全部地方政府支出总额中，由学区却占了44%。也就是说，美国的地方政府承担的公共服务中，教育是最优先的项目。其次是社区消防和治安，占地方政府支出的11%。其他较大的支出项目是：医疗卫生（8.9%）、社会服务和福利（7.8%）、交通（6.0%）和通常的公共服务（5.7%）。相对而言，社区文化娱乐支出占的比重较小（3.4%），住房为2.0%。

支出项目在州和地方之间分担情况如图7－1所示。其中除了公路项目之外，地方政府主导的开支远远高于州政府。

---

① 吕炜：“政府间财政关系中的支出问题——历史、数量与比较分析”，《财贸经济》，2005年第1期。

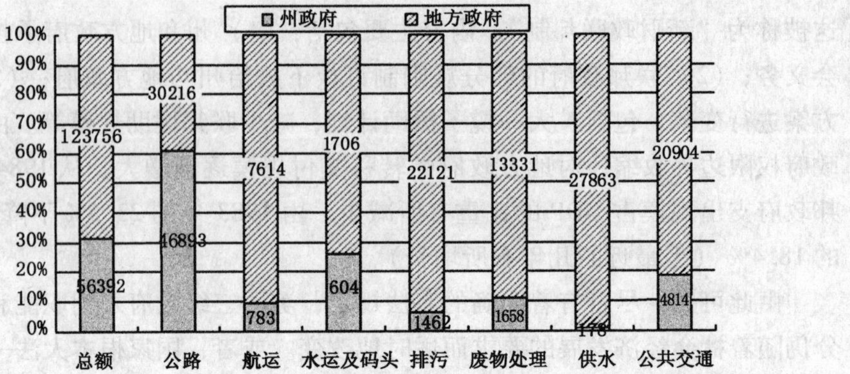

图 7－1 美国州和地方政府的支出分担情况（2003 年）

单位：百万美元

资料来源：根据美国政府网站（http：//www. census. gov/gov）数据整理。

在美国全国财政收入中，联邦、州和地方政府的在不计入财政转移之前的比例为 58∶26∶16。学区和一般性地方政府的收入项目如表 7－1 所示。

表 7－1 美国地方政府收入构成（%）

各项占总收入比	学区（1998—1998）	一般地方政府（1998）
税收	30.0	43.4
财产税	28.9	26.8
销售税		10.3
所得税		4.0
其他税	1.1	2.3
上级捐赠	8.4	-6.0
收费和零杂收入	6.0	35.8
政府间转移支付	55.6	26.3
联邦	6.6	1.9
州	49.0	24.4

资料来源：转引自 Melville L · McMillan（2005，pp17）.

在美国，不同类型的地方政府收入来源不同。对于学区来说，最大资金来源为州政府的拨款，超过了其总收入的一半。学区还有其自有收入，财产税（占总收入的近30%）是第二大收入来源。在得到上级政府的转移拨款方面，一般目的性机构就没有学区那么“幸运”。它们得自上级政府的转移拨款占总收入的比只是学区这个比例的一半（26.3%:55.6%）。因此，一般目的性机构必须另筹收入，财产税、收费和销售税收入是其自有收入中的三大项（见表7-1）。

地方税收结构差别很大。比如说，财产税占主要地位。传统上对不动产（土地和建筑）的征税都是按市场价进行的，但某些地区仍然开征“个人财产税”，即对家具、汽车、存货和金融资产征税。不过这种形式的税收收入不是很多。

另一个广泛流行的地方税是一般销售税，多在一般地方政府开征。基本上所有的州都开征了某种销售税。在许多情况下销售税在地方税收中比例很小，但在三个州中，其比例达50%左右。由于各自立法，销售税的税基也由各州确定，且税率只适用于某特定区域。

地方很少开征所得税，但在马里兰、俄亥俄和宾夕法尼亚三个州，这个税占地方税收的20%~30%。在肯塔基、纽约和华盛顿特区也是非常重要的收入来源（占纽约州税收的30%和华盛顿的37%）。在许多州，地方所得税由城市开征，经常占到这些城市自有收入的1/3强。在三个州里的学区，也开征了地方所得税。通常地方所得税税率都较低，在1%~2.5%。征收时，通常地方政府直接从工资单中扣除，也有假手于州政府征收所得税程序。

四、美国政府间财政转移支付

联邦政府自有收入最多，这些收入的开支却通过转移支付的形式向下级政府转移。图7-2显示了联邦政府对州和地方政府补助总规模。（见图7-2）联邦政府以其4%~8%收入补助州和地方政府，该补助占州和地方支出比例1958年时为11%，到1978年时为25%，1988年为17%，1998年为22%。州政府拨款占其自有收入的比例比联邦政府的慷慨得多：它对地方政府的拨款占美国政府间财政拨款的90%以上。州政府拿出自己1/3的收入拨给地方，在学区收入中占到一半。从最基层的学区看，在1997~1998年度的资金中，有55.6%来自上级政府的补助，其中联邦政府的占6.6%，州政府占49%。

图 7－2　美国联邦政府对州和地方政府的补助

资料来源：根据美国政府网站（http：//www. census. gov/gov）数据整理。

美国政府间拨款的主要用途是教育。联邦和州对地方的拨款中，60％用于教育。州的拨款也主要用于教育。在地方政府的教育支出中，来自州政府的资金达到90％。州对地方政府的拨款，约有3/4是特定目的的补助。社会福利占州拨款总数的1/3，用于道路的占12％，其他特殊目的占30％，综合援助占22％。少数州和其地方政府还进行收入共享安排。例如阿拉巴马州和亚利桑那州。后者的地方市政府从州所得税收入中拿到15.4％。不过，地方政府要防止共享比例减少，往往需要在政治上花很大的力气。所以在美国，上下级政府之间的收入共享比较少见。

在三级政府分别征税的体制下，会产生政府之间征税的交叉问题。例如联邦政府对纳税人征收所得税，已经被州或地方政府征的税收是否被扣除，其实影响到政府之间的财政关系。例如，在计算联邦所得税时，联邦政府允许从纳税人的收入中扣除地方所得税和地方财产税（但前提是个人支出有明细记录）。这个做法相当于联邦政府对地方政府提供了某种补贴。对于地方和州征收的销售税，联邦政府在1986年不再允许从纳税人所得中扣除。这实际上相当于联邦政府对州和地方政府的某种转移支出的变动。

在联邦制中，不同层级政府并无隶属关系。联邦政府若要求州或地方政府承担某项职能，首先须征得对方的同意，其次还必须有相应的配套资金作支持。但在实践中，联邦政府无资金配套的授权越来越多，引起人们各州的不满。1995 年，国会颁布了《无资金授权改革法》，限制无资金授权（unfunded mandates）。但是“9·11”以后，联邦政府发出许多对各州加强公共安全管理的要求，却并无相应的配套资金拨付，无资金授权仍有增无减。而各州政府迫于公众压力只好照办，导致多数州财政限于窘境。在呼吁声中，联邦政府对州和地方政府的补助有缓慢的增加。图 7-3 显示了这些补助占州和地方政府收入的比例，尽管 2001 年比以前有较大幅度的减少，但此后比例稳步提高了。

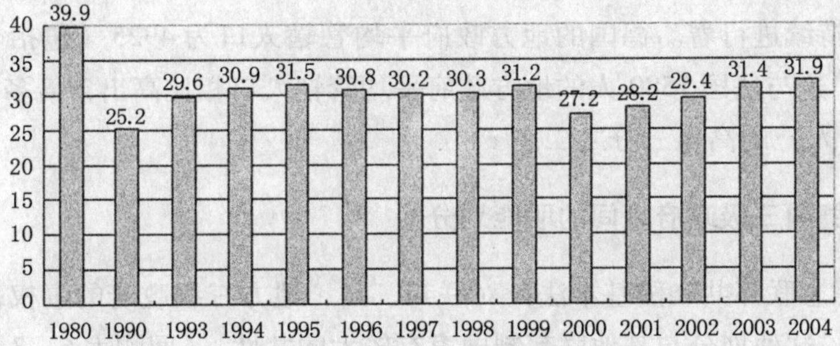

图 7-3　美国联邦补助占州和地方政府自有收入开支比例（%）

资料来源：根据美国政府网站（http://www.census.gov/gov）数据整理。

第二节　德国的合作财政联邦制

德国是联邦制国家，实行联邦、州、地方三级管理，相应实行分级管理的财政体制。德国的财政体制由《德意志联邦共和国基本法》相应条款规定。其中最重要的是对各级政府所承担的公共事务进行了划分，并由此确定了各自的财政支出范围和财力。各级政府均有自己独立的预算，即联邦、州、地方三级预算，分别对各自的议会负责。

战后德国在“社会市场经济”发展模式下，中央政府在促进区域经济协调发展方面发挥了重要作用。其中的财政平衡机制发挥了重要作用。其特征是，各级政府事权和支出范围有明确划分，各级政府也有一定税收权限，但在此基础上，通过横向和纵向的财政协调，实现财力布局的纵向与横向平衡，以保证在全国范围内提供大体均衡的公共产品和服务。[①]因此德国的财政体制也有人称为“合作的（或‘团结的’）财政联邦制”。[②]

虽然与美国同是联邦制，但在德国，地方政府的合法性来自联邦宪法。统一前在联邦之下管辖着16个州和3个自治市，它们下辖329个郡的14915个市，另外还有115个不受郡管辖的镇（统一前数据）。二次世界大战后，德国地方政府经过了大规模的合并，由1952年的24272个下降为1992年的8077个，减少幅度达67%。（麦克米兰，2005）20世纪90年代初，这种合并在统一进程中持续进行着。德国的地方政府平均管辖人口为4925（包括合并后德国全境），这与法国1580人的地方政府平均管辖人口相比高出2倍多，也比美国（2970人）的高出三分之二。

一、德国三级政府之间的职能划分

《德意志联邦共和国基本法》对联邦、州、地方三级政府的事权范围作了原则规定。这种划分与其他联邦制国家有较大的共性。（回顾表6－3）联邦政府主要承担的职能包括：国防；国际关系、联邦行政和财政管理；联邦铁路、公路、水道航运、空中航运和邮电通讯；社会保障（包括失业救济、医疗、退休保险及家庭社会补助）；重大科学研究计划，主要是核能源、外层空间、航天技术、海洋开发等高科技研究；煤田和矿山开采等跨区域的经济开发等。其中社会保障中联邦承担一部分支出，具体事务委托由相对独立的社会保障机构负责制定。

州政府的主要职能包括：负责本州的行政事务和财政管理；环境保护；卫生健康事业及保健设施建设；法律事务和司法管理，包括维护社会治安和公民安全；社会文化和教育事业等。联邦政府与州政府之间不是简单的直接领导与被领导的关系，其职责与财力界限十分明确，相互之间不能越权进行干预。

---

① 目前国内对德国财政体制较有深度的介绍是财政部科研所于2004年11月提交的一份研究报告，见贾康、阎坤、傅志华、宋立根：“德国的财政体制及财政平衡机制”，2004年11月，[研究报告/2004（49）]。本节内容除注明之处外，参考了该报告的内容。在此向作者致谢。

② 见保罗·伯恩德·施潘（Paul Bernd Spahn），“德国联邦、州和地方政府间财政关系”，中文载于《财政联邦制与财政管理》，沙安文、沈春丽主编，中信出版社2005年版，第166～176页。

法律还规定，有些事务由联邦和州共同承担，如扩建和新建高校、地区性经济结构的调整和完善以及改善农业结构和增进海岸防护等。这些事务通过上下级政府间的合作完成得更有效率，也更为各方接受。这体现了德国政府间的合作关系。

地方政府主要承担的职责有：地方行政事务及行政管理；地方公路建设和公共交通事务；科学文化和教育事业，包括成人教育、学校管理、博物馆和剧院等的管理与维护；水电和能源供应；社会住宅建设和城市发展规划；地方性公共秩序管理；卫生和医疗保障；社会救济等。此外，地方政府还接受联邦和州政府的委托，承担诸如公共选举、户籍和人口普查之类的职责。

为了保证各级政府职责的有效实施和全国法律政策的必要统一，《德意志联邦共和国基本法》对立法权作出了相应的规定，州和地方不得越权自行其事。在联邦任务范围内和与整体经济活动秩序紧密相关的领域，联邦享有单独立法权，有关法律规章只能由联邦制定和颁布。在其余事务范围，虽然联邦和州享有共同立法权但联邦却拥有优先立法权。这表明，德国的立法权基本掌握在联邦手中。这是它与美国的不同之处。

按照麦克米兰（2005，pp19），尽管地方政府都得自联邦宪法授予合法性，但在德国的联邦制下，上下级政府既非完全的命令——服从关系，也非美国式的相互独立关系，而是二者之间的某种结合。表现在地方政府对上级政府所赋予的职能承担上，呈三种类型，即委托的、强制的和志愿的。具体是：委托职能，包括人口和婚姻登记、机动车和财产登记、护照，建设监察、发放社会救助和住房补贴，公交管理、部分道路和高速路、治安服务。这些职能通常由联邦和/或州政府承担。但它们委托地方政府代为行使，地方政府也就有了相当的决策权，并接受上级的财政援助。

强制职能包括学校设施、职业培训、医卫服务、食品监测、托儿所、地方公路、消防、供水、排污和垃圾、公墓等。这些职能由地方政府承担。志愿职能包括运动休闲服务、文化设施、养老院、公共住宅、经济发展、市场、教育再投入，市政设施等。志愿服务甚至可以延伸到储蓄银行、邮局和医疗保险等等。

就公共服务而言，有时政府之间的整合提供可能更为合适。这种整合包括横向的和纵向的。横向整合是指两级地方政府相互协作为地方居民提供服务。纵向整合是指许多由地方政府提供的服务实际上包含了州和联邦政府在内。这样，有时公共服务的职责划分不一定是十分明晰的。

对于委托职能的行使情况，上级政府对地方政府进行高度的监督。而对于志愿职能，郡政府对地方政府只做相应的规范。若上下级政府之间出现职权行使的争议，则提交法庭解决。在德国，上下级政府之间一直保持着相互协商并达成多数意见的传统，这大概与议会组成结构有关，例如，地方议员很多也是州议员，联邦议会的许多议员很多出于各州层次。甚至，地方政府与私营企业、非营利机构为某些公共事项进行协商，组成所谓联合权力机构（verband）（麦克米兰，2005）。

二、德国地方政府的支出与收入

从支出规模看，德国地方政府支出占全国政府总支出的 18.0%，占全国 GDP 的 9.2%。这些支出方向由社会服务主导（超过 50%），分别是：社会保障和服务（25%），医疗服务（14.5%），教育（13.0%）。此外，对纯地方性的服务也有一定数量的开支，如住宅（社区设施）（15.3%），交通（6.0%），文化娱乐和艺术（5.7%），社会治安（3.4%）（麦克米兰，2005）。

德国财政收入来源由三个部分组成：税收收入、其他经常性收入和资本项目收入。其中，税收是德国各级财政收入的主要来源，基本稳定在 75% 左右。由此，分税制成为联邦德国三级财政体制中收入分配的基础。目前德国共开征 42 个税种，其中税额大和税源稳定的税种被列为共享税，其余税种为专享税。《德意志联邦共和国基本法》第 106 条具体规定了各级政府的税种划分。

1. 共享税。这在德国税收收入结构中是主体税收，约为全部税收的 74%。具体包括个人所得税、公司所得税、工资税、资本盈利税和增值税等。各税种在各级政府间的分配比例是：个人所得税和工资税联邦、州、地方分别为 42.5%、42.5%、15%；公司所得税、资本盈利税联邦和州之间各分享 50%；增值税作为调剂性共享税，联邦和州的分配比例随着双方财力变化定期协商调整，每 4 年一次，目前联邦、州和地方分别分享 49%、49% 和 2%。

2. 专享税。联邦专享税由《德意志联邦共和国基本法》106－1 规定，包括石油税、烟草税、关税、烧酒税、咖啡税、遗产税、赠与税、保障税、资本流转税、汇兑税、交易营业税、公路货运税、所得税和增值税的附加税等。其中，联邦税收占全部税收收入的比重约 13%。州的税收在《德意志联邦共和国基本法》106－2中规定，包括财产税、汽车税、地产购置税、啤酒税、消防税、彩票税和赌场税等，州税占全部税收收入的比重为4%左右。

地方政府收入分为税收收入、非税收入和政府间拨款。其中税收占到地方政府收入的31%。地方政府的专享税主要是企业营业和资本税、土地税以及地方性的消费和奢侈性开支的税收，比如娱乐税、饮料税、养犬税、狩猎和钓鱼税以及酒馆零售税等，地方税占全部税收总额比重约9%。在地方税收中，个人及公司所得税又占到80%，地方营业税按照8∶2的比例与州分享）和财产税占到6.4%。

地方非税收入占地方政府收入的1/3，其中1/4来自销售和规费与罚金。

根据法律，德国地方政府可以借债。不过它们在运用这一权利时都很谨慎。即使借债，上级政府一般也要严格地审查（麦克米兰，2005）。

三、德国政府间财政平衡

1990年10月3日，东西两德于正式统一。统一带来的新挑战，就是地区间的不平衡。虽然“旧的”联邦共和国已经实现了地区间的高度平衡，但当前政治上的当务之急是将这种地区间的平等延伸到东部地区，在整个“新的”联邦共和国内建立平等的生活条件。1990年后的每一年，联邦政府都从西德地区转移了至少GNP的5%，即1500亿德国马克给东德地区。没有资源注入来缩小收入的全面差异，德国统一的历程将更为崎岖。尽管财政转移支付的数量惊人，但这种牺牲却是为巩固统一的新国家所必需的政治代价（王绍光，2002）。

在德国，地方政府的收入中政府间拨款达1/3。宪法规定，除基础设施外，联邦不向地方直接拨款，而由州支持；基本法要求市、郡可分享州政府部分综合财政收入，但份额由州决定。地方政府支出中，来自转移支付的资金占69.2%。这些资金拨付中，有一半多是没有附加条件的。1995年，无条件拨款占地方政府转移收入的54%。其余近一半为有条件拨款，这些条件源自一部分用于履行联邦和州政府委托职能的开支（麦克米兰，2005）。

财政支出按项目划分，联邦承担了75%的全国教育支出，地方只支出了25%；联邦政府承担了72%的国家医疗卫生支出，地方承担了15%。德国交通支出来自地方的占1/4，其中的1/3由转移支付承担（麦克米兰，2005）。

联邦德国政府之间的财政关系中，协作和平衡是在所有联邦制国家中少有的，而且比许多单一制国家都做得好。上述关于税收的划分，只是在联邦、州和地方之间对财政收入进行的第一次分配。为保证公共服务的均等化，联邦还制定了《财政平衡法》，通过纵向和横向两种方法调节财政收入，实现财政在各级和各地政府之间的均等化。

（一）纵向财政平衡

指上下级政府间的财政转移支付，包括联邦对州和州对地方两个层次。其中联邦对州的财政平衡是以共享税为主的。联邦共享税收入占其全部税收收入的75%以上，而在各州，这个比例则平均在85%左右。在调整联邦与各州之间财力关系中，增值税形成了联邦和各州之间收入规模的基础。其他共享税的分配比例一经确定不再调整。

此外，还有联邦旨在平衡各州财政而进行的财政拨款补助，包括：

第一，为平衡州际间财力而给予贫困州补助的拨款。为缩小各州由于经济发展水平不同而导致的收入差距，在进行了州际横向财政平衡后，联邦还要对贫困州予以拨款补助。《德意志联邦共和国基本法》规定，联邦每年要拿出不超过全部增值税收入的2%，作为对经济能力低的州的补充拨款，以满足其一般性财政需求。1987年以前，联邦每年用增值税收入中联邦占有部分的1.5%拨给贫困州。在1988~1993年的财政五年计划期间，联邦从本级增值税收入中拿出了2%用于贫困州补助。

第二，《基本法》107-2所规定的联邦政府特别补助。例如港口和规模小的州，由于财力特别薄弱、收支矛盾最突出，联邦从自己分享的增值税份额中再拿出一定比例予以资助。

第三，对有些属于州和地方事权范围的重要支出和投资项目拨款。《德意志联邦共和国基本法》104A-2和91条规定，有些州级支出需要联邦政府解决，例如对一般市民的居住和教育支出，每年联邦政府都要拿出200亿马克补贴。对属于州和地方事权范围的一些重要投资项目，联邦政府有时也给予适当补助，出发点是为了改善区域经济结构，或改善地方的市政建设。这部分范围包括：城市规划建设与发展，地方交通和市郊公共交通扩建，烧煤电站及远距离供热项目等。

第四，对州的某些负担较重的支付项目和联邦委托给州的任务进行拨款和补助。在联邦、州、地方之间的任务划分中，一些属于联邦的任务，如交通管理、重大科研活动等需要委托给各州承担，与此对应，联邦提供相应的拨款。除此之外，如果各州承担的一些开支项目负担较重，联邦也提供适当拨款进行补助，如高等院校学生的助学金开支、房租补贴、伤残者社会保障费用等。

第五，《德意志联邦共和国基本法》第 91 – A、第 91 – B 和第 104 – A 项所规定的“共同任务”补助。在完成联邦和州的共同任务时，联邦也向州提供财政资助，来达到协调政策的目的。“共同任务”包括五个领域，即大学建设、地区政策、农业结构政策和海岸保护、教育规划、重要且超出州范围的研究。例如，按照 1991 ~ 2000 年促进科研计划，联邦需资助有关州政府 24 亿马克，以补助在某些领域中用于州和地方的投资，而这些领域由联邦限定或联邦和州之间的协议限定。当然，此类措施仍遵循“生存条件一致”的原则，也就是《基本法》规定的，这些补助只能用于平衡地区差异。

州对所辖地方政府的财政平衡包括一般性财政拨款和指定用途的拨款。一般性财政拨款不限定具体用途，地方可自由支配使用，约占州对地方财政拨款的 70%。主要有以下几种形式：（1）一般性拨款中半数按照地方税收能力指数和需求指数计算（类似于各州之间财政横向平衡的有关办法），占州对地方纵向拨款的 50% 以上。（2）行政开支补贴拨款。按各地方政府管辖人口计算，如巴伐利亚州执行年度人均定额为 55 马克。（3）对特别困难地方的特殊拨款。这种拨款须经地方申请和州批准才能得到。

指定用途的拨款是根据确定的任务提供的专项拨款，主要包括用于学校、幼儿园、医院、道路、公共交通、停车场、文化娱乐及体育设施、水资源及“三废”处理、养老金和社会救济等。

州对地方的转移支付细则，一般由州议会通过，也分为横向和纵向两种分配。首先，各乡镇收支差额的 70% 由州政府补助，最高可使之达到州内总平均水平的 80% 左右。在分配时考虑特殊需要，如较大的城市、特别贫困的乡镇等。其次，特别贫困地区可在得到联邦直接补助后，再由地方对州提出专项补助申请，如修建学校、医院等。涉及到几个乡镇的项目，则按税收能力或受益范围分摊总补贴。

（二）横向财政平衡

指各州之间实行的财政转移支付，即财力强的州转移部分财政收入到财力弱的州，从而使各州在收入与财政支出需求间达到一定程度的平衡。横向财政平衡的实现由联邦按照统一的公式计算出各州的平均财力后，再确定各州财力的强弱和转移支付的水平。

德国州际财政平衡的资金主要来自两个部分：一是增值税中由州分享的1/4部分（其余3/4按每州人口数量直接分配给各个州）；二是财政较富裕的州按计算结果直接划拨给较穷的州的资金。其计算办法为：三大共享税中的公司税（根据所在地原则）和所得税中的工资预扣税（根据居住地原则）中，有一部分要自动向其他地区流动。而增值税的75%根据居民数，25%根据经济能力分配进行横向转移。

具体地，州际间财政平衡分配包括四个环节：

首先，测算各州财政能力指数。各州财政能力由州本级税收收入来反映，包括州专享税收入和共享税中属于州和地方收入的部分。测算时专享税收入如实计算；共享税中的企业所得税和个人所得税按既定比例计算州应得部分。增值税由州分享部分的3/4按各州居民人数分配，即计算出人均增值税收入额，乘以各州居民数进行分配；然后再将1/4增值税进行横向分配。州内地方级的税收按其实际收入的50%计入州经济能力指数测算。

对某些州的特殊负担，如边境州的边境建设费用、港口城市的港口维护费用，可在其税收总额中扣除。因此：

各州财政能力指数 = 该州税收总额 + 该州所辖各地方政府税收总额 × 50% − 海港城市的海港维护费收入及边境州的边境建设费用

其次，测算财政平衡指数。这是确定财力平衡状况的数值，反映各州财力需求的标准，包括州本级和州内地方的需求数两部分。其公式为：

平衡指数 = 全国人均税收额 ×（州人口数 × 权数 + 地方人口数 × 权数）

州本级的需求数量是用全国人均的税收收入分别乘以各州的居民数，再乘以权数。根据有关法律规定，对汉堡和不莱梅两个州级市的居民人数，按其实际居民数乘以1.35的权数计算；其他各州都按实际居民数测算。

州以下地方需求数的计算中，各地的居民人数权数标准是：居民点人数不足5000人的权数为1.0；5000～1.5万人的权数为1.1；1.5万～8万人的权数为1.15；8万～40万人为1.2；40万～50万人为1.25；50万人以上为1.3。这一权数标准，体现了对居民人口稠密地方的额外照顾。

第三，把财政收入能力指数（代表财力供给）和财政平衡指数（代表财力需求）相比较，分档确定接受平衡基金的州及应得数额、自求平衡的州和付出平衡基金的州及支付数额。具体办法是：财政收入能力指数相当于财政平衡指数的比例在92%以下的州，可从平衡基金中得到补助，以达到92%的水平；财政收入能力指数相当于财政平衡指数的比例在92%～100%之间的州，可从平衡基金中得到其中不足100%部分的37.5%；财政收入能力指数相当于财政平衡指数的比例在100%～102%之间的州，财政上自求平衡；财政收入能力指数相当于财政平衡指数的比例在102%～110%之间的州，要从其超过102%的部分中拿出70%的财力转移支付给财政困难的州；财政收入能力指数相当于财政平衡指数的比例在110%以上的州，则要将其收入超过110%的部分全部用于州际间横向平衡。

第四，在年度执行中，联邦和应付出平衡基金的州按上述计算结果在每季度末按进度向应接受转移支付的财政困难州划拨平衡基金，年终汇总清算。年末，联邦与各州计算确定下一年度州际财政平衡数额。

从2000年情况看，德国两个较富裕的州人均财政收入可达全国平均水平的130%左右，一些不富裕的州为全国平均水平的80%左右，通过横向财政平衡，财力强州与财力弱州之间的差距显著缩小。正因为如此，发生于20世纪90年代初的德国统一，已经平稳地度过了过渡期。政府间的合作和团结，正是一个国家由分裂走统一必不可少的前提。

但是，高度的政府间财政再分配带来的负面效应也表现出来，如同经济生活中任何为追求高度结果一致性必然会牺牲效率和增加浪费一样。例如，由于人均收入水平处于最低水平之下的州将得到补助，这些政府就没有动力大幅度提高效率和扩展税基，因为税收收入增加将会相应地减少得到的拨款数量。再如，联邦政府补助对此发生赤字的州的财政，反而鼓励了这些州财政上的不负责任和浪费（保罗·伯恩德·施潘，2005）。

第三节 日本集权与分权相结合的财政体制

第二次世界大战后，以美国为主的联合国军队对日本进行了“非军事化”

和“民主化”改革，制定了新宪法，实行“三权分立”和地方自治。行政机构分为中央、都道府县和市町村三级。与此相对应有三级财政：中央政府为第一级，47个都道府县为第二级，3253个市町村为第三级。各级政府都有独立的财政预算。21世纪前后，日本在财政上进行了立法权集中，执法权分散；财政收入集中，支出使用分散的模式。中央和地方政府间的财政关系是集权与分权相结合。

一、日本的政府间职能划分

日本通过《宪法》明确了实行地方自治和中央及地方之间的财政关系。中央和地方的财权与事权的详细划分又通过《地方自治法》、《财政法》、《地方财政法》、《地方税法》和《地方交付税法》等法律具体明确规定。制定这些法律的依据，则主要是1949年的“夏普劝告”① 和1950年的“神户公告”。这两个文件奠定了战后日本设计各级政府职能划分和财政关系的指导思想。根据“夏普三原则”，日本中央政府的固有事权及支出责任大体是：国防、外交、货币发行、邮政、物价指数控制、司法等；地方各级政府的固有事权及支出责任大体是：社会福利、卫生保健、教育、治安、基础设施建设等。

神户公告则是在夏普公告的基础上，把政府事权在中央、都道府县和市町村之间进行了详细划分，同时在法律上对其进行了规范。它对国家（中央政府的）事务划定为：司法、刑罚和国家惩戒、国家运输、邮政和通信、国立教育和研究设施、国立医院和疗养设施、国家的航空气象及水路设施、国立博物馆及图书馆等有关事务。而对地方公共团体事务作了更详细的划分，主要包括（1）自治事务。一是地方公共事务，也称“固有事务”。这是根据地方公共团体的意见或计划实施的事务；二是法律或据此通过政令属于普通地方公共

---

① 卡尔·夏普，战后美国派出到日本进行政治经济制度考察的使节团长，于1949年以“夏普劝告”形式建议日本重建战后政治。“夏普劝告”以地方自治精神为主，明确了国家、都道府县和市町村之间行政事务划分原则。主要有三项：（1）行政责任明确化原则。对任意特定事务尽可能明确由哪级政府负责，明确行政责任；对于几级政府同时参与的特定事务，应明确各级政府的责任。（2）市町村优先原则。由于市町村低层政府最了解居民的需要并能够反映到行政上来，因此，市町村能够完成的事务，就让市町村承担。（3）效率原则。鉴于承担行政责任受政府的规模、技术能力、财源等制约，哪级政府有效率就由哪级政府承担。例如，当市町村非效率时，职能应向都道府县转移；当都道府县非效率时，职能应向中央转移。

团体的事务，也称“团体委任事务”；三是在其区域内不属于国家事务的事务，也称“行政事务”。(2) 机关委任事务，即有些事情本来应由国家实施，但考虑到同居民联系直接等因素，还是由地方实施更有效率，因此通过法律，委托给地方首长或其机关来管理执行。(3) 市町村应处理的事务。

日本实行中央高度集权的行政体制，许多行政事务由中央负责，但又部分地委托给地方办理，因此，由此出现了中央政府与地方政府共有事权及支出责任问题。日本《地方财政法》列举了一些由地方政府履行、只涉及中央与各级地方政府相互利害关系或影响中央政府利益的事务，其相应的支出责任以及所需经费，应由中央政府全部或者部分负担。《地方财政法》还规定，地方各级政府办理的，但是没有处理权限的业务所需经费，除了法律和法令规定以外，中央不能采取措施让地方各级政府负担其经费，此规定的目的是保护地方财政免受来自中央的不合理负担。

经过长期磨合，日本中央与地方事权划分基本定型，大致为：中央负责国防、外交和公安；地方负责消防、港湾、城市规划、公共卫生和住宅等。其中都道府县政府负责港湾等；市町村政府负责消防、城市规划、公共卫生、住宅等与居民日常生活密切相关的事务；中央与地方共同负责公路、河流、教育、社会福利、劳动、卫生、工商农林行政等大多数行政事务。

二、日本政府间财政收支的划分

日本作为政治上的单一制国家，财政上却实行相对独立的分税制，中央和地方互不干扰。税种共有 57 个，分为中央税（共 25 个）和地方税（42 个）。中央和地方收入分布大体保持在 2∶1 的比例。共享税和同税源分别征收的税收较少。中央税又叫国税，通常由大藏省所属国税厅负责征收。国税厅及其下属的国税局、税务署以及隶属于大藏省的海关机构遍布全国。如消费税，总税率为 5%，其中，中央消费税税率为 4%，地方消费税（都道府县税）为 1%，统一由国税部门征收，然后按征收地原则将地方消费税税款交各都道府县。

地方税又分都道府县税和市町村税，其中都道府县税有 15 个，市町村税有 17 个。它们分别由本级财政局下属的税务部门征收。

具体地，国税主要有：个人所得税、法人税（公司税）、遗产税、赠与税、酒税、消费税、汽油税、烟草税、机动车吨位税、印花税、注册登记税、电力开发促进税、土地税、有价证券交易税、航空燃料税、石油天然气税、货币发行税、关税，等等。其中个人所得税和法人税是中央政府的主体税种。2004年两个税种的收入占中央税收收入的比重分别为30.29%和23.6%，合计所占比重高达53.89%。2005年两税收入合计所占比重为52.26%。间接税在国税中所占比重为1/3左右。1989年实行消费税制度以前，间接税以酒税、专卖缴纳款、物品税、燃油税、关税、印花税为主；实行消费税制度后，消费税所占比重迅速扩大，1995年占国税总额的13.7%，占间接税税收总额的40%。

都道府县税主要包括：居民税、事业税、汽车税、不动产购置税、都道府县烟草税、特别地方消费税、矿区税、固定资产税、高尔夫注册税、狩猎登记税、汽车购置税、轻油交易税等。其中，居民税、事业税是都道府县的主体税种，占其税收总额的90%。

市町村税主要包括：市町村居民税、不动产税、轻型机动车税、市町村烟草税、矿产品税、事业税、都市计划税、国民健康保险税、特别土地占有税、宅基地开发税等。其中市町村居民税和不动产税是市町村的主体税种，2002年占本级财政收入分别为23.28%和27.42%，合计为50.70%。

尽管税种及其征收在三级政府间有明确的划分，但作为单一制国家，日本的征税权则悉归中央政府。因此日本的税制中有一个所谓“课税否决”制度：《地方税法》规定，地方政府在征收法律列举以外的税种时，必须得到中央政府的许可，否则不得开征。不仅如此，地方税的税率也受中央限制。税率不能由地方政府独自确定，标准税率、税率上限中央政府都有权控制，通过《地方税法》规定。根据据该法的解释，标准税率是“地方政府课税时可以使用，或者由于有特殊需要也可不使用的税率”。

三、日本的政府间转移支付

在日本财政收入总额中，中央政府税收收入为60%左右，实际支配的收入为30%之强；而地方税收为40%左右，实际支配的收入总额则近70%。这种收入集中，支出分散的体制主要通过“地方交付税”和“地方让与税”以及“国库补助金”制度，实现由中央政府向地方政府转移支付。

1.“地方交付税”制度。通过1954年颁布实施的《地方交付税法》而建立。它是将由中央征收的中央税收入以一定比例，按财源短缺程度在各地区之间进行分配的财政资金。它又分为普通交付税和特别交付税两种。特别交付税是在普通交付税确定后，对诸如发生灾害、歉收及其他——一些特殊需要提供的补充性财源。地方交付税资金来源是一定比例的个人所得税、法人税和酒税等中央税收。现行的地方交付税资金来源是32%个人所得税、法人税和酒税的税收额。

各地区普通交付税分配额的计算方法是：

基准财政需要额－基准财政收入额＝财源不足额即普通交付税额

其中：

基准财政需要额＝测定单位×修正系数×单位费用

基准财政收入额＝（按标准税率计算的普通税收入＋按标准税率计算的轻油交易税收入）×80%＋地方让与税

将上述方法计算的基准财政需要额，减去基准财政收入额，其差额就是地方财源不足额。这个地方财源不足额，也就是需要中央以地方交付税形式予以弥补的地方财源的缺口，中央并不限定其用途，可以由地方政府自主使用。

2. “地方让与税”。也建立于1954年。它是中央把中央税中几个特定税种的收入征收上来后，再按一定的目的和标准把其中的部分或全部转让给地方政府的一种财源再分配形式。现行的地方让与税主要有地方道路让与税、石油液化气让与税、特别吨位让与税、汽车重量让与税和航空燃料让与税5种。地方让与税也属于规范的转移支付资金，是对地方履行本身职责发生资金不足的补充，不附加任何条件，不指定使用方向，可以认为是地方本级的收入。

3. “国库补助金”。中央政府指定支出方向和附加支出条件的资金。其主要目的在于鼓励和支持地方政府从事教育、社会福利、公共事业等一些重要公共事务，同时调整地方政府从事的某些公共事务因收益外溢而造成的收益与费用的不协调，调节中央与地方间以及地方之间的经济关系。它大致又分成国库负担金、国库委托金和财政补助金三大类。

［小结］本章介绍了联邦制的美国和德国及单一制的日本政府间财政关系，旨在说明，尽管都是发达的市场经济国家，由于国情不同，政府间财政关系在各个国家之间差距很大。即使同属于联邦制国家，德国政府之间的协作程度远远比美国的高。在单一制国家里，日本各级政府间的责任划分并不比一些联邦制国家弱。

表7－2是美国、德国和日本三个国家政府间财政预算关系的对比。

表7－2　美国、德国和日本三个国家政府间财政预算关系比较

国家	政府结构	财政体制	税收划分	转移支付形式	预算编制时间	预算形式	审计监督	立法
美国	联邦，州，郡、市、镇和学区三级	高度分权	税权分散，税收扣除协调	分类补助、宽范围用途补助	1年	复式预算：经常性和资本性预算	总会计办公室	宪法
德国	联邦，州、自治市，郡、市、镇三级	相对集权强调协作	税权集中/共享税与地方税共存，以共享税为主	增值税共享、联邦补助拨款、统一基金横向转移支付	1年	复式预算：经常性、资本性和债务预算	审计院	基本法、财政平衡法
日本	中央，都、道、府、县，市、町、村三级	中央集权	税权集中/国税、都道府县税和市町村税	地方交付税、地方让与税和国库补助金	1年半	复式预算：一般会计和特别会计预算	会计检察院	《宪法》、《地方自治法》、《财政法》、《地方财政法》、《地方税法》和《地方交付税法》

资料来源：本表根据中国社科院财贸所：《中国财政政策报告2005/2006：走向“共赢”的中国多级财政》第204页表整理而来。

第八章 中国地方政府债务的化解

通过介绍和分析政府间财政关系理论（第六章）以及有关国家的实践（第七章），我们现在可以讨论中国地方政府债务的解决问题了。由于是否允许地方政府债务融资以弥补地方赤字的争论较多，而且有关于修改预算法的呼吁，有必要对此进行专门讨论（第九章），在此基础上，我们再从长远角度探讨中国政府间财政关系的安排问题（第十章）。关于地方政府债务化解对策可以概括为：短期内以“清理存量，控制增量”为主；长期内，“改制重于放权，监管重于减免。”

第一节　清理存量　控制增量

就短期来说，化解地方政府债务的总体思路应是，清理存量，通过相关配套措施推行债务重组；控制总量，在发展中化解不良债务。

如果说在政府直接、显性债务与隐性和或有债务之间，要高度重视隐性和或有债务，那么在中央层次债务和地方层次债务之间，则要高度重视地方层次债务。既然难以监测，也就难以控制，而酿成的后果中央政府又必须承担。作为解决问题的开始，一个重要工作是将地方债务纳入统一的国家债务监测体系，强化对预算外收支的监管统计，尤其要针对地方政府和地方国有资产公司担保和隐性担保、体制外支出和相关的借贷以及其他导致政府负债的财政与准财政活动，建立一套监测、预警体系。

至少从2002年开始，财政部每年都下发当年度关于上报地方政府性债务的通知。财政部还相应做出了清理底数，分级上报并将债务化解纳入对基层政绩考核的方案。[①] 地方省（直辖市、自治区）政府一般也发布相应的加强地方政府债务管理的文件，要求各级财政部门统计并上报本地的政府性债务。

但遗憾的是，这些结果一直未公布。这是在我国现阶段公共财政建设、政务公开和民主监督方面必须加强改进的地方。甚至可以说，有关部门在这方面工作的忽视或落后也是导致中国地方债务积累的原因之一，因为这些部门过于相信自己那一套行政措施的功用，对于财政透明、体制改进，这些基础性工作的深远影响，认识有待提高。

一、建立清理地方债务的规则

1. 在结构上，对地方政府现有债务进行清理，并进行归口管理。将债务风险纳入预算管理，首要的步骤就是将可能存在的各种类型的风险项目进行清查编目，以使其透明化。然后采取责任分担、分类核消的办法进行化解。

在债务风险计算方面，各国有不同的做法，如南非就使用前述的汉纳·普拉科瓦矩阵来界定政府可能承担的风险项目，即在显性直接风险、显性潜在风险、隐性直接风险和隐性或有风险四类中，显性直接风险包括贷款担保计划、主权借款、补救计划、国民养老金，显性潜在风险包括对私人投资进行担保、国家保险计划，隐性直接风险包括社会经济风险、公共投资的经常性支出风险（也适应于国有企业），隐性或有风险包括下级政府的违约风险、体制风险、私有化和商业化政策中的负债和风险、不可避免的风险（如救灾）、货币外汇风险。我国财政部门目前也基本上按照这种方法统计地方政府债务。

有了规范的地方政府债务统计，就可以对它进行分类、排序、清理。对

---

① 财政部：《2002年上报地方政府债务情况通知》；《2005年地方政府性债务报表》；《缓解县乡财政困难工作绩效评价暂行办法》（2005年9月17日，财预［2005］459号）；《关于上报2007年地方政府性债务表的通知》。

"吃饭借债"，应在按规范的财政转移支付体制下核定正常经费，通过法定的转移支付程序给予补足。当然，超标准政府消费应属财经纪律和腐败问题，当由责任者承担还债义务；对于"发展借债"，要在国家预算法、转移支付法的前提下，清理、界定地方政府财政支出范围，对不应由财政承担的支出项目应彻底"断奶"，腾出部分资金用于偿债。加大对财政周转金的清理回收力度，用清理收回的周转金归还借入上级周转金和其他债务。若遇到偿债高峰期，可适当考虑通过出售、转让部分国有资产来偿债。但这意味着对国有资产评估、出售、处置和在不同级次政府之间界定，需要相关配套改革。

地方债务清理，一个有利时机是国内银行业的改革。地方政府的金融机构为支持地方发展形成的不良资产，构成了地方债务的主要组成部分，它们既然是地方政府与中央政府分割金融租金的结果，也应该视为地方政府的财政行为。国有银行不良资产的大部分是由地方政府兴办企业工项目造成的。因此，清理地方政府债务存量除了通过财政系统统计上报之外，也应该放在重整地方政府财政—金融体制的背景下考虑。其实，在银行改革中剥离不良资产时，政府背景的不良贷款是很容易识别的。①

2. 设定债务极限，建立地方债务预警机制，加强监控是防范地方债务风险的前提。目前，世界上许多国家对通过预算管理的手段来更有效地控制政府债务风险都给予了较广泛的重视。尽管这一手段更多的是在各国中央政府被强调，但是其中所包含的防范财政风险的思路也同样适用于地方政府。从各国来看，美国俄亥俄州模式相对是比较健全的。该州建立了一个名为"地方财政监控计划"的体系，由州审计局负责执行，并在《地方财政紧急状态法》中详尽规定了这个监控体系的操作程序。首先它对地方政府进行财政核查，以确定地方政府收支是否已接近紧急状况。如果一个地方政府的财政状况符合以下三种情况中的任何一种，审计局便宣布其进入"预警名单"，并对该地方财政进行监视：

（1）在财政年度末，普通预算中逾期超过30天的应付款再减去年末预算余额后超过这一年预算收入的十二分之一，或普通和专项预算中的逾期超过30天的应付款，减去普通及专项预算结余后超过该财政年度的可使用收入的

① 正因为如此，我们猜想，有关部门完全可以掌握这类数据。

十二分之一。

（2）上一财政年度的总赤字，减去所有可被用以弥补赤字的普通和专项预算的资金，超过本年度普通基金预算收入的十二分之一。

（3）财政年度末，地方政府金库所持有的现金及可售证券，减去已签出的支票和担保余额，其价值少于普通和专项预算的节余额，而且此差额超出前一财政年度金库收入的十二分之一。

如果州审计局发现该地方政府财政状况进一步恶化，则将其从“预警名单”中移至“危机名单”。同时，根据《地方财政紧急状态法》，只要有一个地方政府被宣布为债务危机，该州就应成立一个“财政计划与监督委员会”的机构来监督和控制该地方政府的财政管理。在委员会举行第一次会议后的120天内，地方政府的首脑（也是该委员会的成员）必须向委员会提交一份详细的财政改革计划，以及时采取可行的措施来应对和化解危机。

在我国，在软预算约束下，中央政府为国有企业担保，为储户担保，为银行担保，如果对地方政府的债务也或明或暗地担保的话，正如已经分析过的那样，不仅无法控制其债务风险，而且更鼓励其对免费资金的争夺。这也就没有无债务的数量界限之说。但这种状况随着市场化改革深入而变得越来越成问题。因为在一个整体上缺乏预算约束的交易制度里，地方政府和金融机构之间基于体制经验进行大规模债务融资。一旦宏观经济波动，或者交易链条中某一环节的预算约束变得硬化，即可能出现支付危机。中央政府若不假以援手，则后果可能是：要么有债权人倒闭，要么有地方政府破产。这时中央政府就有三种选择：一是听任它们破产，二是出面给予援助，包括债务重组（如减免或债转股等），这就再次软化了预算约束的方式。中国目前就属于这种状况。从这个意义上讲，“一级政府一级财政”，还远远达不到所谓“财政联邦主义”程度。既然如此，在对地方政府现存债务进行控制时，还可以寻找以下方式，即第三种方式——设定地方债务数量界限。

这种方式下，首先重申地方政府必须根据预算法和担保法等法律法规行事，不得举借新债。对于现有债务，则要求地方政府负完全责任，根据其还债能力上限衡量现有债务状况。这类似于我们在对四川省P市债务计算的的理论上限值：即正常预算收入加上或有收入，减去“三保”开支。其中总收入主要包括：财产估值＋自有税收＋公用事业收入＋规费收入＋罚没收入。上级权力部门应授权审计部门审定下级地方政府的真实预算收入，根据债务数额与还债理论上限值之间的关系，制定不同的警告级别。比如，各级政府必须建立和完善偿债准备金制度。通过多渠道筹集偿债资金，每年有计划地从预算财力和政府预算外资金收入中安排一定比例的资金用于偿债。债务余额超过还债能力理论上限值者，应出具“红牌警告”，提请上级权力部门否决其扩张投资的年度预算，否则将由上级财政和会同债权人对其财政进行“整理”；债务余额与还债能力上限值相当者，出具“黄牌警告”，要求地方权力部门监督政府调整预算收支，以偿还债务为主要任务。同时，在金融改革尚未到位的情况下，提醒国有金融机构，注意自己借给地方政府款项回收安全性。对仍向债务程度达到黄牌警告的地方政府借贷的国有金融，给予同样的警告。金融监管部门应就此敦促国有金融机构制定相应的惩罚措施。对于明显无法清偿且政府基本运转都难以保障的债务压力，在经过严格审核基础上实行“挂账停息”或“保息展期”的办法进行债务重组。

在控制债务的数量界限中，有些国家通过规定债务还本付息的比例来限制地方政府债务融资规模的做法值得借鉴。如日本要求地方政府三年平均还本付息额不得高于一般性收入的20%；意大利要求地方政府三年平均还本付息额不得高于一般性收入的25%；巴西要求地方偿债成本不得超过经常性净收入的13%，否则，将对地方发债有更多更严格的限制条件。

3. 控制债务总量，在发展中化解地方政府不良债务。根据樊纲（1999），只要能控制债务增量，就可以在发展中解决存量问题。可以通过如下一个简单关系式来表示：

假定D代表地方政府的“不良债务”；以 g^d 代表这种债务的年增长幅度，它近似地是不良债务本金的增长率与债务利息率之和；g代表名义GDP的增长率，它近似地是GDP实际增长率与通货膨胀率之和；以B代表地方政府“不良债务率”，即不良债务与GDP之比，记为D/GDP；t代表时间（年头），0代表初始年份，则我们有以下关系式：

$$B_t = \frac{D_0 \ (1+g^d)^t}{GDP \ (1+g)^t}$$

$$= \frac{D_0}{GDP} \cdot \left(\frac{1+g^d}{1+g}\right)^t$$

在动态过程中，当 $g^d < g$ 时，则有

$\frac{1+g^d}{1+g} < 1$，那么当 $t \to \infty$ 时，

$$\left(\frac{1+g^d}{1+g}\right)^t \to 0$$

因此，

$$B_t = \frac{D_0}{GDP} \cdot \left(\frac{1+g^d}{1+g}\right)^t \xrightarrow{t \to \infty} 0$$

上述关系式表明，给定经济的潜在增长率，只要控制住地方政府不良债务的增长率，使之低于经济增长率，长期看就会逐步缓解，并随着经济发展而自然消除。反之，一旦地方政府债务增长率失控，高于经济增长率的话，则前景是危险的。因为不良债务将由于 $B_t \to \infty$ 而趋于失控。

要及时刹住地方政府债务的增长势头，就现实体制来说，“解铃还须系铃人”。如果说上下级层层下达经济发展指标，致使地方政府上项目、争投资、搞政绩工程而欠债的话，那么通过指令性化解指标，在当前体制下也是有效的。只是这种化解任务应提到更高的程度，要使之成为地方政府“值得追求”的政绩。实地调查显示，向各级政府官员下达化解不良债务指标，在短期内还是有效的。如果强化对这种政绩的考评权重，还可以加强地方政府债务融资的责任。

二、近年来应急措施成效

自 20 世纪后半期就开始，地方政府债务问题逐步引起中央政府的关注。中共中央在十六届三中、五中全会的决议中还专门就此作出过要求[①]。国务院从 1999 年就开始着手解决这一问题，先后向地方发布了多个关于清理或制止地方政府举债措施，如：

——1999 年国务院要求各省、自治区、直辖市人民政府在年内对 1998 年

---

① 《中共中央关于完善社会主义市场经济体制若干问题的决定》（2003 年 10 月）指出，“实行全口径预算管理和对或有负债的有效监控。”《中共中央、国务院关于推进社会主义新农村建设的若干意见》（2005 年 12 月）指出，“各地要对乡村债务进行清理核实，2006 年选择部分县（市）开展化解乡村债务试点工作。”

底以前乡村两级自身的各种债务、债权和担保形成的各种债务进行一次彻底清查。[①] 农业部1999年的统计表明，全国乡村两级债务共计3259亿元。[②]

——2005年7月，国务院指出要“采取果断措施，坚决制止发生新的乡村债务。”“把制止新债、化解旧债作为考核乡镇干部任期目标和工作实绩的重要内容。”“乡镇政府债务管理以财政部门为主，村级组织债务管理以农业部门为主”。[③]

——2006年10月，国务院指出，“全面清理核实，锁定债务数额。……摸清底数。要对2005年12月31日以前乡镇政府和村级组织形成的债权和债务……进行全面核实，分类清理。”[④]

在所有措施中，以“三奖一补”引导县乡政府解困对解决县乡历史债务起到了很大的作用。所谓“三奖一补”，主要内容是：从2005年开始，中央财政对财政困难的县乡政府增加县乡税收收入，以及省市级政府增加对财政困难县财力性转移支付给予奖励，以调动地方政府缓解县乡财政困难的积极性和主动性；对县乡政府精简机构和人员给予奖励，促进县乡政府提高行政效率和降低行政成本；对产粮大县给予奖励，以确保粮食安全，调动粮食生产的积极性；对以前缓解县乡财政困难工作做得好的地区给予补助，以体现公平的原则。2005年以来，中央财政每年增加“三奖一补”政策的投入力度，其中2005年投入150亿元，2006年投入235亿元，2007年安排资金335亿元，三年投入资金总量超过700亿元。

“三奖一补”政策的实施，在2005、2006年带动地方安排配套资金808亿元。全国791个财政困难县共增加财力1298亿元，平均每县（市）增加财力16410万元。全国财政困难县个数已经由2005年的791个减到2006年底的200个左右，2007年中迅速减少到27个。估计到2007年底，全国县财政困难问题可基本解决。随着财力的增加，县乡财政保障能力也明显增强，多年来存在的拖欠工资这一老大难问题得到解决，2006年各地行政事业单位人员全国

---

① 国务院办公厅：《关于彻底清理乡村两级不良债务的通知》（国办发［1999］40号）。

② 但这个数字很快被其他组织和机构所质疑。由于这次清查数据以及后来的调查差额巨大，2006年，财政部和农业部牵头再次就全国乡村两级债务债权以及清理化解工作进行调查。

③ 国务院办公厅：《关于坚决制止发生新的乡村债务有关问题的通知》（国办发［2005］39号）。

④ 国务院办公厅：《关于做好清理化解乡村债务工作的意见》（国办发［2006］86号）。

统一规定工资全部实现按时足额发放。县乡政府运转状况显著改善。2003 年至 2006 年，县级人均公用经费水平由 3458 元提高到 6367 万元，三年增加 2909 元。

此外，实施“三奖一补”政策以来，各地精简机构、分流人员的步伐明显加快。2003 年至 2006 年各地共撤并乡镇 4006 个，累计减少财政供养人员 87.2 万人。

“三奖一补”政策核心是激励：激励省市级政府增加对财政困难县乡的财力性转移支付，激励地方发展经济，增加财政收入，增加越多就奖励越多。其实质是以较少的上级奖励带动较多的下级减负。就像 1994 的分税制改革中的“基数返还”一样（见第三章第一节），它构成了中央政府与地方政府之间有效的“合作博弈”：让地方政府在追求自身收益的同时实现中央的政策意图①。当然，全国财政困难县与负债县比只是一部分。如第二章介绍的，富裕区、一些百强县债务仍不少，而且可能比经济落后地区债务更多。况且财政困难县的减少也应该放在 2003 年以来的本轮经济快速增长周期中看待。因为众所周知的原因，“土地财政”在本轮经济快速增长中已经成为基层政府的主要自有收入。地方政府筹措配套资金也正是在这个时期更加容易。否则它会像宏观经济低迷时期一样导致地方政府新的债务。而且财政困难县减少的主要是历史债务，又产生多少新的债务还没有引起重视。一些地市级政府的财政负债增加更快（见第二章第三节）原因很简单，导致地方债务积累的机制仍然存在。

① 例如，在中央财政奖补政策下，地方也积极探索适合当地情况的扶持政策。2005 年内蒙古获得中央财政“三奖一补”资金 7.13 亿元，2006 年增至 11.6 亿元。内蒙古在相应地加大对下级政府的奖补力度：增加了鼓励县控制财政供养人员和鼓励旗县提高财政收入质量的奖励内容，两年共投入配套资金 5.8 亿元。宁夏在两年间中央财政和地方配套资金共投入 4.1 亿元，用于将化解乡镇债务、提高县乡公用经费标准。甘肃省将 2005 年和 2006 年享受奖补资金财政困难县的数量分别从中央确定的 42 个和 25 个，增加到 60 个和 45 个。为此甘肃省财政在中央财政两年累计“三奖一补”资金 9.3 亿元的基础上，又增加配套资金 9.48 亿元。（新华网，“我国积极探索县乡财政解困之路”，2007 年 8 月 16 日）。

第二节　建立财政转移支付法律制度

解决地方财政困难，界定政府间关系，实现公共服务均等化，其必要性已经被十六大以来屡次中央全会认识到。而且一些改革的方向也被多次提及。例如：

"推进财政管理体制改革。健全公共财政体制，明确各级政府的财政支出责任。进一步完善转移支付制度，加大对中西部地区和民族地区的财政支持。实行全口径预算管理和对或有负债的有效监控。加强各级人民代表大会对本级政府预算的审查和监督。"

——《中共中央关于完善社会主义市场经济体制若干问题的决定》（2003年10月中共十六届三中全会）

"推进财政税收体制改革。合理界定各级政府的事权，调整和规范中央与地方、地方各级政府间的收支关系，建立健全与事权相匹配的财税体制。完善中央和省级政府的财政转移支付制度，理顺省级以下财政管理体制，有条件的地方可实行省级直接对县的管理体制。"

——《中共中央关于制定国民经济和社会发展第十一个五年规划的建议》（2005年10月中共十六届五中全会）

"完善公共财政制度，逐步实现基本公共服务均等化。进一步明确中央和地方的事权，健全财力与事权相匹配的财税体制。完善中央和地方共享税分成办法，加大财政转移支付力度，促进转移支付规范化、法制化。保障各级政权建设需要。完善财政奖励补助政策和省以下财政管理体制，着力解决县乡财政困难，增强基层政府提供公共服务能力。"

——《中共中央关于构建社会主义和谐社会若干重大问题的决定》（2006年10月中共十六届六中全会）

在此过程中，行政体制改革，天津滨海、重庆和成都等地方进行的综合配套试验改革，及财政上"省管县"、乡镇综合改革等都紧锣密鼓地进行着。2003年，中央对地方的转移支付为4512亿元，2006年为9129亿元，年均增长26.5%。

一、政府间转移支付方式分类

关于转移支付制度设计方案理论上存在许多版本，每种方案都是针对政府间关系的特定目标而设计的。

依转移支付对实现上级政府政策意图的强弱划分，可概括出三种基本类型：

1. 以收入返还形式为主的模式（如日本、韩国）。在这种模式下，(1) 中央政府财政集权程度高，而较多事务由地方政府承担；(2) 上下级政府之间对收入的共享程度也较高；(3) 有明确的收入项目或分享比例划转财政转移支付。这种模式下，如果将转移支付量与地方政府增加收入努力程度挂钩，可有利于中央财政收入的筹措。我国分税制之初的税收返还就是这样。但其后果不利于财政的地区均等化。

2. 以财政均等化为主的模式（如澳大利亚、加拿大和德国）。在这种模式下，(1) 公共服务均等化为主要目标，在实现不同级次政府财政均等化的同时，地方辖区之间的均等化程度更明显；(2) 转移支付有固定的公式和相应的协调机制，透明度较高。

3. 以补助拨款为主的模式（如美国）。在这种模式下，(1) 上下级政府相对独立，上级政府不以均等化为主要目标，更多地强调对下级政府委托授权的资金供应。因此在转移支付中，分类补助、宽范围用途补助和一般目的补助三种类型共存，其中分类补助和宽范围用途补助占主导地位，一般性补助比重较小；(2) 对规定用途的补助金，可能要求地方财政资金配套；(3) 转移支付除拨款方式外，联邦税收对地方征税的扣除、联邦贷款和联邦担保等方式都存在。

在所有的各种方案中，一般财力转移即公式化转移支付（formula - type grants）和专项转移支付（ad hoc grants）是最基本的。专项转移支付对于满足中央政府的调控意图来说有非常特殊的适用性。因为在这种方式中，中央政府可以决定支付的数额，以及如何在各地方政府之间分配。这种支付方法的优点在于，中央政府具有足够的灵活性，从而有能力保持宏观经济稳定，而且投资于那些它所选中的项目和地区。它同时也赋予了中央政府在另一方面的最大的灵活性，即追求何种程度的横向平衡和纵向平衡。但这种支付方式使地方政府在使用上级财力时面临不确定性，因而难以形成稳定的预期，还会导致地方政府机会主义倾向。

公式化支付可以考虑各种特定的标准，目的在于实现财力在各级政府之间、在各地同级政府之间的均衡。在公式中，人口、收入能力，财政努力、支出需要等是主要因素。一旦公式被确定下来，就可以制度化地从中央到地方政府分配资金。相对于专项支付而言，这种设计对地方政府更透明，因此，这种形式更受人们推崇。

公式化转移支付制度所可能包括的类型见表 8－1。

表 8－1 也展示了一些国家在转移支付方面的不同做法。

表 8－1　　　　部分国家转移支付比较

	类型	分类拨款	宽范围用途拨款	一般目的拨款	特　点
美国	主要内容	最主要，占总拨款 80% 左右，规定具体用途，要求报告执行情况，按公式计算	使用范围未严格规定	即收入分享，按公式和比例进行，已逐渐减少	注意转移支付所要达到的目的；各项拨款都有立法确定
加拿大	类型	对各省的保健和高中以上教育扶持	支持各省的社会服务	财政均等化支出，即狭义的财政转移	联邦财政支出的 20% 拨付省政府使用，意在保证财政能力和公共服务的均等化。以法律或法规加以规定。
	主要内容	按人口计算，约占拨款总额的 50 以上	按人口计算，接近拨款总额的 20%	按公式计算，占拨款总额的 30%	
澳大利亚	类型	一般性补助	专项补助		专设联邦补助委员会，负责确定联邦向州和地方的补助额。有关法律法规进行规定。
	主要内容	旨在实现财政均等化，根据公式计算，规模较大	主要为实现特定目的		

续表

	类型	纵向转移支付	横向转移支付	有效地实现了上下级之间和各地区之间的均衡发展目标。由《基本法》、《税收分配法》和《联邦财政平衡法令》进行规定
德国	主要内容	增值税共享、联邦补助拨款、共同责任拨款	主要在各州之间进行，根据公式确定各州财政地位，以确定是否给予补助	
俄罗斯	类型	均等化转移支付	其他转移支付	在各州之间进行均等化转移支付，由《预算法典》所规定
	主要内容	根据公式计算	包括补助和互助结算补助，后者属于非均等化转移支付的主要形式，占全部转移支付总额的1/4	

资源来源：转引自中国社科院财贸所，《中国财政政策报告 2005/2006：走向“共赢”的中国多级财政》，第77～78页。

——弥补收支差额的补助。这种补助主要是用以弥补地方政府收入和支出需要之间的差额，在前苏联的一些国家中，这种补助很普遍。这种补助相对来说给予地方政府较少的自主权并且不鼓励地方去提高其财政能力。

——一般性转移支付（无条件转移支付）。这些补助在给予地方政府时并不附加任何使用上的要求。它有效地实现了中央财力向地方的转移，而且这部分资金可以由地方任意使用。但有时地方政府会依赖一般性转移支付而减少税收努力。

——特殊目的转移支付（有条件转移支付）。这种补助只针对于某项特定的支出，其适用性也与特定支出相联。有条件转移支付能增强中央政府支出政策的力度，而且能在一定程度上干预地方政府的自主权。

——无配套资金要求的转移支付。这种补助介于有条件和无条件之间。获得这种补助，并不需要地方政府有相应的配套资金。在这个意义上，这种补助做为地方政府的收入来源，可以被视为无条件转移支付。

——有配套资金要求的转移支付。这种补助更多地是适用于特定的支出目的（有时它们也作为成本补偿性转移支付来使用。在这种情况下，地方政府需要提供一个既定百分比的自有资金相配套，才能获得这项补助。这种补助强制地方政府分担支出责任，从而有利于增强地方政府的支出效率。但是在债务融资出现软预算约束时，地方政府为争得这部分资金会不计后果地举债。

——中央政府可以在提供转移支付的期限上有所选择。中央政府给地方政府补助的时间不确定，而随着中央政府预算情况的变化而变化。这种类型的补助往往是针对那些具有较高优先权的支出，如教育。这些支出既迫切又关键，而且要是持续性的。但是如果补助无明确期限，往往就会使地方政府在安排支出时难以制定计划。我国目前的转移支出就是这样。由于中央财政对下级政府转移支付没有法定期限，地方政府在提交本级人大预算报告在时间上一般又在中央政府的"两会"之前。结果是中国地方规模越来越大的转移支付收入根本不受本级人大的监督。如果有明确期限，转移支付既可以由地方政府有计划地使用，也能够纳入本级预算监督范围之内。

二、转移支付体系设计

转移支付制度应该遵循的原则，理论上有很多标准。表 8－2 是关于设计政府间财政转移支付的标准。

表 8－2　关于设计政府间财政转移支付的标准

自主性	地方政府在确立优先目标时应当具有完全的独立性和灵活性，不应受项目的目录结构和中央决策不确定性的影响。税基共享制与这一目标相一致。
收入充足	地方政府应当有足够的收入来承担指定的责任。
公　平	分配的资金应与财政需求因素直接相关，而与每一个辖区的税收能力成反比。
可预见性	拨款机制应通过发布可提供资金的五年预测，以确保地方政府份额的可预见性。
效　率	拨款规划在涉及地方政府对资源分配（不同部门或者不同类型活动）的选择问题上应保持中立。
简单明了	拨款分配应基于单个部门无法控制的目标因素进行。规则应当易于理解。
激　励	规划应为完善的财政管理提供激励，并阻止资金的无效使用。禁止负担地方政府财政赤字的特殊转移支付。
确保拨款人的目标	这一点的最佳实现途径是在拨款条件中规定所需达到的结果，并赋予接受方灵活使用资金的权力。
单一目标	每一个拨款项目都应当集中实现单一目标。

资料来源：沙安文，"政府间财政安排：国际应用的经验教训"，2005，pp94～95。

上述各种标准之间可能存在矛盾，究竟如何取舍，则取决于上级政府的优先考虑。其实，作为一种再分配制度，财政转移和财政均等化很难在公平与效率之间取得一致。将上述标准归纳，我们可以看出，一个国家的转移支付必须要遵循如下原则：

1. 保证不同级次政府职能的实现，即实现财政纵向平衡。这样也可以避免因辖区间的收益和成本溢出效应导致的资源误置，并消除不同级次政府间收入机制与支出负担不匹配引起的财政差距。

2. 使地区间提供公共服务的财政能力均等化，实现财政横向平衡。这不仅是个社会公平问题，更关系着一个国家政治上的统一。①

3. 鼓励地方政府努力征税和控制支出。转移支付不能降低地方政府的税收努力，不能鼓励其过度支出。这是一个有效的转移支付体系必须注意的。

4. 转移支付制度具有透明度和稳定性。转移支付的计算公式和拨款程序应该公布，并以法律固定下来。即使变动，也必须经由法律程序。

表8－3 汇总了各种各样的转移支付制度的方式，根据上述两个方面，即决定有多少资金可用以转移支付，这部分资金如何分配，划分出 12 种不同的转移支付制度方式。多数情况下，这些体系中的每一种都可以实施有条件或无条件的，需配套资金或不需配套资金的转移支付。

表8－3　　各种转移支付制度的方式

（确定所有可供分配的转移支付资金的分配方法）

确定资金分配的方法	分享特定比例的中央或地方政府税收	专项支付	对于认可的支出给予成本补偿
依据税收来源分配	A	—	—
依据公式	B	F	—
全部或部分地给予成本补偿	C	G	K
专项支付	D	H	—

表8－3 中，类型 A 反映了目前一些国家所实行的分税制情况。在这种体

① 梅尔维尔·麦克米兰（Melville L·McMillan）："以提高绩效为目的的地方政府设计"，中文版载于《地方政府与地方财政建设》，沙安文、沈春丽主编，中信出版社 2005 年版。

制下，地方政府不能决定共享税的税基，也不能决定分享比例。我国目前属于这种类型。在大多数发达国家最常见的形式是类型 B 和 D，中央与地方共享的资金来自特定的收入，而且它们的分配要么依赖于公式，要么通过专项支付。在美国，医疗帮助计划可以被视为类型 F 或者类型 G，而目前在俄罗斯实行的那种弥补收支缺口的转移支付方式，则可以被视为类型 D 和类型 H。我国现行转移支付中也有这种类型。

表 8－4　　20 世纪 90 年代中外地方政府收支地位比较

	地方政府收入占全国政府收入%	地方政府支出占全国政府支出%
中国（2006 年）	47	75
发展中国家	9	14
经济转型国家	17	26
OECD 国家	19	32

三、加快财政转移支出立法

2006 年，中央对地方税收返还和转移支付达到 13490.7 亿元，比 2005 年增加了 2006.68 亿元，增长 17.5%。这一规模相当于中央财政总支出（23482.26 亿元）57.5%，相当于地方财政总收入（31771.55 亿元）的 42.5%。这种财政资金在政府之间的转移规模，与其他国家相比要高得多。尽管中国地方政府的财政收入占全国财政比其他国家高，但地方政府经手的开支（达 3/4）比其他国家（14%～32%）更高。（见表 8－4）可是，到目前为止，这么大规模的财政资金在政府间的转移尚无一个严格的法律进行规范。随着时间的推移，这方面引起的一系列财政的、经济的、社会的乃至政治问题将越来越多，也越来越严重。

如果把政府视为一种科层组织，其内部形成的秩序与企业组织的不同之处是明显的。在解释科层的形成和维系中，契约论观点似乎主要流行于基于市场经济和议会民主政治的社会，近年来随着全球化趋势变得十分流行。但完全的契约观并不能解释历史或现实中并非基于成本—收益比较而产生和发展起来的科层现象。许多社会组织甚至企业里权力等级的形成和运行并非缔约的结果。

一个规范的政府间财政制度包括：相对明晰的政府产权即严格界定的收入与支出责任；内部相对完备的治理结构；政府间转移支付都有严肃的立法和司法保障。诸如《财政法》、《转移支付法》、《预算法》、《财政监督法》等，就转移支付制度的原则、内容、形式、依据、用途和监督等以立法形式予以规范。尤其是要尽快修改《中华人民共和国预算法》，增加有关财政转移支付的条款，赋予财政转移支付相应的法律地位，还要制定关于政府间财政转移支付的单行法规，对财政转移支付的政策目标、资金来源、分配形式、分配程序、分配公式等做出具有权威性的统一规定，确保规范化的财政转移支付制度建设有法可依。转移支付收支预算要单独编制，并由各级权力机构审查后予以实施。这些法律建设可以使中央与地方财政关系真正形成稳定的制度，上下级地方政府之间才有可能自我约束，并具有稳定的预期。

为财政转移支付法律建立相应的实施法律的设施。在单一制国家，政府间"谈判能力"与联邦制国家的悬殊要大得多。政府间财政转移法律如果要得到有效的实施，必须设置相应的实施机制。如澳大利亚、印度和南非等国设置独立的"联邦拨款委员会"，德国、加拿大设置的由议会主导的"政府间委员会"等专门机构。这些机构的任务、职权和职责都由法律规定，以确保转移支付的公正、合理。我国可以借鉴并结合国情建立专门的决策机构和专门的执行机构，并在《转移支付法》中加以规定，赋予其法定权力。全国人大常委会应该设这样一个专门的拨款委员会，国务院由综合部门承担执行和协调职能。各省也可以依次设置，负责省以下转移支付的决策和监督。与此同时，还应该设立专门的、独立的处理政府间财政关系的司法机构。如果依据转移支付法规定的标准，应当拨付的转移支付资金迟迟不到位，应有司法程序追究相关人员或机构的法律责任。

第三节　深化改革　加强地方财政责任

一、推行复式预算，强化地方财政资本预算的监督

赤字和债务融资问题，说到底是一个政府财政责任问题。通过改革预算制

度，从法律上加强政府的债务融资责任，对我国地方政府债务问题的解决是个新问题。在这方面新西兰和美国的两种模式值得借鉴。在新西兰，1994 年通过财政责任法要求，政府在其年度和每半年的财政报告中应当包括或有负债的报告，且包括或有负债报告在内的所有财政报告须全部提交给议会，并且在互联网上发表。报告所包括的或有负债主要有以下几方面的内容：（1）担保和赔偿，如为企业在国内外借款提供的担保、政府提供的存款担保等；（2）未缴资本，如政府对国际金融机构的未缴认购股款等；（3）诉讼程序和纠纷赔款，如政府机构和国有企业由于在诉讼判决中败诉而可能被要求支付的款项等；（4）其他可量化的或有负债。除此之外，对于其他无法量化的或有负债，政府还必须提供相应的详细资料。

政府公共服务职能与资产经营职能分离，应该表现在预算制度上。地方政府运行所必需的经费开支，和为促进地方发展所必需的资本性收支活动，应在预算中明确划分，充分披露。这就是复式预算制度。1995 年以来，我国从中央到地方各级政府都建立了复式预算制度，一般性预算收支与资本预算项目分开，每年经由各级人民代表大会审议批准。这为加强政府财政责任，规范收支行为提供了制度保证。但是在具体实施过程中，许多地方政府并没有完全按照制度进行收支活动。资本项目资金经常被挪用为一般预算开支。即使违规向银行举债融资或担保，也常常以总预算规模考虑举债能力而不是仅仅以资本预算规模为基础。因此，如果复式预算制度在地方政府得到有效贯彻，对化解地方政府债务就会有显著的效果。

利用市场机制，政府由投资壁垒和支出压力的循环中解脱出来。许多投资机会由民间资本竞争，本来是可以减轻地方政府投资义务的。推进共用事业改革，甚至基础设施建设，都可以引入民间资本进入。否则越是壁垒，民间资本越难以进入，则地方政府的投资负担也就越重，地方公共投资就越显不足。从这个意义上说，地方财政负担和债务积累与地方政府对市场的控制权竞争之间有一种循环因果关系，但这种竞争却与辖区整体利益相悖。因此，中央政府有必要出面纠正地方政府的这种“不正当竞争”行为。在投融资领域，应该打破地方政府对投融资领域的行政垄断。

通过改革政府主导型的投融资体制，扩大民间投资的比例，是对地方政府投资责任的解脱。破除地方政府对投资领域的壁垒，也是一个公用事业和基础设施投资领域的市场化开放过程。项目投资商或运营商根据市场条件进行资本市场融资，也就分担了原来由地方政府承担的投资风险。因此，应该严格执行《预算法》和《担保法》有关条款，一方面要对地方政府违反国家法律法规的融资行为给予必要的惩罚；另一方面也要提示金融机构从事这类业务的政策风险。地方政府一旦不承担投资或担保责任，就可能在必要时以节省的投资资金用于对开发商或运营商的贷款贴息。通过对地方公营事业公司改制，使政府与企业的关系接受市场和公众的监督，企业发行债券所筹集的资金只能由企业支配，只能以企业资产做担保。

二、将地方预算行为置于法律的严格约束之下

在严格地方政府预算纪律方面，对背离宏观经济要求和社会整体利益，甚至背离自身的预算承诺的行为，无论是联邦制还是单一制的制度安排都曾普遍地无能为力。在联邦制和选举政治中，基于公共选择原因，无论在联邦一级还是地方一级，政治家总是慷慨地向选民许诺，官僚追求预算最大化，结果必然使得财政纪律松弛。即使对选举周期所作的预算承诺，政治家到下一个选举周期的前夕就会抛诸脑后，因为他们需要提高开支或削减税收以再次当选。而在单一制国家，由于地方政府在法理上属于上级政府的附属，上级政府不得不承担起最终义务人角色，地方政府的预算纪律更加容易松弛。结果，财政政策非但不能抵消宏观经济周期的冲击，反而可能加剧宏观经济的波动。

在不同级次的政府看来，同一项预算开支带来的收益是不一样的。宏观稳定、信用健康、生态优美和国家长治久安，总是各国中央政府首先考虑的目标。但就地方政府而言，这些都是具有“外部性”的事项，它们更关心的是本辖区的局部利益，甚至在选举政治下一个任期内的局部利益。将中央政府的预算精神贯彻到各级地方政府预算过程中，使地方政府预算行为符合全国利益，便成为各国中央（联邦）政府加强对地方预算责任的共同需要。即使在联邦制下，地方政府除了接受本级议会的预算监督之外，也不得不面对上级政府在预算的方面的问责。

这种问责制度包括两方面：一是政策规则。即通过制定绩效指标，对地方政府预算施加永久性的约束。这种绩效指标或者用诸如公共债务之类的存量指标，或者用诸如收支余额、外部借款等流量指标构成。约束条件通常都以占地

方 GDP 的比例来表示。二是程序规则。涉及到预算编制、报告、讨论，以及政府会计、审计程序等规章。比如，若发生额外支出或减税，在提案中必须明示相应的经费保障条件；对未用完的拨款，是否允许年终结存；定期的预算报告和预算执行进度报告，等等。

政策规则中，绩效指标的目标是实现地方预算平衡。或者要求至少保持经常项目平衡，或者要求一定程度的预算结余，或者将收支差额控制在一定范围之内。一旦超出上述设定限制，政府将给予从警示、批评、惩罚甚至法律制裁。具体做法各国有所不同。

一种做法是强调自上而下的统一和协调，即由中央（联邦）政府主导，确保地方预算执行不冲击宏观经济和货币体系。这种方法下，中央（联邦）政府对地方政府的预算危机实施紧急求助，同时对违反预算规则的行为进行谴责、财务上的处罚，甚至司法上的制裁。这可以称为一种具有集中特征的预算问责方法（见表 8－5）。

表 8－5　具有集中特征的预算问责方法

方法/国家	基本规则	法　规	制裁方式	实施年份
协调（自上而下）				
澳大利亚	债务限制	君子协定	声誉制裁	1927
巴西	经常项目平衡 工资限制 债务限制	法律	财务制裁	2001
哥伦比亚	借款限制 利息支出限制	法律	司法制裁	1997
非洲法郎区	借款限制	条约	财务制裁	1973
欧盟	综合平衡	条约	财务制裁	1977
德国	经济项目平衡	条约	司法制裁	1949
墨西哥	经济项目平衡	宪法	司法制裁	1923
波兰	债务限制	宪法	司法制裁	1998

资料来源：乔治·考佩茨，“地方财政责任的框架：国际责任”，2005。

例如澳大利亚，《1998 年预算诚信行动宪章》（Charter of Budget Honesty

Act of 1998）要求，各州政府必须公开披露其财政政策意图和绩效，包括：财政战略说明书；年度和年度中期预算和财政展望报告及其核定预算结果；换届报告；选举前的经济和财政展望报告。

另一种做法是地方自主基础上的共同遵守纪律，主导权在地方政府，相信其追求各自财政上的可信性。在这种情况下，地方政府有权直接从资本市场上融资，并接受来自资本市场的信用评价和监督。一般情况下中央（联邦）政府不会对其财政危机实施救援。这要求有一个健全的资本市场，更要求有一个公正高效的司法体系对规则违犯者实施严厉的惩罚，包括根据民法宣布地方政府破产并清算其资产，甚至追究责任人的刑事或民事责任。这可以称为具有自治特征的预算问责方法（见表 8-6）。

表 8-6　具有自治特征的预算问责方法

方法/国家	基本规则	法　规	制裁方式	实施年份
自治（自下而上）				
阿根廷	综合平衡	法律	声誉制裁	2000
加拿大	经常项目平衡 赤字限制	法律	司法制裁 财务制裁	1996
印度	经济项目平衡	法律	声誉制裁	2003
瑞士	经济项目平衡	法律	司法制裁	1920S
美国	经济项目平衡	宪法 法律	司法 制裁	1860S

资料来源：乔治·考佩茨，“地方财政责任的框架：国际责任”，2005。

目前世界上多数国家特别在发展中国家，并没有处理地方政府不良债务问题的法律框架，多以“就事论事”的方式处理地方债务问题。与这种法律上的模糊性同时出现的，往往是财权和事权划分的不明确以及政府间转移支付中的讨价还价。我国也不例外。1994 年分税制改革后，各级政府的财政产权朝着越来越明晰的方向发展。作为一种产权制度，必须有一系列的法律法规做支撑。因此应该不断完善我国的法律规定，强化地方政府的举债约束和债务管理，使其与我国经济发展的现状相适应，并尽可能与国际接轨。在创新地方收益债券等金融产品时，要谨慎论证，逐渐推进。为了使我国地方债务的发展与控制沿着规范化的方向前进，修改《预算法》、《担保法》，制定《财政转移支付法》、《公债法》等相关法律的工作应当尽早提到国家立法机关的议事日程上来。

如前所述，在某一行政辖区内部，公众、社会团体和政府组成人员作为一个共同体，与本辖区外部有着资源、市场、就业机会和社会福利的竞争关系，他们之间既有利益一致的方面，也有各自特殊的要求和偏好。一个有效率的国家治理制度既要实现政令的畅通、市场的统一和收入分配的均等，还要实现较低的监督费用，地方较高的创造性和责任心。就一个辖区单位来说，良好的机制取决于对地方官员的政治和经济激励。经济激励把政治家的个人利益和公共目标联系在一起，诸如辖区政府间竞争和地方财政自主等机制都产生这样的经济激励。使地方官员的政治前途取决于其是否追求有效政策的政治制度则提出了政治激励，例如地方政府的“问责制”。即辖区公众或者直接、或者间接地对政府决策实施监督。因为既然辖区公众是依靠纳税而取得政府提供公共服务的，如果没有了问责制，那么地方官员所具有的强经济激励就可能导致腐败、地方保护主义或被既得利益所俘获（Tanzi，1995；康斯坦丁·绍宁，2003）。

因此，从资本市场主体资格的角度看，对地方政府的改制相当于公司内部治理结构的规范：即建立在辖区之内有效的委托人对代理人的监督机制。其中的委托人由上级政府、辖区公众和其他出资人，而代理人为辖区政府机构和官员。问责制的关键是建立地方财政支出的信息披露制度。的确，既然属于公共资金，投资于公共用途，就应通过立法程序，使辖区政府的财政行为接受各利益相关者的监督。

地方官员的问责制对防止低效的地方政策是必须的，尽管这是一个成熟的观点，但理论文献对什么制度能有效确保问责制却缺乏共识，这一问题有待于进一步研究。一方面，能自由获得信息的选举和完善的人民代表大会制度，是能够为地方政府提供足够的政治激励的。其约束效果可以大大节约上级政府的监督成本。因为本地公众和利益相关者对地方事务和地方政府行为的了解比中央政府更及时、更准确。而另一方面，在许多发展中国家和转轨国家，仅靠地方公众制约也有失败的地方，甚至导致腐败的滋生和地方政府被俘获。而且在分权的国家，那些只对本选区负责的地方政府致力于追求一些对其他地方政府而言具有负外部性的政策，例如发行代币券，设置贸易壁垒等。在我国，目前地方政府开办金融业、不加限制的债务融资都是一种表现。在这种情况下，中央政府对地方政府强有力的行政控制也许有助于有效的经济分权（Blanchard and Shleifer, 2000）。这一推理需要一个前提，就是中央政府与地方政府相比，其被俘获的可能性要低。

中国地方政府所受的约束中，来自上级政府的行政考察和监督所施加的影响是最有效的。但是要使地方政府竞争有利于更广泛的社会利益，应该建立规范的上级政府对下级政府的、辖区公众对辖区政府的问责制度。大众媒体监督作用也越来越大。如果对地方财政信息要求强制性的披露，既符合政治文明和公共财政建设，成本也低得多。

第四节　缩减财政级次："乡财县管"与"省直管县"

关于政府级次和行政区划设置问题似乎超出本书的范围。但要从根本上解决地方政府债务，考虑到政府间竞争和对竞争进行适当的约束，需要在一个系统的政府分层框架里看问题。

一、改革政府级次的思想

20世纪80年代，随着"分灶吃饭"财政体制的实施，我国开始建立乡镇财政，形成了中央、省、市、县、乡镇五级财政。这在世界上是罕见的。无论在国家财政运行和管理效率方面，还是在纵向和横向财政平衡的公平性方面，这种架构都表现出不少问题。农业税取消后，乡镇政府职能和财政供养人员上划，税务、工商、技术监督等机构已按经济区域而非行政区划设置，乡镇财政的主要任务只剩下政府人员工资支出。其预算编制、执行和监督方面的职能形同虚设，乡镇财政作为一级财政的作用，基本上名存实亡（贾康、闫坤，2005）。关于我国财政级次改革，贾康和白景明指出，应该将目前的五级政府框架与联邦制国家的三级政府框架相比较，把政府级次缩减为三级加两个半级，即中央、省、县三级政府加地、乡两级派出机构，市与县财政同级；在简化政府级次的前提下按照“一级政府、一级职能、一级财权、一级税基、一级预算、一级产权、一级举债权”构造多极财政。特别是农业税取消后（贾康、白景明，2003）。

理论上可以证明，科层组织随着委托代理链条的延长，代理成本和激励问题就越严重。在从中央到地方的委托—代理效率方面，一个大国是不可能与一个城市小国相比较的。（张维迎，1995）所以除了上述各级政府的内部治理结构和上下级政府间权力和责任的分配问题外，政府级次和辖区设置是很重要的。中国在行政管理体制改革和财政体制改革中应该考虑这一问题。从发达国家情况看，由于国家规模和历史原因，管理国家事务而设立的政府级次都比较少。在欧美国家中，除法国有四级政府外，其他国家一般有三级。[①] 这样既有利于明确划分各级政府间职能与责任，也有利于提高财政资金使用甚至整个行政系统的效率。而现代管理科学和信息技术的广泛应用，也为政府架构实现“扁平化”提供了可能。

在东、中、西部，本人曾经就中国地方政府级次设置问题分别向一些村、乡镇、县（市）和地（市）官员就他们的职能履行情况请教看法。当然，每级政府官员强调自身职能重要性是正常的，大多数也是符合客观实际的。在中国从中央以下的省到乡村五级政府组织中，公认“必要的”是省和县两级。但是，省辖的地级市的许多职能似乎与县重合得较多。存在疑问最多的是对乡（镇）一级政府的必要性。在四川省P市，几个乡镇干部自己也怀疑中国对这级政府设置的必要性。税费改革后，那里大多数乡镇撤消了很多职能机构。甚至有五六个乡镇“共用”一个公安派出所，社会治安也没有什么问题。上级核定的乡镇在编人数由原来50～60人缩减为17～21人，政府能提供的职能似乎没有变化。所以他们认为与其让乡镇政府债务缠身，不如撤消它的好。

从历史上看，乡制在我国的确立与发展，自秦朝以来有三个发展阶段。第一阶段从秦朝到隋初的700多年间为“乡亭制”，尽管乡作为一级基层行政管

---

① 法国是中央—大区—省—市镇四级。美国地方政府中县、市、镇之间存在着错综复杂的法律关系。其中在有些州，镇在法律上和区域上从属于县，但县是州政府的分支机构，没有地方自治权，并不是严格意义上的地方政府。而在另外一些州，镇在法律上从属于市，但市政府和区域内的镇政府都是通过选举产生的地方政府，两者之间不存在行政隶属关系，在公共服务供给方面是协商、合作关系。（杨之刚、张斌，2006）

理建制而存在，乡官一般也由上级官方任命，但人数一般很少。一个在秦汉时代管辖1万多户的乡，通常只有3~5名乡官（分别管理治安、赋税、劳役、教化等事务）。第二阶段始自隋开皇十年（公元595年）改“乡亭制”为“乡里制”，从那时到清朝的“保甲制”共1000多年，乡都不是作为一级政府组织存在的，而是一个自治组织，乡官都由村民选举产生。民间事务都由县政府直接管理、协调，乡作为自治组织，只是起着协助县政府工作的职能。第三阶段自民国以来，乡作为一级基层政府行政管理机构，又被重新建立起来了，直到现在。（浦善新等，1995）中国有乡镇政府39240个。这级政府产生于人民公社解体之后，其独立的财政却建立于20世纪80年代后期。但是在不同省份乡镇财政的独立性差别很大。比如在江苏省，乡镇财政一直没有独立。（黄佩华，2003）

关于省辖地级市财政地位也是这样。我国除了港澳台之外其他省市一般是强（地）市弱县（市）。但在浙江[①]和海南省，新的财政体制是省政府分别直管地（市）和县（市）的模式。在这种模式下，地区一级（市）财政只对省财政有结算关系，且预算内财政收入仅限于地级政府所在市，而与行政辖区内的县（市）没有对应的财政结算关系。这意味着县级财政与地市级财政地位相对独立。就是说，在这种体制下，地级市无法随意从县级集中财力。[②]

二、“乡财县管”与“省直管县”

2005年底，《中共中央、国务院关于推进社会主义新农村建设的若干意见》指出，“有条件的地方可加快推进‘省直管县’财政管理体制和‘乡财县管乡用’财政管理方式的改革。”这从财政体制改革上为启动中国行政级次改革提供了探索空间。

---

① 2002年8月17日，浙江省委办公厅下发文件，将313项审批权下放给绍兴、温岭等20个县（市、区）。下放的权限主要是两类：一是除国家法律、法规有明文规定之外，须经市审批或由市管理的，由扩权县（市）自行审批、管理；二是须经市审核、报省审批的，由扩权县直接报省审批，报市备案。文件还规定，按国务院有关部委办文件规定须经市审核、审批的事项，原则上也要放权。

② 据报道，2003年11月23日，由中国县域经济研究所等负责评定的第三届县域经济基本竞争力评价结果揭晓，浙江省获27个席位，占1/4强。县域经济占浙江省GDP的70%，而该省11个地级市的实力及其增长不及县域经济实体发展快，相对显得弱小。（《21世纪经济报道》，2003年12月3日）

所谓“省直管县”是指财政上，县及县级市今后直接向省负责并接受省级财政拨款，不再经过省辖市这一级①。这一改革初期是以“强县扩权”开始的。继2002年先行在浙江试点之后，2003年6月26日，湖北省下发《关于扩大部分县（市）经济和社会发展管理权限的通知》，将涵盖计划、经贸、外经贸、国土资源、交通、建设等部门的239项权限，下放给大冶、汉川、老河口、监利、石首、当阳等20个县（市）。2003年10月，福建省出台《关于加快县域经济发展的若干意见》。2004年河南省政府发布《关于扩大部分县（市）管理权限的意见》，将本属于地级市的部分经济管理权和社会管理权下放给巩义、项城、永城、固始、邓州等5个县或县级市。这些权限包括：计划直接上报、财政直接结算、经费直接划拨、项目直接申报、用地直接报批、证照直接发放、统计直接报送、政策直接享有、信息直接获得、税权部分扩大等。同时新密市等30个县（市）也享受原地级市掌握的在项目申报、用地报批、证照发放等方面的经济管理权限，以及部分税收权限。截至2006年底，全国18省（市、区）推行了这种试点，其中10个全面实行，8个试点。据测算，一个中等地级市，每年仅工资支出就要2亿左右，再加上后勤、办公经费等，平均每个市本级的财政支出约要5亿，全国共有260多个地级市，匡算下来，每年全国仅地级市本级的财政支出就要在1300亿以上。（杨之刚、张斌，2006）

而“乡财县管”，是指弱化乡镇一级财政独立性，以县级财政为主管理，使得财政上，乡镇一级成为县级政府的派出机构。它主要是在考虑农业税取消后乡镇职能削减很多的现实，进行的财务上简化措施。2002年12月26日国务院转发的《关于完善省以下财政管理体制有关问题的意见》② 提出“根据乡经济状况合理确定乡财政管理体制”的建议（财政部，2002）。至于取消乡镇这一级财政，与省直管县一样也有法律上的障碍。安徽省在试点中就明确：乡镇预算管理权不变、乡镇资金所有权不变、财务审批权不变。因此这种改革被称为“乡财县管乡用”。（杨之刚、张斌，2006）后来国务院的多次文件也使

① 财政省直管后，县与省的预算关系是“体制初助、税收返还、转移支付、财政结算、专项补助、资金调度”等。

② 财政部：《关于完善省以下财政管理体制有关问题的意见》，财政部网站，2002年12月9日。

用了这一提法。目前这一做法的通行内容是“预算共编、账户统设、集中收付、采购统办、票据统管”。其基础是财政上的“县乡联网”（财政部网站2006－10－16）。截至2006年12月，全国28省（市、区）推行了乡财县管，其中18个全面推行，10个试点。全国各地推行的“乡财县管”改革的具体措施有所差异，但其基本内容大体相同，具体措施包括：预算共编、账户统设、集中收付、采购统办、票据统管等。将乡镇财政的预算编制、资金管理、拨付、使用各环节置于县级财政监督之下，有利于加强对乡镇政府财政收支的管理。改革的配套措施主要是：清理乡镇财政供养人员，严格控制财政供养人数增长；明确乡镇财政支出的基本顺序，按“保工资、保运转、保重点”的原则，优先保证工资正常发放；全面清理乡镇银行账户和票据，摸清乡镇收入家底，核实清理乡镇各项债权债务。在此基础上严禁新增负债，并采取积极有效措施，努力消化现有债务。（杨之刚、张斌，2006）

“省直管县”与“乡财县管”改革的深远意义在于，在工业化、市场化、全球化进程中，作为一个幅员辽阔的大国，中国要探索如何设置自己的地方行政管理框架。缩减政府级次，由五级政府“扁平化”为三级，或许是个可能的方向。但就作为先导的财政管理体制改革而言，还有一个与现行法律制度相配套的问题，因为按照宪法和预算法，中国是“一级政府设一级财政”，省与县之间的市级和县与以下的乡级政府如何不再有实质性的财政管辖权，需要进一步探索。

政府级次的设置主要在于三个考虑：一是从维护国家统一的考虑，需要相应规模和级次的政府设置以确保公共治理的有效性。二是各级政府为本辖区提供公共服务的效率；三是公共资金的成本收益比较。中国2000多年的历史上，封建王朝设郡县，通过中央—郡（府州）—县三级政权，在当时的信息和交通条件下行使了对全国的有效统治。而县以下则依靠乡里的自治。在这个演变过程中，中央与郡（府州）之间逐渐出现一个层级，如唐代的“道”，宋代的“路”，都是代表中央对连片州郡的临时性监督机构，承平日久变为一级政权。自隋唐起设立的中央机关“省”（即负责行政的尚书省、负责出令的中书省和负责核准的门下省），到了元代，因各地监督的需要，分派出一部分，是为“行省”，到明清，行省终于成为一级州县之上、中央以下的一级政权。可见，中央与郡县之间的这一级政权，是当时历史条件下为克服信息和交通障碍而设置临时性中央监督机构而来的[1]。

那么，在当代信息技术和交通条件下，省—地—县—乡的行政架构的效率意义当可重新审视。按照“贾谊定理”中“众建诸侯少其力”的思想，中央之下设立更多的直辖区域，可能是有利于一个大国的长治久安的。（孙广振，张宇燕，1997）而且考虑到第五章分析政府间竞争因素，细分了的政府辖区相互产生竞争关系，有利于提高公共物品的效率并减少中央政府的监督成本。不妨设想，对省这一级区划设立 80 个，然后由这 80 个地方政府各自下辖 40 个左右的县级政权（相当于现在 2800 个左右县级行政辖区和 333 个地级市），县以下再以派出的形式（如在一些地方四五个乡共用一个县公安派出所和法庭）提供社会治理和公共服务，从行政效率上讲应该是有保障的。这将会使中国的行政成本大幅度降低[2]。实际上，目前中央下辖 34 个正式的省级政权，若加上 4 个经济特区、17 个计划单列市、新疆建设兵团，中央政府已经直接管辖了 50 多个直辖单位。若再将个别区划过大的省区分划，则上述设想基本实现。

---

① “布政使司”、“提刑按察使司”和“都指挥使司”中，“使”即“出使代理”之意。而为了监督上述官员的努力程度，后来朝廷又向各地派出了代皇帝考察官员并负责上奏的“巡抚”之职，“巡”和“行省”中的“行”都表示了这种派出和临时巡行之意。

② “重庆模式”对这一步改革具有借鉴意义。重庆市实现直辖以后，通过两次行政管理体制的调整，撤销了由四川省划过来的原涪陵市、万县市、黔江地区三个地市级中间管理层次，构建起“两级政府三级管理”的新体制，实现了重庆市对 40 个区县的直接管理。重庆市现有的行政管理模式，节约了大量机构和编制，降低了行政管理成本。目前全国财政供养人口比例为 35：1，而重庆市为 52：1，由此每年节约的财政支出就达 32 亿元。（《北京青年报》，2004 年 6 月 8 日）

第九章 借贷分权：地方政府可以借债

第一节 地方政府借债的理论观点

在国外，如美国、日本等一些发达国家，地方债券（美国称市政债券，由州和地方政府及其下设机构和特别行政区发行）市场十分发达。地方政府不仅可就一般目的（可以是所有合法的政府开支）发债，而且可就特定目的，如建造学校或消防大楼等发债；地方债券可以由政府的一般征税权力来担保，并以税收偿还（称之为一般债务债券），也可以由某些政府事业的收入来担保，包括以市政供水系统的收入来偿付、以市政供电系统的收入来偿付、以市政下水道系统的收入来偿付等（称之为收入债券）。这些国家都有较健全的地方政府融资体系，发行债务已成为地方政府资本融资的重要支柱。

一、需要是发明之母

面对中国地方政府债券积累问题，不少人开始寻找其解决出路。其中，修改现行法律法规，允许地方政府进入资本市场直接进行债务融资的观点越来越多。这就是财政分权理论中政府借贷分权问题。概括起来，主张中国地方政府借贷分权的理由，有的引用国际惯例（王大用，2002；黄佩华，2003）；有的强调地方政府债务压力，发行债务的愿望强烈，而国内目前资金供给充分，资本市场的制度框架和技术条件具备，地方政府财政力量壮大，应该允许发行地方公债（李炜光，2002；杨轶，2002；陶雄华，2002；曹红辉、杨欣，2003；李光辉，2003）。为此甚至已经有人起草了地方政府发行债券的方案（何德旭，2003）①。还有的认为与其由中央政府代地方发行债务将债务风险集中于自己身上，还不如由地方政府分担这种风险，由此还可以加强地方政府的财政责任（靳晓黎、郑志荣，2003）。考虑到地方政府为一般性开支借债的风险，有的学者认为允许地方政府的建设项目，如市政工程，发行基于特定收益的债券（宋立，2003）。

在所有理由当中，强调得最有理论依据的是从财政联邦制和财政分权理论出发，认为地方财政自主的应有之义包含了地方政府发行债务的权利（黄佩华，2003）。另一方面，只有个别学者从地方政府借债后果和宏观经济稳定角度，更鉴于我国目前资本市场监管水平，对允许地方政府发行债务提出了反对意见（刘尚希，2003；《21世纪经济报道》，2003-12-24）。但是从公开发表的文献和地方政府发出的呼吁来看，希望中国地方政府尽快取得债券发行资格的观点可以说占"压倒性"优势。甚至有人认为，在地方性资本市场日渐崛起的大背景下，在许多国家都面临的向地方政府下放权力的政治潮流中，争论借贷分权的优劣是毫无意义的（Junaid Ahmad，2002）。

还有一种说法是，地方政府在国家法律禁止的情况下仍然积累了为数甚巨的债务，为缓解地方政府财政压力，干脆使事实上广泛存在的"偷偷摸摸"行为变得"光明正大"，更有利于控制地方举债行为（魏加宁等，2004）。

"我国法律对地方政府的负债行为既缺少明确的支持，也缺乏必要的约束。当地方负债建设已经普遍化之后，特别是当国有银行也大胆地进入该领域提供贷款之后，一些地方政府的领导人开始逐步大胆起来，大量负债建设自己的'政绩工程'。这不仅在加大银行的信贷风险，同时也使地方财政日后的偿债压力增大，形成对以后各届政府管理的风险。"王大用说。

因为地方政府在基础设施，特别是城市基础设施建设的投资需要大量的资金，尤其是中国正进入加速城市化阶段。除了城市基础设施，全国范围内或一省范围内的交通、能源、通讯等基础设施，一部分由中央政府投资，或有关企

① 《21世纪经济报道》："安徽模式试探政策底线 地方债券期待破茧"，2003年1月10日。

业投资，还有一部分是由地方政府投资建设的。像公路系统这样的基础设施，中央政府只对全国性干线进行规划，并提供少量投资，大部分由省级及省级以下政府投资建设。在这个过程中，地方政府财政收支本身就紧张，不举债融资上述建设无从谈起。有一种主张，“对地方政府负债应采取大禹治水的思想予以疏导和规范，而不适合再用鲧治水的办法来堵。”王大用呼吁说。①

——《21 世纪经济报道》，2006 年 5 月 11 日

是的，需要是发明之母。地方政府肯定有足够的动力呼吁财政自主，当然包括借贷分权。通过前述的“安徽模式”、“鞍山模式”、“重庆模式”等，还有更多地方在债务融资方面在变通、在运作。但是也有的变通就不那么顺利，例如曾经引起广泛关注的北京“奥运债券”就一波三折②。

地方政府是否应该得到债券发行权，也就是它们是否应该得到进入资本市场上债务融资的资格。对这样一个规范问题，我们需要回答两点：第一，解决中国地方政府现有债务是否可以通过下放借贷权？也就是说，对一个负债累累的地方政府来说，要偿还已经够多的债，就应当借入更多的债？第二，允许地方政府发行债务的话，需要什么样的监管制度？

第一个问题牵涉到债务重组模式，它可分为债权人重组、第三方重组和债务人重组。债权人重组是常态。但目前的中央金融机构作为债权人是否胜任，取决于金融体制改革的成效；第三方重组——中央政府出面，是因为它是潜在的“债权人”，此即或有隐性负债，给地方政府借款、中央金融系统豁免、财政援助等等；市场化的第三方重组，包括现有债权人将权利出售给第三方，由后者行使债权。比如对现有地方债务分类，通过市场机制“拍卖”负债项目，由投标人重组债务。

但若通过地方政府发行债券融资来解决现有债务，等于出现了第三种债务重组模式，即由债务人自行进行债务重组。这种做法对现有问题的解决有何作用，可能需要进一步研究。经验观察是，地方政府这个债务人在举借现有债务

① “五部委紧急叫停打捆贷款 进一步加强宏观调控”，《21 世纪经济报道》，2006 年 5 月 11 日。

② 据报道，北京市为筹办 2008 年奥运会计划投资 3000 亿元，而该市 2001 年地方财政规模仅为 450 亿元左右，于是发行“奥运债券”便被提上议事日程。然而此项计划却未能获得批准，3000 亿最终出自何处尚不得而知。（《商务周刊》，“‘冲击’地方债券已经失败 奥运债券变脸前后”，虞立琪，2003 年 9 月 2 日。）

时并没有考虑对债权人的拖欠是个问题，而且在付息展期的各种运作中，也没有债权人——银行的地方分支机构——多少说话的机会。既如此，授予其债务融资资格是根据何种标准？是它们资金雄厚还是债信可靠？进一步举借债务的收益有无保障？一个进入资本市场融资的主体，这些都应由市场来评价。但在一个债权人缺乏对债务人约束能力的体制里，要得到这种市场评价机制将很难。问题的关键，是设法建立确保举债信用的制度框架。在这种制度框架里，地方政府作为融资主体，需要接受一般主体遇到的同样约束。

2006 年 5 月，出于落实中央宏观调控政策，抑制各地投资热情，国家五部委发文叫停打捆贷款（见第二章第三节）。其实，中国市场经济发展到现阶段，政府融资方面的优势已经可以由市场替代，但其因特有的软预算约束和对风险的不敏感，负面后果越来越严重，成为比其他市场微观主体更容易引发宏观波动的力量。如果再赋予地方政府发放债券的权力，岂不是为超速行驶的车辆加油门？

二、借贷分权的指导思想

地方政府进入资本市场融资的关键问题是如何避免道德风险（moral hazard）。中央政府或明或暗的担保往往导致出借方和地方政府缺乏谨慎，所形成的不良债务最终还是中央财政的财政负担。如果要避免借贷分权对中央政府维持财政纪律、保持宏观稳定形成冲击，就必须对借债权下放后的监管框架进行严格的设计。从许多发展中国家（如巴西、阿根廷等）和经济转型国家（如俄罗斯）的事例看，这一框架设计和实施的困难不容低估。

1. 地方政府进行债务融资的机制至少有四种。[①] 一是由中央政府直接举债然后向地方政府转贷，目前我国由正式制度安排的地方政府债务主要就是这一种；二是通过诸如官方或半官方的金融机构为中介；三是直接到资本市场举债；四是可能的话，将公用事业对市场开放。

对照上述每种机制的优缺点，有几个因素要考虑。首先，应该减少或消除

---

① 基于地方政府借债的不同形式，还有其他不同的分类。（T. Ter - Minassin and J. Craig, *Control of Subnational Government Borrowing*，载于 T. Ter - Minassin，主编：*Fiscal Federalism in Theory and Practice*（华盛顿 D. C.：国际货币基金组织，1997）。

对信贷进行政治性配置的无效率；其次，上级政府对下级政府举债的义务应该明确列示，减少或者消除。第三，无论选择何种方式，不能有损于，而应有利于资本市场的健全。国际经验表明，由中央政府为地方政府的长期借贷提供最终担保，一个优点是避免举债失控。但这种信贷分配方式不可避免地会卷入某种政治程序中（World Bank，1990）。在这种情况下，资本不一定会流向最有生产率的部门，而是流向最办法向中央政府争取的地方（“跑部钱进”）。其结果是政治性信贷的无效率，投资效益低下。通过公共金融中介协调政府借贷也有此缺点，除此之外的另一个缺陷是，中央政府将承担着某种隐含义务。

要是地方政府运用多种渠道融资，情况复杂得多。比如在南非，私人资本市场有效运行着，政府创办了一家公共的基础设施投资银行。（Ahmad，1996；Heymans，1995，pp. 432～457）监管制度也没有明确在为地方公共物品融资过程中，公共融资和私人融资究竟哪个为主、哪个为辅。那么这就会有一种风险，即要么公共融资代替私人融资，或者公共部门信誉低下而风险很高。最后，经验证明，地方政府债务增长恰恰是中央政府对借贷的控制的结果，这种控制对地方政府产生了某种激励，使之想方设法通过预算外方式规避上级政府的限制。（Ter－Minassin and Craig，1997）因而，借贷权的集中可能增加了中央政府控制地方政府债务的义务。

相比较而言，地方政府直接进入资本市场融资，将为经济发展带来更加透明、更加基于市场机制的环境，因而对地方政府更易实施硬预算约束。因为这么做，会使得出借方与地方政府之间保持一种资本市场上的借贷关系。而只要引入了这种关系，就可以运用私人信用评估和公债保险机构对地方政府的债务进行监督。这一制度安排有利于提高地方政府施政过程的透明度，提高政府机构和领导人的责任心。随着资本市场作用的强化，地方辖区公众也容易了解当地政府的财政状况。此外，融资体制一旦引入市场机制，许多公共物品的生产或提供就可以由公共决策演变为市场决策。如对公共品的提供进行分类，相应地使融资和政府服务由私人参与或企业化。① 在有些资本市场本来有限的国家，这种公共物品向市场的分权往往使得公共品的提供者可以进入国际资本市

① 例如，以公司——私人或公共的——组织形式供水或供电可以改善进入资本市场的条件，因为这种组织比地方政府更易于避免行政干预。

场，从而促进了资本市场的深化。

2. 借贷分权中中央政府的策略。中央政府要在减轻自身负担的同时不至于举债失控，应该有意识地将培育资本市场和下放借款权力同步进行。当国内资本市场缺乏时，可取之法是由中央政府出面从国际资本市场举债再对地方财政转移支付。这也是我国常用的方式。前述四川省 P 市这种债务就不少。与此同时，中央政府应该及时发展国内的民间金融体系。宏观政策上还要保持财政和金融部门的分离，为地方融资体系发展奠定一个好的基础。东欧国家金融部门的改革就是这样。当民间银行体系出现并能够自我运行后，中央政府通过投资于贴现基金的方式为地方政府提供长期融资。这一贴现基金只是在商业银行向地方政府贷款的展期中承担还贷风险。但商业银行在具体项目上仍承担自己的信贷风险。这样，公共部门和私人部门各自分担风险。一旦资本市场随着长期融资的金融工具出现而出现时，对政府贴现基金的需求则自然消失。只要财政体制设计得当，地方政府自己就能承担长期债务。不过即使如此，财政状况差的地方政府还得依靠转移支付。另外，在相对发达的资本市场，私人信用评估机构和债券保险机构对地方政府进行着市场监督。

至于宏观上，中央财政兜底使地方政府借贷产生道德风险，这种担心在私人进行市场融资的情形下也照样存在。（平新乔，1998）这就需要通过适当的监管制度，确保市场纪律约束。

第二节　借贷分权的监管框架设计[①]

一个设计良好的监管体系，对放松信贷管制后避免市场不正常的、过度贷款激励是个必要条件，它同样能避免地方政府过度借款，实现资源在公共物品和私人物品间最佳配置的机制。无论过度贷款还是过度借款，最终都会演化为中央政府的义务。

① 此处的讨论集中于市场的需求一方，即公共部门对借贷的监管，而没有讨论监管的供给方面，即对金融体系本身进行监管的框架。

一、财政透明和债权人保护

这样一个监管框架至少包括两方面内容：一是透明度，也就是严格的信息披露制度。它包括对地方政府的负债状况和还贷能力有标准的核算程序、较公开的信息报告。但是，公开信息、完善的报告事项本身并不能充分地抑制道德风险问题。要杜绝过度借贷，这要求第二，有必要进行惩罚，特别是要有明确的法律强制程序。比如美国型的金融管理委员会或者新西兰由法院任命的破产接收机构，都通过立法建立起来的破产制度。①设计这一机制，重要的是要保证在启动破产程序，进行财务清算和重组时，基本的公共服务还能继续提供，哪怕是在较低水平上提供。否则，对中央政府提供紧急财政援助的压力就会很大。

回顾前面第三章图 3－1 和第四章图 4－9 所示的例子，看看引入法律制度后，借贷市场和政府信用会发生什么变化。保护债权人利益，地方政府（或许还有中央政府）在借贷交易中最终都可以由债权人通过法律途径进行约束。当然，这里还要假定司法既公正又有效率。那么这时如果地方政府违约，通过法律强制，债权人能够要求它必须完成承诺。这样借贷双方的战略空间就改变了。在上面的例子中，假定法律要求，在违约时，债权人可以得到当初契约约定的收益，并可以获得罚金。罚金和债权人主张债权的成本一样多，是 1 元，但是现在债务人必须返还 11 元的约定收益给债权人。博弈结构变成图 9－1 的样子。

通过逆向归纳法求解，最后阶段的决策人是债权人，他要决定是否起诉，如果起诉，他能得到 11 元收益，这高于不起诉的收益－10 元，因此债权人会起诉；退回到倒数第二阶段，债务人知道债权人要起诉，他的最优选择是履行承诺，付出利息，并在债权人要求时同意转股；给定债务人会履行承诺，债权人的最优选择就是借钱给债务人。

规范契约的法律正是在这种机制里促进交易的实现。给定这样一个法律系

---

① 除了破产程序之外，中央政府还应制定中间性的监测措施实施惩罚。例如，制定法定债务上限，一旦超过即行惩罚，包括今后再举债必须经由中央批准甚至失去借款权。事实上，中央当局若行使过多的限制，往往会使自己对地方政府承担更多的义务。基于此，简单地要求充分的信息披露和制定法定的破产程序，而不是引入中间性控制可能更为可取。

统，契约可以为当事人选择一个最佳的交易时机，同时防范机会主义行为的产生。观察一下中国目前地方政府与国有金融机构之间的借贷关系，如果没有强制性的赔偿机制，或者这种机制不能像人们预期的那样发挥作用，那么我们只能回到以前图 3 –1 和图 4 –9 所示的博弈中：要么债权人对自己的权益没办法主张，那样就没有可利用的信贷资源；要么债权人听任自己的代理人与债务人合谋，这便是今天的图景：地方政府“政绩与债务齐飞”，银行“呆账共危机一色”。整个社会信用恶化。

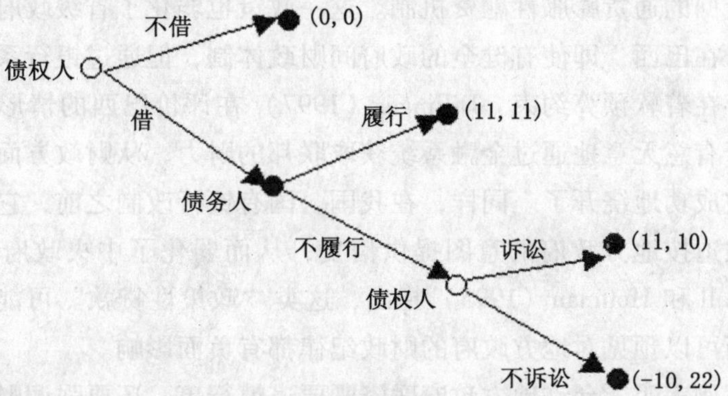

图 9 –1　债权人和债务人的动态博弈（存在法律强制的情形）

要强化法律约束，降低地方政府举债的道德风险，一个重要措施是在市场融资时以其自有收入来源为抵押。没有这种直接的财政担保，市场借贷者就会认为地方政府借入的任何款项都隐含地得到中央财政的支持。因而，让地方政府拥有自己的财政基础是其进入资本市场和限制道德风险的重要前提。

降低道德风险，还要有意识地推进公共物品向市场开放。基础设施民营化可以使得私人部门的破产法律得到实施，也可以在该企业处于财务困境时使其他私人企业竞购其资产。但在公有部门中就无法做到这一点。要这样做，各级政府应确信任何公共服务都可多样性地提供。私人参与不仅做到了融资机会的公平，而且也产生对债务的“公平监督”的激励。监督公平在政府金融体系中是做不到的。此外，对公共品分类提供还可减弱提供者的规模，从而避免“因过大而没法破产”的综合症，许多财政援救常常与这一综合症有关。

二、财政与国有金融体系相互独立

实际上，有人可能认为，在一些国家引发宏观不稳定的因素中，财政和金融体系相互分离的缺陷远大于分权过程本身缺陷。因为一旦出现明确的预算债务，那些或隐或现的债务链一下子都暴露出来了。例如，在阿根廷，省政府的部分预算赤字是靠省银行融资的。这些省银行已濒临破产。正如 Wildasin (1997) 指出的，中央银行管理这些银行并承担它们亏损的政策，为省政府提供了一个迂回的通货膨胀性融资机制。这一政策也弱化了省级政府执行财政纪律的激励。在巴西，即使有健全的政府间财政体制，但通过银行系统，各级政府之间仍存在着软预算约束。Dillinger（1997）在评价巴西的情形时指出，由于各级政府有意无意地通过金融系统获取联邦的财力，从财政方面建立的硬预算约束就被成功地绕开了。同样，在我国，国有银行改制之前，它们在地方的分支机构被迫按地方政府的意图提供信贷，从而弱化了中央政府对预算的约束。因而 Lall 和 Hoffman（1995）指出，这类"政策性贷款"可能对宏观经济稳定，继而可以预见对地方政府的财政纪律都有负面影响。

这些事例表明，允许地方政府融资既要谨慎行事，还要强调财政与金融体系的相对分离。可能存在的若干个机制是，首先，独立的中央银行是硬化预算约束的关键因素；其次，如果可能的话，公共部门必须与金融体系脱钩。其中包括银行业的民营化，但民营化本身并不足以实施银行与政府的分离。正如美国储蓄与贷款危机和最近亚洲金融危机表明的，私人银行的负债水平和质量也得接受透明的、谨慎的监管制度的有效监督。最后，要汲取从世界各地得到的教训：地方政府勿须有自己的融资机构。地方政府往往有足够的激励滥用其与自己金融机构的关系，而由此付出的代价却是整个宏观经济的不稳定。[①] 在阿根廷，各省政府与其省级银行之间的关系就是典型的例子。

要严格控制并尽可能杜绝通过隐蔽方式产生负债的机制。特别是，要通过立法和审计，严禁借（挪）用专项资金，禁止地方政府所属的企业代地方政府借款，要么这类借款明确归入其年度预算。

---

① 当然，同样的风险在全国性金融体系里也存在。这也是坚决要把银行业务从公共部门脱出来的原因。

地方财政必须按照预算法的要求，在每一财政年度末经常性预算要保持平衡，从而使为年度内收支流量匹配的借款不至于跨越年度而成为经常性预算的赤字。对于这种债务跨年度的拖欠，应给予相应惩罚。

总之，信息披露、以自有收入抵押举债、建立透明的法律制度、财政与金融体系相互独立和向市场化分权，这些措施的综合利用，为各级政府提供了一个硬预算约束的激励。有了这些条件，地方政府举借债务时就会成为一个对“出钱者”负责任的“用钱者”。

三、借贷分权的制度前提：破产与监管

这里看一则新闻：

日本一地方政府巨额负债计划明年申请破产（摘录）

日本政府正考虑采取措施对地方政府的负债状况进行更严格的管理，以减少政府快速增长的公共债务。在2005财政年度于今年3月底结束时，日本政府的债务余额已上升至827.48万亿日元，再次刷新历史纪录。

尽管日本经济正在强劲复苏，但人口减少及其对税收的打击可能会增加地方政府破产的风险。日本内务省的顾问小组从本月起将着手研究如何防止地方政府过度负债的问题。

这一计划的直接动因是北海道北部的小镇夕张（Yubari）政府计划于明年申请破产。目前，夕张已经积累了630亿日元的债务，约是其年财政收入45亿日元的14倍。夕张将是14年来日本第一个申请破产的地方政府。

日本内务省官员表示：“（申请破产）太迟了，因此有必要让地方政府在申请破产前就在债务处理问题上拥有主动权。”目前，相关的提议是政府制定一个上限，一旦地方政府负债超过上限，就及时采取纠正措施。这种方法在20世纪90年代曾用于解决日本银行的资本充足率问题。

日本中央政府要解决的另一个重要问题是，地方政府能否就其银行贷款和所发行的市政债券违约。有记载以来，日本共有884个地方政府宣布破产，但其债务从来没有被豁免，而是由中央政府偿还。这使得银行不论地方政府财政状况如何，都愿意向其提供贷款。

“（向地方政府）放贷的银行相信中央政府最终会偿还贷款。”北海道大学公共政策研究院院长宫胁淳史说。宫胁将出任内政部顾问委员会主管。不过，

他也指出，如果地方政府被允许违约，那将对银行产生巨大冲击。

《第一财经日报》，2006 年 8 月 22 日

我们知道，日本是单一制国家。在这种政治体制内，地方政府作为上级政府代理的角色是比较突出的。但是，对于地方政府的资不抵债，日本并没有简单出面解救，而是听任其破产。实施破产程序是应对债务人不负责任的经济行为的最有效措施。这种机制对政府这种行为实体，只是在一些国家的地方政府层面才应用。① 从一些国家情况看，地方政府破产法为负债政府对于债权人的追偿提供了一定程度的保护，无力支付的地方政府可以通过协商的债务重组、改组或重新筹集资金等方式解决债务问题。寻求破产保护的地方政府财政管理可以置于法院监管之下，以确保充分的债务重组、和债权人利益的保护。在我国，基于目前党政领导体制下的官员委派和政令统一，地方政府如果发生严重的债务危机，更多的可能是追究主管当事人的工作责任，如果允许政府破产的话，可能缺乏法理基础。如果不允许破产的话，那么我国的市场经济中政府就成为一个在民事关系中有举借之权但无破产之虞的主体。在现行制度下，地方政府是否因民事责任而解散清偿，是一个需要严肃对待和深入研究的问题。在这一问题未回答之前，要求修改预算法，允许地方政府进行债务融资是非常轻率的主张。

地方政府破产是一种严厉措施，只有在财政管理严重不善的情况下才使用。一种较轻的替代方法是实施财政监管和紧急状态的控制。在这种情况下，上级政府通过特别控制手段，减少由于地方政府管理不善导致的财政和经济损害。例如在美国，20 个州拥有对财务危机中的市政府进行帮助和控制的法律条款。尽管各州使用的方法不同，这些项目的一般目标是：

· 维持和保护处于财政破产状况的地方政府组织；

· 帮助地方政府连续提供基本服务和履行财政职责；

---

① 但是主权国家债务融资中的机会主义行为和严重的国际经济动荡，已经引发了关于对主权国家实施破产的讨论。20 世纪 70 年代俄林就提出“主权国家破产”构想。国际货币基金组织第一副总裁安尼·克鲁格在 2001 年提出“国家主权债务重组机制”，认为是解决国际主权债务危机的一种新思路。这种机制基本目的是促使债务人和债权人产生自愿达成协议的内在动力，有助于推动债务危机的快速解决，避免危机恶化，促使像阿根廷一类的国家免受为世人瞩目的社会动荡和政局风波，避免传统解决办法中的“道德风险”问题，促使新兴市场国和国际投资界更加重视经济发展和债务问题的可持续性。（范庆华，2002）

· 帮助地方政府组织改进财政管理程序。

美国对州财政紧急状况的确定以一系列客观标准为基础。例如，通过信息披露或审计发现，一旦地方政府连续两年无法支付债务或没有充足的资金弥补预算赤字，就可以视为“财政紧急状况”。此时上级政府建立一个委员会对州或地方政府进行监管，并提供技术上的帮助。地方政府和监管委员会联合制定计划，支付所有债务、养老金和其他必须履行的支付项目，同时通过减少相对次要的预算项目消减支出。与州政府和市政府破产程序相比，州紧急委员会使地方政府丧失了更多的地方控制权。这一方式更加注重教育地方官员进行负责的财政行为。同时，紧急委员会被授权改变地方确定的优先顺序和经过地方政治过程的产生的财政决策，可能比破产程序还使地方政府受到制约。实际上，这相当于“既然上级赋予的自主权没有被正确地行使，上级政府有权收回这种权力”。当然，无论破产程序还是财政紧急控制，一个必要内容是对相关官员的责任追究和失误惩罚。

第十章 财政间财政关系再探索：大国治理的政治经济学

虽然政府间的财政关系并不是单纯为了解决地方债务问题而作出的安排，但是科学严密、合理有序的关系界定却是地方财政风险的体制性“防火墙”。从前面的讨论中可知，正是1994年以来政府间财政关系的变化，使得竞争性地方政府得以寻找新的突破口扩大自己的可支配资源，导致地方债务积累。看来，地方政府债务问题已经不能算是一个“小”的问题，也不仅仅是地方政府有没有钱花的问题。本书从地方政府债务情况出发，希望探讨的是像中国这样一个多民族、幅员辽阔的大国，如何安排政府间关系包括财政关系的“大”问题。其实在其他章节里，我们不只一次提及过政府间财政关系和财政分权问题。这里回顾一下。

一、政府间财政关系：地方财政自主

政府间财政关系不仅仅是个组织管理问题，从利益关系考虑，它可以说是治理国家的政治经济学中最重要内容之一。正如一篇讨论政府间财政关系的文章里有一段引文所说：

“研究者总是虚心乃至谦卑地进入政府间财政关系领域……在此领域里，一批批学者、一个个委员会，宣讲自己的条陈，表达种种不满，提出各式建议，后来却啥也没干。这一领域潜藏着爆炸性：平静的外表下深含十足的情绪，随时准备爆发，只待稍许撩拨。要是权衡各种因素后再做决断，学者还是另选他途为好。”（《联邦、州和地方政府的财政关系》，参议院文件，第69

号，第78届国会第一次会议。）

——转引自K. 格兰特·克劳福德（K. Grant Crawford），1950

在这一点上，“政治是利益的声音”这句精彩概括发人深省。因为政府间财政关系问题所涉及的，是各级政府的利益。而政府在追求自身利益过程中，却拥有着与普通企业组织十分不同的手段。最大的不同，是政府拥有超越市场交易的行政手段，它们的行为带有政治意义。中国在这一问题上仍处于探索阶段。新中国成立以来，中国实行单一国家体制，根据《宪法》，立法权、最高决策权、最高行政权均归中央政府。财政经济政策高度统一。省作为中央与地方权力的交汇点，负有相当多的责任。在处理中央与地方政府财权的集中分散问题上，中国随着社会生活的变化，基本上循着“集权—分权—再集权—再分权”的过程不断调整。（中国社科院财贸所，2005）中国改革，至少在前期，一直沿着“放权让利”的思路进行。在政府与市场的关系上政府除保留宏观调控权之外，大部分微观经济决策下放给市场。在政府之间，地方政府得到了更大的自主权。中央对沿海地区、内地、老少边穷地区、老工业区等不同地区，分别采取了不同的政策。如前所述，新中国成立以来中央与地方财政关系的演变，基本上是“放乱紧死”的循环。所不同的，只是随着体制条件的改变，政府间的利益竞争表现形式不同罢了。

关于政府间财政收入和支出责任划分的理论，按照因曼和鲁宾费尔德（Inman and Rubinfeld，1997），大致存在三种财政联邦主义原则：一是经济联邦主义，强调收支在上下级政府间的划分应本着效率原则行事，尽可能避免外部性。越有溢出效应、越接近纯公共物品的财政职能就越划分给更高一级的政府。收入与支出不一定对称地界定给某一级政府。不同级次的政府无论是收入还是支出职能，都分别按照成本最小或收益最大的标准进行划分。二是协作联邦主义，强调上下级政府之间的协调。地区间竞争和不同级次政府间讨价还价可以使得公共物品的提供达到优化配置。三是民主联邦主义，重在财政收入过程中个人权利的保护。它强调由立法机构决定财政收支活动，立法机构的代表经由各地选举产生，他们的立法程序按照多数原则进行。无论选择何种形式的财政体制，上述三种观点都意味着对政府各种目标重要性的不同评价：经济效率、政治参与和权利保护。正如因曼和鲁宾费尔德（1997）指出的：

“基于对每种体制的绩效并权衡政府希图实现的各种目标，多数国家都希望在自己的制度内进行结合和搭配。例如，要追求经济效率，那就把具有拥挤性的公共服务的提供职能划分给较低一级的政府；经济理论和可观察的经验支持这种分配。至于纯公共物品和在辖区之间有溢出效应的公共物品，经济联邦主义原则主张把它们划分给中央政府提供。但是，协作联邦主义和民主联邦主义原则在这点上并不明确。中央政府有效提供纯公共物品的能力关键取决于国家立法机构的代表是如何选任的。由地方选出来的代表可能把本地区的狭隘利益置于公共物品集体有效提供的利益之上。协作联邦主义主张把有溢出效应和纯公共物品的提供都放到地方一级，就像很多新近的福利改革中所做的那样。他们指望地区间讨价还价能够更好地配置这种公共物品；民主联邦主义原则上要求有溢出效应和纯公共物品划分由中央政府提供，同时全国性选举出来的代表在国家立法机构里按多数规则行事。”

由上可见，仅仅以财政联邦主义理论就认定财政分权和加强地方财政自主，似乎有所偏颇。但一些学者往往传递一种信息：好像不论哪个国家处于什么发展水平，财政分权、地方财政自主一定会优于财政集权。即使地方政府争取更多可支配资源的竞争带来了一些问题，也只不过是分权过程忽视了某些问题，只要稍加注意，那些缺点都是可以克服的。

回顾起来，财政联邦主义的早期分析关注于得自分权的静态收益（Tiebout，1956）。由温格斯特及其同事的研究强调了财政联邦主义的激励效应：政府间财政关系是如何影响各级政府的行为的。（Weingast，1995；Montinola，Qian and Weingast，1998；Jin，Qian and Weingast，1999）在一组重要但严格的条件下，分权能够有力地刺激政府执行适当的政策。相反，糟糕的财政联邦主义安排能产生各种意想不到的后果，从严重的宏观不平衡和低增长，到公共服务的无效提供、腐败和地区间不公平。（Tanzi，1995；Prud'homme，1995；Fukasaku and de Mello，1997；Fornasari，Webb and Zou，1998）拉丁美洲三个国家——阿根廷、巴西和墨西哥的经验表明，政治激励对政府间财政关系带来了很多问题。分权处理不当，不仅削弱了中央政府统一管理和协调国内发展的能力，而且助长了地方政府不负责任的财政行为，地方政府官员的腐败有可能更加严重。地方政府任意举债、投资于没有收益的项目、维持不合理的税收和支出格局，最终也不能为辖区带来繁荣和稳定。（Haggard and Webb，2003）。正如本人小时候在农村听大人们常说一个笑话：白菜的叶很肥硕，根却又细又小；萝卜的根很粗大，叶却又碎又枯。有个农夫精心用萝卜籽和白菜籽杂交育种，期望得到一棵蔬菜，既有肥硕的白菜叶又有粗大的萝卜根。杂交果然成功了，但结果很是不幸：种出来的东西竟只有萝卜的枯叶和白菜的细根！种下了龙种生出来的却是跳蚤！现实制度中的“萝卜叶白菜根”效果，大多出自制度设计中的想当然。坦齐（2000）指出，对一些发展中国家财政分权情况的研究可以看出，中央政府向市场下放的许多权力被地方政府截留，地方政府对内部市场的管制和征税活动对资源配置和经济增长产生了显著的负面效应。相反，在单一制或财政没有分权国家里，一般没有这些情况或者至少其程度有限。许多情况下分权反而抑制了市场而没有强化市场。

实际上，一旦承认地方政府竞争，从逻辑上讲，从财政联邦主义是难以导出地方财政自主观点的。因为就象前面分析过的，在一个竞争性政府体系里，地方政府争相通过更多的公共服务和更低的“税收价格”将居民或居民企业留在本辖区，这导致它们“不敢”对高流动性要素征税，却“敢于”对非流动性要素征税。就是说，地方政府税收与要素的流动性呈反向关系。事实上也是这样，在财政高度分权的国家，地方政府往往以财产类或资源类税收为主要收入来源，不得不放弃对诸如商品、劳务、技术和资本等要素的税收，后者只能由中央或联邦政府税收。但是仅依靠财产类税收无法满足辖区越来越多的公共服务要求，上级政府的转移支付就会越来越多。既然上级政府的转移支付占地方政府财政收支的比重越来越大，“财政联邦主义→财政分权→地方财政自主”的逻辑就是不成立的。那种基于财政联邦主义而认为地方政府自主的观点多是出于规范的考虑，缺乏实证支持。许多发达国家地方财政地位的演变说明了这点。在美国，地方政府得自州和联邦政府的转移支付每年占近40%。而在欧洲国家，这一比例为50%左右。英国甚至达到73%，德国为69%。

二、财政制度安排与国家兴衰的逻辑

财政问题在经济制度演变和经济发展中往往起着决定性作用。熊彼特（1996）指出，研究财政历史使得人们能够“洞悉社会存在和社会变化的规律，洞悉国家命运的推动力量……从国家财政入手的这种研究方法，在用于研究社会发展的转折点时，效果尤为显著……在社会转折时期，现存的形式相继殒灭，转变为新的形式。社会的转折点总是包含着原有的财政政策的危机。”①戈德斯契德说得更彻底，“每个社会问题，实际上还有每个经济问题，说到底都是财政问题”②。霍夫曼和罗森塔尔（1995）用一个近代欧洲国家战争—征税模型，揭示了政府筹集经费的方式决定着市场制度的形成。③ 无论是保护产权的制度，还是富有效率的财政、税收或金融制度，其实施都必须依靠于一个强有力的、运行有序的国家政权系统。但这个系统如何从社会“汲取”收入，又怎样投入经济体中，要求对各级政府的财政工具进行仔细的设计。因为这些不同的工具会对整个经济制度的建立产生决定作用。但是这些财政工具的设计并不一定由中央政府确定。在存在竞争关系的政府体系里，不同的体制条件会刺激各级政府创造各种各样的筹集收入的工具。本书基于中国特色的地方政府竞争框架，通过地方政府的债务揭示一个长期存在的中央与地方政府关系问题。

历史一再证明，政府债务融资行为对社会经济的影响，并不亚于征税制度。马克思（1867）在讨论 19 世纪中叶以后的资本主义国家的债务融资时指出，“在所谓国民财富中，真正为现代人民所共有的唯一部分，就是他们的国债。因此，一个国家的人民负债越多就越富这一现代理论是完全合乎逻辑的。公共信用成了资本的信条。随着国债的产生，不可饶恕的罪恶，已不再是亵渎圣灵，而是破坏国债的信用了。”从长期公债制度角度，保罗·肯尼迪（1989，pp. 95 ~ 105）解释了英国的兴起。他认为该制度的建立确保了强大的金融力量与强权政治之间的结合。④ 温格斯特（2003，pp. 253 ~ 283）通过对英国光荣革命中英格兰君主债务的研究发现，当年英格兰国王发行公债导致了英格兰银行制度的建立，继而决定了英国货币发行本位的改变和资本市场雏形的形

---

① Joseph A. Schumpeter, 1918, “*The Crisis of the Tax State*”, *International Economic Paper*, No. 4 (1954). *The Foundations of Public Finance*, Vol. Ⅱ, edited by Peter M. Jackson, Edward Elgar Publishing Ltd., 1996.

② [美] 丹尼尔·贝尔著，赵一凡、蒲隆、任晓晋译：《资本主义文化矛盾》，生活·读书·新知三联书店 1989 年版，第 287 页。

③ 菲利浦·T. 霍夫曼和让-劳伦特·罗森塔尔：“近代早期欧洲战争和税收的政治经济学：经济发展的历史教训”，《新制度经济学前沿》，德勒巴克、约翰·奈编，经济科学出版社 2003 年版，第 42 ~ 71页。

④ 保罗·肯尼迪：《大国的兴衰》，中国经济出版社 1989 年版，第 95 ~ 105 页。

成。他甚至证明，光荣革命后的代议制正是早年专制君主举债的结果。而这一制度在英国的确立反过来又为富国强兵的国债制度的良好运转提供了激励机制。① 福格森〔Ferguson〕（Niall, 2001）则将英国的率先崛起归功于四项具体的制度创新所结成的"权力方阵"，即培养大批文职和技术官员的税收官僚制、保护个人财产的议会制、鼓励私人领域金融创新的国债制度，以及担当最终贷款人重任的中央银行体系。② 从市场作为交易秩序的角度看，政府债务融资极大地影响着社会信用的扩展程度。信用是一种到价值运动，是以偿还和付息为条件的价值单方面运动。既然是有条件的价值运动，当条件不成立时，就有发生断裂的可能，那就是信用危机。个人和企业如此，政府也不例外，甚至比个人和企业的影响更为深远。因此张宇燕教授等（1997）归结出的一个命题：财政压力不仅决定着制度变迁的起因，还决定着制度变迁的路径。

从秦汉以来中国延续了两千多年的国家形态，与欧洲城邦国家的演化是十分不同的。原来出于应对自然威胁而要求强制、统一的国家观念，逐渐成为中国人对国家的理解。虽历经内部纷争，近代又遭受外部肢解瓜分的威胁，但一个在人口、版图和内部差异程度比欧洲单个国家大得多的统一国家及其观念还是保留下来。与此同时，治理和维持统一大国的政府间关系也从历史上继承下来，甚至在计划经济时代还得到过强化。那种基于契约论国家观的政府间财政关系的讨论，对解释和解决中国问题，都有必要作重新思考。历史证明，鉴于中国特有的社会治理传统和国家形态，在中央集权与地方分权过程中，应该说，统一和稳定基础上的发展才是中国最优先的目标。那么支配这一格局的政府间关系就有其客观的需求，理应得到足够重视。分布于辽阔土地上的各级地方政府，作为中央政府的代理人，在保持贯彻统一管辖权的前提下如何得到自身利益的满足、接受公众、上级政府约束和利益激励之间寻找怎样的平衡，有待于深入探讨。

---

① 温格斯特："有限政府的政治基础：17～18世纪英格兰的议会和君主债务"，《新制度经济学前沿》，德勒巴克、约翰·奈编，经济科学出版社2003年版，第253～293页。

② Ferguson, Niall, 2001, *The Cash Nexus: Money and Power in the Modern World 1700—2000*, New York: Basic Books, pp. 15～16.

结 语

关于中国近年来地方政府债务的解释，本书认为：第一，分税制一定程度上硬化了中央与地方政府的财政产权边界，但缺乏规范的转移支付使得地方政府预算紧张，在正规的财政规则下处于不利的竞争地位。地方政府的巨额债务可能引起严重的后果：它会成为资本市场监管和金融体制改革的障碍；它会使得地方政府提供地方公共品不足，甚至危及到地方治理的合法性；它更有可能使整个宏观经济的稳定面临威胁。第二，中国地方政府具有强烈的竞争特征。政府的机会主义行为总是发生在那些权利边界模糊的环节。不同的政府间财政关系相当于不同的“财政产权”环境，因而产生不同的资源争用。中国特定阶段的国有银行体制为地方政府举债提供了诱人的软约束资金来源。它相当于地方政府与中央政府分割金融租金，是一种变相的财政竞争。一味地指责地方政府“非理性”是不对的，而且也可能有误导作用，会使我们在研究政府间财政关系设计中忽略一些重要信息。相反政府竞争正是其理性行为。重要的是通过制度上的设计，使其理性行为与全社会的目标一致而不是相反。这些既涉及到地方政府的改制，也有赖于金融体制改革的深化，在此基础上建立处理政府间财政关系的法律框架。“用钱者”对“出钱者”负责的制度是一个社会得以繁荣的前提。在政府产生的各种机会主义行为受到有效约束之前，贸然允许地方政府发行公债是危险的。鉴于中国特殊的国家传统和治理模式，对进一步分权化财政改革应谨慎行事。

作为科学的经济学，应该能够解释发生在真实世界里的现象，并在一定意义上进行尽可能的预测，尽管不一定胜任对这一问题的解决。[①] 作为一种尝

① 经济学也不负责对一些现象作过多的价值评判——当然作为公民的经济学者出于社会责任感可以这样——它能完成对现象的解释工作本身即已足够繁重。

试，本文提出的问题可能要比回答的问题还要多。大国治理的政治经济学有许多令人困惑的问题。其中一个重要方面是上下级政府的委托代理关系。随着国家规模的扩大，治理成本上升。替代办法是增加授权以增强激励，这便是“地方自主”的合法性基础。可是一个委派的统治者很快与辖区官僚合作，原因既有自身最大化的计算，更有现有监督指标的软约束：上级在无法进行“过程监督”的情况下，只能寻找费用比较低的信息显示机制，GDP 增长是个可取的代用绩效指标。这就构成地方政府投资扩张的制度基础。正如人们认识到的，“形象工程”和“政绩工程”的确是地方官员干的，但其深层原因决不在地方。财政分权在“实化”地方政府的产权，但官员任期制使得地方首脑的政治产权严重残缺。与此同时，他们来自地方公众和资本市场的监督都很弱。上级政府的判断影响着他们的行为。对这一问题的研究，需要更严格的模型证明，更需要大量的经验实证。

值得注意的是，建立在契约交易基础上的国家理论，常常要求地方政府得到更多的自主权，而且只有这样地方政府的财政行为才更负责任。这一结论的正确性可能需要一系列前提假定，更需要经验实证。一些发展中国家或经济转型国家的实例表明，竞争性地方政府在行使自主权时，不一定总是能够把市场统一、宏观稳定、社会信用的维护这些具有“外部性”的效应内部化。我们很可能常常把一个统一的国家、一个稳定的市场当作与生俱来的福利而毋庸设想失去它的后果，就像常常无视自己呼吸于其中的空气的重要性一样。从中国的国家传统出发，从不同的秩序观出发，在市场经济中，中国如何构建自己的中央——地方政府政治关系，特别是财政关系，我们需要的可能是适合中国特点的大国治理的政治经济学。

奥尔森（2000）的提醒可能值得我们注意：人们都相信社会危机和变革发生在停滞或萧条状态，其实历史上繁荣中的危机和变革频率更要高得多。“繁荣与稳定”之间没有必然的联系，多数情况下是相反的：恰恰繁荣是不稳定的根源。对这一命题的论证不是本文的主旨，但有一点应该记住：繁荣总是有推动者的。那些在繁荣过程中占有先机的行动团体一刻也不会放弃对各种“租”的抢夺。它们往往不会考虑“不稳定”的外部成本，那也是中央政府的事。果真如此，中央政府在处理与自己的地方代理人和公众之间的关系时，实施怎样的激励和监督体制，需要我们认真思考。

参考文献

中文参考文献

1. （新加坡）《联合早报》："巴西金融风暴之根源"，1999 年 1 月 27 日。

2. 《21 世纪经济报道》："安徽模式试探政策底线地方债券期待破茧"，2003 年 1 月 10 日。

3. 《21 世纪经济报道》："城市化陷阱：警惕地方政府傍大款"，2004 年 1 月 12 日。

4. 《21 世纪经济报道》："地方公债应缓行"，2003 年 12 月 24 日。

5. 《21 世纪经济报道》："五部委紧急叫停打捆贷款 进一步加强宏观调控"，2006 年 5 月 11 日。

6. 《21 世纪经济报道》："乡镇撤并浪"，周扬、鲍小东等，2003 年 12 月 30 日。

7. 《21 世纪经济报道》："浙江财政体制改革：'虚化'地级市"，罗小军，2003 年 12 月 3 日。

8. 《财经》："县乡负债大起底"，总 146 期，2005 年 11 月 14 日。

9. 《财经》杂志："农信社改革：尴尬央票"，总 191 期，2007 年 8 月 6 日。

10. 《财经时报》："地方发债权仍存争议 修订预算法留有空间余地"，2004 年 4 月 3 日。

11. 《财经时报》："乡镇基层负债 5000 亿 每年以 200 多亿的速度递增"，2004 年 4 月 3 日。

12. 《第一财经日报》："日本一地方政府巨额负债计划明年申请破产"，2006 年 8 月 22 日。

13.《第一财经日报》:“中国乡镇基层债务超5000亿 法律不允许地方政府举债”,2006年9月13日。

14.《国际金融报》:“正视政府信贷风险”,张吉光,2003年10月20日。

15.《海南日报》:“吴葵光委员痛斥政府不良债务”,2003年3月13日。

16.《金融时报》:“建行就内蒙古新丰电厂信贷问题表态”,2006年8月24日。

17.《经济参考报》:“探索县乡财政改革 走出‘买税’怪圈”,2006年12月19日。

18.《经济观察报》:“信托手法替代地方政府发债”,2003年8月20日。

19.《经济日报》:“降低县市行政运行成本”,2002年3月29日。

20.《联邦、州和地方政府的财政关系》,参议院文件,第69号,第78届国会第一次会议。

21.《马克思恩格斯全集》(第23、24、25卷),人民出版社,1972年9月第1版。

22.《人民日报》:“金融安全离不开政治稳定——谈巴西金融风暴政治因素”,《华南新闻》,1999年1月20日,第2版。

23.“‘冲击’地方债券已经失败 奥运债券变脸前后”,《商务周刊》,2003年9月2日。

24.“地方政府贷款不还将引发金融危机”,《商务周刊》,2003年第21期。

25.“中国政府债务:严重,但可控制”,《商务周刊》,2003年第23期。

26.《税费改革后乡村债务应统筹解决》,《中国产经新闻》,2003年7月14日。

27.詹向阳、张兴胜、胡婕:“地方债务风险不容忽视”,《中国经济时报》,2003年11月7日。

28.袁祖亮:“中国明年起5年无地可征”,《中国经济时报》,2004年3月11日。

29.董月玲:“让农民自己讲话”,《中国青年报》,2003年7月9日。

30.《中国人民银行、财政部关于印发〈地方政府向中央专项借款管理规定〉的通知》,2000年5月。

31. 《中华人民共和国预算法》，1994 年 3 月 18 日第八届全国人大常委会通过，1995 年 1 月 1 日执行。

32. 安秀梅：《地方政府或有负债的形成原因与治理对策》，《当代财经》，2002 年第 5 期。

33. 奥尔森：《权力与繁荣》，（李增刚译），2003 年未出版打印稿。（Mancur Olson，2000：*Power And Prosperity*：*Outgrowing Communist and Capitalist Dictatorships*，Published by Basic Books，A Member of the Perseus Books Group.）

34. 保罗·伯恩德·施潘（Paul Bernd Spahn）：“德国联邦、州和地方政府间财政关系”，载于《财政联邦制与财政管理》，沙安文、沈春丽主编，中信出版社 2005 年 6 月版。

35. 保罗·肯尼迪：《大国的兴衰》，中国经济出版社 1989 年，第 95～105 页。

36. 贝夫·达尔比：《税制的选择：联邦国家的税收分配问题》，载于《财政联邦制与财政管理》，沙安文、沈春丽主编，中信出版社 2005 年 6 月第 1 版。

37. 彼德·格罗奈维根（Peter Groenewgen）：“财政联邦主义”，《新帕尔格雷夫经济学大辞典》，卷 2·第 390～391 页，经济科学出版社，1992 年。

38. 布坎南：“寻求租金与寻求利润”，《腐败：权力与金钱的交换》，中国经济出版社 1993 年版，第 112～127 页。

39. 蔡昉：《合作与不合作的政治经济学——发展阶段与农民社区组织》，《中国农村观察》，1999 年第 5 期。

40. 曹红辉、杨欣：“发行市政债券的时机现今已经成熟”，《上海证券报（网络版）》2003 年 12 月 11 日。

41. 陈东红：《地方政府或有负债问题研究》，《河南社会科学》，2002 年第 10 卷第 5 期。

42. 陈抗：“财政联邦制与地方政府行为：是扶助之手，还是掠夺之手？”北京大学中国经济研究中心《简报系列》，2001 年第 14 期（总第 236 期），2001 年 3 月 12 日。

43. 程选：《“鸠占鹊巢”：计划机制替代市场机制》，国家发改委宏观经济研究院研究报告。2003 年 1 月 28 日。

44. 楚双志：《晚清中央与地方关系演变史纲》，中共中央党校出版社，2006 年 10 月版。

45. 崔强："乡财县管不如乡财公开——浅议安徽省乡财县管财政管理方式改革"，《农村财政与财务》，2004 年第 8 期。

46. 丹尼尔·贝尔著：《资本主义文化矛盾》（赵一凡、蒲隆、任晓晋译），北京：生活·读书·新知三联书店 1989 年版，第 287 页。

47. 邓大才：《农村税费改革与乡村财政危机》，《科技导报》，2003 年第 7 期。

48. 樊纲：《论"国家综合负债"》，《经济研究》，1999 年第 5 期。

49. 樊纲、张曙光：《公有制宏观经济理论大纲》，上海三联书店 1990 年版。

50. 范庆华：《主权国家要破产：如何保护债务重组的国际安排——与张宇燕先生一席谈》，《世界知识》，2002 年第 23 期。

51. 菲利浦·T·霍夫曼、让·劳伦特·罗森泰尔：《近代早期欧洲战争和税收的政治经济学：经济发展的历史教训》，《新制度经济学前沿》（德勒巴克、约翰·奈编），经济科学出版社 2003 年版，第 42 ~ 71 页。

52. 冯兴元：《中国辖区政府间竞争理论分析框架》，2001 年未发表打印稿。

53. 高培勇：《论举借国债的经济作用机制》，《经济研究》，1996 第 9 期。

54. 圭多提和库莫：《负债国家的国内公共债务》，中国金融出版社 1993 年版。

55. 郭琳：《地方政府债务融资管理的现状、问题与对策》，《中央财经大学学报》，2001 年第 8 期。

56. 韩俊：《中国县乡公共财政危机：表现、成因、影响与治理——湖北省襄阳县、河南省鄢陵县、江西省泰和县案例研究》，福特基金会赞助项目，2002 年。

57. 汉纳·普拉科瓦（Hana Polackova，2000），《或有政府负债——一个隐蔽的财政风险》，《财政风险及其防范研究文集》，经济科学出版社，第 23 ~ 24 页。

58. 何梦笔（Herrmann – Pillath）：《政府竞争：大国体制转型理论的分析范式》，德国维滕大学讨论文稿，1999 年第 42 期；INTAS 项目（编号 96/

0076）的研究成果，中文由陈凌译。

59. 何竹康："进一步完善过渡期转移支付财政制度"，中国网，2002 年 3 月 7 日。

60. 贺雪峰、王习明：《村级债务的成因与危害——湖北 J 市调查》，《管理世界》2002 年第 3 期。

61. 黄佩华：《中国：国家发展与地方财政》，中信出版社 2003 年版。

62. 霍夫曼和罗森塔尔：《近代早期欧洲国家的战争与税收》，《新制度经济学前沿》，德勒巴克、约翰·奈编，经济科学出版社 2003 年版。

63. 贾康、白景明："中国政府收入来源及完善对策研究"，《经济研究》，1998 年第 6 期。

64. 贾康、白景明："县乡财政解困与财政体制创新"，《经济研究》，2002 年第 2 期。

65. 贾康、白景明："中国地方财政体制安排的基本思路"，《财政研究》，2003 年第 8 期。

66. 贾康、阎坤："完善省以下财政体制改革的中长期思考 "，《管理世界》2005 年第 8 期。

67. 贾康、阎坤、傅志华、宋立根："德国的财政体制及财政平衡机制"，2004 年 11 月，［研究报告/2004（49）］。

68. 贾康、赵全厚：《国债适度规模与我国国债的现实规模》，《经济研究》，2000 年第 1 期。

69. 靳晓黎、郑志荣："论地方政府举债——由财政政策两难困境引发的思考"，《财经研究》2003 年第 1 期。

70. 康斯坦丁·绍宁："地方保护主义（Provincial Protectionism）"，《比较》，2003 年 11 月，第九辑。

71. 康斯坦丁·绍宁、阿里亚纳·拉姆贝尔特－莫吉良斯基和叶卡捷琳娜·祖拉夫斯卡娅："破产俘获：理论和来自俄罗斯的证据"，《比较》，2003 年 11 月，第九辑。

72. 李昌平："农村债务——一颗隐藏的定时炸弹"，《南风窗》2002 年 7 月 9 日。

73. 李光辉："我国地方政府债务融资制度创新的若干问题"，《中共中央党校学报》，2003 年第 1 期。

74. 李金华：《关于 2002 年度中央预算执行和其他财政收支的审计工作报告》，新华网 2003 年 6 月 25 日。

75. 李炜光："城市公债呼之欲出"，《南风窗》2002 年 6 月期。

76. 李扬等：《中国地方政府竞争与公共物品融资》，《财贸经济》2002 第 10 期。

77. 林毅夫、胡书东：《地方政府的职能和融资渠道——广信事件案例分析》，北京大学中国经济研究中心讨论稿系列，No. C1999013，1999 年 7 月。

78. 林毅夫、刘志强：《中国的财政分权与经济增长》，北京大学中国经济研究中心讨论稿系列 NO. C2000008，2000 年 6 月 1 日。

79. 刘成：《我国政府综合债务水平估算及国际比较》，《宏观经济管理》，2000 第 12 期。

80. 刘尚希：《地方公债制度尚不可行》，《宏观中国》2003 年第 40 期（11 月 24 日）总第 219 期。

81. 刘五书：《二十世纪二三十年代中原农民负担研究》，中国财政经济出版社，2003 年 9 月版。

82. 柳随年、吴群敢：《中国社会主义经济简史》，黑龙江人民出版社，1985 年版。

83. 柳随年、吴群敢：《中华人民共和国经济史简明教程》，高等教育出版社，1988 年版。

84. 吕炜："政府间财政关系中的支出问题（上）——历史、数据与比较分析"，《财贸经济》2005 年第 1 期。

85. 罗云毅：《财政赤字率和债务率——马约标准与国际安全线》，2002 年 8 月，打印稿。

86. 马大正：《中国边疆经略史》，中州古籍出版社，2000 年 10 月版。

87. 麦迪森（Maddison A.）：《世界经济 200 年回顾》，（李德伟、盖建玲译），改革出版社 1997 年版。

88. 梅尔维尔 · 麦克米兰（Melville L · McMillan）："地方和地方政府间的财政关系：经合组织五成员国的经验和启示"，中文版载于《地方政府与地方财政建设》，沙安文、沈春丽主编，中信出版社 2005 年 6 月第 1 版。

89. 梅尔维尔·麦克米兰（Melville L·McMillan）："以提高绩效为目的的地方政府设计"，中文版载于《地方政府与地方财政建设》，沙安文、沈春丽主编，中信出版社 2005 年 6 月版。

90. 农业部：《全国农村经济情况统计资料》，（1999，2000）。

91. 平新乔：《"预算软约束"的新理论及其计量验证》，《经济研究》1998 年第 10 期。

92. 平新乔："中国地方财政支出规模的膨胀趋势与公共管理成本"，《CCER 中国经济观察》2006 年秋季报告会简报之三，2006 年第 62 期（总第 624 期），2006 年 11 月。

93. 浦善新等：《中国行政区划概论》，知识出版社 1995 年版。

94. 乔治·考佩茨（George Kopits）："地方财政责任的框架：国际责任"，中文载于《财政联邦制与财政管理》，沙安文、沈春丽主编，中信出版社 2005 年 6 月第 1 版。

95. 任不寐：《中国乡村政权是怎样破产的——黑龙江省 K 县农村债务问题及乡村政治问题访查报告》，经济学家网站：www.jjxj.com.cn，2003 年 7 月 16 日。

96. 申学锋：《晚清财政支出政策研究》，中国人民大学出版社，2006 年 10 月版。

97. 世界银行：《中国经济：治理通胀，深化改革》，中译本，中国财政经济出版社 1996。

98. 世界银行：《关于中国的隐性债务与或有债务》，1999 内部报告打印稿。

99. 斯蒂芬·贝利：《地方政府经济学：理论与实践》，（左盛昌、周雪莲、常志霄译），北京大学出版社 2006 年 3 月版。

100. 宋立：《积极探索发行地方市政企业收益债券》，《中国经济时报》，2003 年 9 月 22 日。

101. 孙广振、张宇燕：《利益集团与"贾谊定理"：一个初步的分析框架》，《经济研究》，1997 第 7 期。

102. 陶雄华："试析中国地方政府债务的债券化"，《财贸经济》，2002 年第 12 期。

103. 王大用："加速城市化必须解决地方政府合法负债问题"，www. china－review. com 2002－12－02。

104. 王绍光："中国财政转移支付的政治逻辑"，载于《战略与管理》，2002 年第 3 期。

105. 魏加宁等：《关于中国的地方债务问题及其对策思考》，国务院发展研究中心宏观经济部课题组，在与日本财务省财务综合政策研究室共同举办的"地方债国际研讨会"上提交的报告，2004 年 2 月。

106. 温格斯特：《有限政府的政治基础：17～18 世纪英格兰的议会和君主债务》，《新制度经济学前沿》，德勒巴克、约翰·奈编，经济科学出版社 2003 年版，第 253～283 页。

107. 吴晶妹：《信用活动和经济增长的关系》，在"第二届中国企业信用论坛暨 2003 中国企业信用年会"上的交流稿。中国网 www. china. org. cn/ chinese/ OP－c/ 459523. htm，2003 年 12 月 11 日。

108. 希克斯：《经济史理论》，商务印书馆 1987 年，第 56～91 页。

109. 熊彼特：《经济发展理论》，商务印书馆 1990 年版，第 73～74 页。

110. 徐斌："财政联邦主义理论与地方政府竞争：一个综述"，《当代财经》，2003 年第 12 期。

111. 徐斯俭："中国农村工业化进程中的两种地方政权形态：福建与江苏四个乡镇的比较研究"，台湾政治学会第一届年会学术研讨会发表论文，1995 年。

112. 杨伯峻：《孟子译注》，中华书局，2005 年第 2 版。

113. 杨灿明：《地方政府行为与区域市场结构》，《经济研究》，2000 第 11 期。

114. 杨如彦："公司公募融资：以可转换债券为例的法律经济学分析"，载于邹东涛主编《经济中国：新制度经济学与中国》（在中国社会科学院研究生院听著名经济学家演讲），中国经济出版社，2004 年 1 月。

115. 杨轶："地方政府利用债券融资促进基础设施建设探析"，《当代财经》，2002 年第 7 期。

116. 杨之刚、张斌："中国基层财政体制改革中的政府级次问题"，《财贸经济》，2006 年第 3 期。

117. 姚洋："如何规范财政分权"，《战略与管理》2003 年第 3 期。

118. 姚洋："警惕财政体制过度联邦化"，《中华工商时报》，2003 年 4 月 22 日。

119. 张春霖："国有企业改革与国家融资"，《经济研究》，1997 第 4 期。

120. 张春霖：《如何评价我国政府债务的可持续性?》，《经济研究》，2000 第 2 期；

121. 张曙光：《地区经济发展与地方政府竞争》，1993 未发表打印稿。

122. 张维迎："公有制经济中的委托人——代理人关系：理论分析与政策含义"，《经济研究》，1995 年第 4 期。

123. 张维迎，栗树和："地区间竞争与中国国有企业的民营化"，《经济研究》，1998 第 12 期。

124. 张晏、龚六堂："分税制改革、财政分权与中国经济增长"，原载《中国经济学（季刊)》第 5 卷第 1 期（总第 19 期)，2005 年 10 月。

125. 张宇燕、何帆：《由财政压力引起的制度变迁》，载盛洪、张宇燕主编：《市场逻辑与制度变迁》，中国财政经济出版社，1998 年。

126. 张宇燕、时红秀、李增刚："中国农村的社区型企业——以辽宁省海城市东三道村为例"，载于黄少安编《制度经济学研究》第 7 辑，经济科学出版社 2005 年 6 月。

127. 赵德馨：《中华人民共和国经济史：1949—1966》，河南人民出版社，1989 年。

128. 赵德馨：《中华人民共和国经济史：1967—1984》，河南人民出版社，1989 年。

129. 赵阳、周飞舟："农民负担与县乡财政"，《香港社会科学》，2000 年秋季号。

130. 赵阳：《农村税费改革 2000—2002：绩效、问题与政策建议》，福特基金会赞助项目。

131. 赵云旗："国民政府分税制税收划分研究与借鉴"，财政部科研所网站：http：//www. crifs. org. cn，2005 年 7 月 25 日。

132. 中国社科院财贸所：《中国财政政策报告 2005/2006：走向"共赢"的中国多级财政》，中国财政经济出版社，2005 年 11 月版。

133. 周业安：《地方政府竞争与经济增长》，《中国人民大学学报》，2003 第1期 pp. 97～103。

134. 朱民、黄金老："论中国的资产管理公司"，《经济研究》，1999 第12 期。

135. 左春台、宋新中主编：《中国社会主义财政简史》，中国财政经济出版社 1988 年版。

英文参考文献

1. Ahmad，Junaid（2002），"Decentralizing Borrowing Powers"，In Decentralization Briefing Notes，World Bank Institute，*Intergovernmental Fiscal Relations & Local Financial Management Program*，*Credit and Debt Topic 11.*

2. Ahmad，Junaid（1996），"Structure of Urban Governance in South African Cities，" *International Taxation and Public Finance* 3：2（1996）.

3. Alberto Alesina，Ignazio Angeloni，Federico Etro （2001），"Institutional Rules For Federations，" NBER Working Paper 8646，http：//www. nber. org/papers/w8646 December.

4. Baily，S. and S. Connolly.（1998）"The Flypaper Effect：Identifying Areas for Further Research"，*Public Choice*，95，335－361.

5. Barr，J. and Davis，O. A.（1966），"An Elementary Political and Economic Theory of Local Governments，" *Southern Economic Journal*，33，149－165.

6. Becker，E.（1996），"The illusion of fiscal illusion：Unsticking the flypaper effect，" *Public Choice*，86，85－102.

7. Benson，Earl D. and Rogowski，Robert J.（1978），"The Cyclical Behavior of Risk Spreads On New Municipal Issues，" *Journal of Money*，*Credit and Banking*，Vol. 10，No. 3.（Aug.），pp. 348－362.

8. Bergstrom，T. C. and Goodman，R. P.（1973），"Private Demands for Public Goods，" *American Economic Review* 63，280－296.

9. Bhagwati，Jagdish N.（1982），"Directly Unproductive Profit－seeking Activities，" *Journal of Political Economy*，90（Oct.）：988－1002.

10. Blanchard，Olivier and Shleifer，Andrei（2000），"Federalism with and

without Political Centralization: China versus Russia," NBER Working Papers 7616.

11. Blecher, Marc (1991) "Development State, Entrepreneurial State: The Political Economy of Socialist Reform in Xingju Municipality and Guanghan County", In Gordon White eds., *The Chinese State in the Era of Economic Reform: The Road to Crisis*, 1995.

12. Braswell, Ronald C.; Nosari, E. Joe and Sumners, DeWitt L. (1983), "A Comparison of the True Interest Costs of Competitive and Negotiated Underwritings in the Municipal Bond Market: Note (in Notes, Comments, Replies)," *Journal of Money, Credit and Banking*, Vol. 15, No. 1. (Feb.), pp. 102 - 106.

13. Break, George F. (1982), "Issues in Measuring the Level of Government Economic Activity (in Quantifying the Role of Government in the Economy)," *The American Economic Review*, Vol. 72, No. 2, (May), pp. 288 - 295.

14. Break, George F. (1967), *Intergovernmental Fiscal Relations in the U.S.*, Washington D. C.: Brookings Institution.

15. Breton, Albert, Cassone, Alberto and Fraschini, Angela (1998), "Decentralization and Subsidiarity: Toward a Theoretical Reconciliation," *Journal of International Economic Law*, Vol. 19, No. 1, (Spring) 21 - 51.

16. Breton, Albert and Scott, Anthony (1978), *The Economic Constitution of Federal States*, Toronto: University of Toronto Press.

17. Breton, Albert (1989), "The Growth Of Competitive Government," *The Canadian Journal of Economics*, Vol. 22, No. 4 (Nov.), pp. 717 - 750.

18. Breton, Albert (1998), *Competitive Governments: An Economic Theory of Politics and Public Finance.* Cambridge: Cambridge University Press.

19. Buchanan J. M. and Tullock, G. (1962), *The Calculus of Consent*, The University of Michigan Press.

20. Butler, Arthur D. and Warren, Stanton A. (1977), "An Optimal Temporary Loan Model for State Borrowers (in Notes)," *The Journal of Finance*, Vol. 32, No. 4. (Sep.), pp. 1305 - 1312.

21. Chalmers, James A. (1970), "A Model of State and Local Government

Portfolio and Real – Expenditure Behavior: 1952 – 1965 (in Abstracts of Doctoral Dissertations)," *The Journal of Finance*, Vol. 25, No. 3. (Jun.), pp. 692–693.

22. Chen, K. (1991), "The Failure of Recentralization in China: Interplay among Enterprises, Local Governments and the Center," A. L. Hillman, ed., *Market And Politicians: Politicized Economic Choice*, Kluwer Academic Publisher, Boston, pp. 209–229.

23. Crawford, K. Grant (1950), "Some Aspects of Provincial – Municipal Relations," *The Canadian Journal of Economics and Political Science*, Vol. 16, No. 3. (Aug.), pp. 394–407.

24. Cumberland, John H. (1979), "Interregional Pollution Spillovers and Consistency of Environmental Policy," in H. Siebert et al., eds. *Regional Environmental Policy: The Economic Issues.* pp. 255–281.

25. Cumberland, John H. (1981), "Efficiency and Equity in Interregional Environmental Management," *Rev. Regional Study*, 2. pp. 1–9.

26. Dethier, Jean – Jacques; Universitat Bonn Zentrum Fur Entwicklungsforschung (2000), *Governance, Decentralization, and Reform in China, India, and Russia*, Kluwer Academic Publishers (October) ISBN 0792379098.

27. Dewatripont, Mathias, and Jean Tirole (1994). "A Theory of Debt and Equity: Diversity of Securities and Manager – Shareholder Congruence," Quarterly Journal of Economics, CIX, 1027–54.

28. Dewatripont, Mathias, and Maskin, Eric (1995), "Credit and Efficiency in Centralized and Decentralized Economies," Review of Economic Studies, 62, 541–556.

29. Dillinger, William (1997), "Brazil's State Debt Crisis: Lessons Learned," Country Department 1. *Latin America and the Caribbean Region Economic Notes*, Washington, D. C.: World Bank.

30. Domowitz, Ian; Glen, Jack and Madhavan, Ananth (1998), "Country and Currency Risk Premia in an Emerging Market," *The Journal of Financial and Quantitative Analysis*, Vol. 33, No. 2. (Jun.), pp. 189–216.

31. Downs, Anthong (1957), *An Economic Theory of Democracy*, Haper and

Row Publishers.

32. Ebel, Robert D. and Yilmaz, Serdar (2002), *Concept Of Fiscal Decentralization And Worldwide Overview*, World Bank Institute.

33. Ecker - Racz, L. L. (1963), "Whither State and Local Finance?", in Current Issues in Government Finance, *The Journal of Finance*, Vol. 19, No. 2, 1963. (May, 1964), pp. 370 - 381.

34. Edel, Matthew and Sclar, Elliot (1974), "Taxes, Spending, and Property Values: Supply Adjustment in a Tiebout - Oates Model," *The Journal of Political Economy*, Vol. 82, No. 6. Sep. - Oct., pp. 941 - 954.

35. Enrich, Peter (1996), "Saving the States from Themselves: Commerce Clause Constraints on State Tax Incentives for Business", *Harvard law Review*, 110, pp. 378 - 461.

36. Epple, Dennis; Zelenitz, Allan and Visscher, M. (1979) "A Search for Testable Implications of the Tiebout Hypothesis", *The Journal of Political Economy*, Vol. 86, pp. 405 - 426.

37. Epple, Dennis and Zelenitz, Allan (1981a), "The Roles of Jurisdictional Competition and of Collective Choice Institutions in the Market for Local Public Goods (in Resource Allocation in the Local Public Sector)," *The American Economic Review*, Vol. 71, No. 2, (May), pp. 87 - 92.

38. Epple, Dennis and Zelenitz, Allan (1981b), "The Implications of Competition Among Jurisdictions: Does Tiebout Need Politics?" *The Journal of Political Economy*, Vol. 89, No. 6. (Dec.), pp. 1197 - 1217.

39. Feldstein, Martin and Elmendorf, Douglas W. (1990), "Government Debt, Government Spending, and Private Sector Behavior Revisited: Comment," *The American Economic Review*, Vol. 80, No. 3. (Jun.), pp. 589 - 599.

40. Forbes, Ronald (1972), Quantitative Borrower Characteristics Association with Defaults on Municipal General Obligations: Discussion, *The Journal of Finance*, Vol. 28, No. 2, (May, 1973), pp. 539 - 541.

41. Fornasari, F.; Webb, S. and Zou, H. (1998), "Decentralized Spending and Central Government Deficits: International Evidence," Working paper,

(Washington D. C., World Bank).

42. Freinkman, Lev; Treisman, Daniel and Titov, Stepan (1998), "Subnational Budgeting in Russia: Preempting a Potential Crisis," Technical Paper No. 452, World Bank.

43. Fukasaku, Kiichiro and Luiz R. de Mello. (1997), "Fiscal Decentralization and Macroeconomic Stability: the Experience of Large Developing and Transition Economies," Paper preparedfor the 8th International Forum on Latin American Perspectives, the Inter-American Development Bank and the OECD Development Centre Paris, 20-21, November.

44. Gomez, Ed. (2000), "Brazil: A Political Economy of Subnational Debt Control and Financial Regulation," *paper prepared for the conference The Political Economy of Reform in Latin America*, David Rockefeller Center for Latin American Studies, Harvard University, Cambridge, MA.

45. Graham, Fred C. (1995), "Government Debt, Government Spending, and Private-Sector Behavior: Comment," *The American Economic Review*, Vol. 85, No. 5. (Dec.), pp. 1348-1356.

46. Gramlich, Edward M. (1977), "Intergovernmental Grants: A Review of the Empirical Literature," *The Political Economy of Fiscal Federalism*, Wallace Oates, ed. Lexington, MA: Heath-Lexington, pp. 219-239.

47. Gramlich, Edward M. (1987), "Federalism Deficit Reduction," *National Tax Journal*, 40, pp. 299-313.

48. Gramlich, Edward M.; Galper, Harvey; Goldfeld, Stephen and McGuire, Martin (1973), "State and Local Fiscal Behavior and Federal Grant Policy," *Brookings Papers on Economic Activity*, Vol. 1973, No. 1., pp. 15-65.

49. Granick, David (1990), *Chinese State Enterprises: A Regional Property Rights Analysis*, Chicago: The University of Chicago Press.

50. Gurgur, Tugrul and Shah, Anwar (2000), "Localization and Corruption: Panacea or Pandora's Box?" World Bank, November 14.

51. Haggard, Stephan and Webb, Steven B. (2003), Political Incentives and Intergovernmental Fiscal Relations: Argentina, Brazil and Mexico Compared.

World Bank.

52. Haug, Alfred A. and Equivalence, Ricardian (1990), "Rational Expectations and the Permanent Income Hypothesis," *Journal of Money, Credit and Banking*, Vol. 22, No. 3. (Aug., 1990), pp. 305 – 326.

53. Hempel, George H. (1971), *The Postwar Quality of State and Local Debt*, New York, Columbia University Press.

54. Hempel, George H. (1973), "An Evaluation of Municipal 'Bankruptcy' Laws and Procedures," *The Journal of Finance*, Vol. 28, No. 5. (Dec.), pp. 1339 – 1351.

55. Hempel, George H. (1973), "Quantitative Borrower Characteristics Associated with Defaults on Municipal General Obligations," *The Journal of Finance*, Vol. 28, No. 2, (May), pp. 523 – 530.

56. Henderson, James M. (1968), "Local Government Expenditures: A Social Welfare Analysis," *The Review of Economics and Statistics*, Vol. 50, No. 2. (May), pp. 156 – 163.

57. Heymans, Chris (1995), "Parastatals and Development Finance," in Patrick FitzGerald, Anne McLennan, and Barry Munslow, eds., *Managing Sustainable Development in South Africa* (New York: Oxford University Press), pp. 432 – 57.

58. Huang, Yasheng (1999), *Inflation and Investment Controls in China: The Political Economy of Central – Local Relations during the Reform Era*, Cambridge University Press.

59. Inman, Robert P. and Rubinfeld, Daniel L. (1997), "Rethinking Federalism," *The Journal of Economic Perspectives*, Vol. 11, No. 4 (Autumn), 43 – 64.

60. Inman, Robert P. (1990), "Public Debts and Fiscal Politics: How to Decide?" *The American Economic Review*, Vol. 80, No. 2, (May), pp. 81 – 85.

61. Janeba, E, Peters, W., 1999, Efficient tax competition and the gains from non – discrimination: the case of interest taxation in Europe Economic Journal 109, 93 ~ 101.

62. Jin, Hehui; Qian, Yingyi and Weingast, Barry R. (1999), "Regional Decentralization and Fiscal Incentives: Federalism, Chinese Style," Working Paper, Hoover Institution, Stanford University, March.

63. Khemani, Stuti (2002)," Federal Politics and Budget Deficits: Evidence from the States of India," Development Research Group, World Bank, July 29, N. W. Washington, DC 20433.

64. Kormendi, Roger C. (1983), "Government Debt, Government Spending, and Private Sector Behavior," *The American Economic Review*, Vol. 73, No. 5. (Dec.), pp. 994 – 1010.

65. Lall, R. and Hoffman, B. (1995), "Decentralization and Government Deficits in China," in Roy, J. ed., *Macroeconomic Management and Fiscal Decentralization* (Washington, D. C.: World Bank).

66. Lardy Nicholas (1978), *Economic Growth and Distribution in China* (Cambridge: Cambridge University Press.

67. Lardy, Nicholas (1998), *China's Unfinished Economic Revolution*, Washington D. C.: Brookings Institution Press.

68. Linneman, Peter (1978), "The Capitalization of Local Taxes: A Note on Specification (in Confirmations and Contradictions)," *The Journal of Political Economy*, Vol. 86, No. 3. (Jun.), pp. 535 – 538.

69. Litvack, Jennie; Ahmad, J. and Bird, R. (1998), "Rethinking Decentralization in Developing Countries," Working paper, Washington D. C., World Bank.

70. Lutz, Harley L. (1935), "State Supervision of Local Finance," *The Journal of Political Economy*, Vol. 43, No. 3 (Jun.), pp. 289 – 305.

71. Lyons, Thomas P. (1998), *Economic Integration and Planning in Maoist China*, New York: Columbia University Press.

72. McKinnon, Ronald I. and Nechyba, Thomas (1997), *Competition in Federal Systems: The Role of Political and Financial Constraints.* in the New Federalism: Can the States be trusted? John Ferejohn and Barry Weingast, eds. Stanford: Hoover Institution Press, pp. 3 – 61.

73. Musgrave, Richard A. *The Theory of Public Finance*, NY: McGraw - Hill, 1959.

74. Musgrave, Richard A. (1997), Devolution, Grants, and Fiscal Competition, *The Journal of Economic Perspectives*, Vol. 11, No. 4 (Autumn), 65 - 72.

75. Naughton, B. (1995), *Growing Out of the Plan: Chinese Economic Reform*, 1978 - 1993, Cambridge University Press, Cambridge.

76. Netzer, Dick (1958), "The Outlook for Fiscal Needs and Resources of State and Local Governments (in State and Local Public Finance)," *The American Economic Review*, Vol. 48, No. 2, (May), pp. 317 - 327.

77. Newcomer, Mabel (1937), "Analysis of the Nature of American Public Debts, Federal, State, and Local," *The American Economic Review*, Vol. 27, No. 1, Supplement, (Mar.), pp. 49 - 57.

78. Niskanen, William (1971), *Bureaucracy and Representative Government*, Chicago.

79. Niskanen, William (1975), "Bureaucracy and Politicians", *Journal of Law Economics*, (Dec.) Vol. 18. 617 - 643.

80. Oates, Wallace E. (1968), The Theory of Public Finance in a Federal System, *The Canadian Journal of Economics*, Vol. 1, No. 1 (Feb.), pp. 37 - 54.

81. Oates, Wallace E. (1969), "The Effects of Property Taxes and Local Public Spending on Property Values: An Empirical Study of Tax Capitalization and the Tiebout Hypothesis", *The Journal of Political Economy*, Vol. 77, No. 6. (Nov. - Dec.), pp. 957 - 971.

82. Oates, Wallace E. (1972), *Fiscal Federalism*, New York, Harcourt Brace Jovanovich.

83. Oates, Wallace E. (1981), "On Local Finance and the Tiebout Model (in Resource Allocation in the Local Public Sector)", *The American Economic Review*, Vol. 71, No. 2, (May), pp. 93 - 98.

84. Oates, Wallace E. (1999), "An Essay on Fiscal Federalism," *Journal of Economic Literature*, 37, 3, 1120 - 49 *Politics*, Vol. 45, No. 1 (Oct.), 99 - 126.

85. Oi, Jean C. (1992), "Fiscal Reform and the Economic Foundations of

Local State Corporatism in China," *World Politics*, Vol. 45, No. 1 (Oct.), 99-126.

86. Oi, Jean C. (1995), "The Role of the Local State in China's Transitional Economy", *China Quarterly*, No. 144.

87. Oi, Jean C. (1999), *Rural China Takes Off: Institutional Foundations of Economic Reform*, Berkeley: University of California Press.

88. Olson, Mancur (2000), *Power And Prosperity: Outgrowing Communist and Capitalist Dictatorships*, Published by Basic Books, A Member of the Perseus Books Group.

89. Oshima, Harry T. (1958), "Debt Repayment and Cyclical Fluctuation," *The Review of Economics and Statistics*, Vol. 40, No. 1, (Feb.), pp. 72-77.

90. Parikh, Sunita and Weingast, Barry R. "A Comparative Theory of Fiscal Federalism: India," Virginia Law Review 83 (7): 1593-1615.

91. Prud'homme, Remy (1995), "On the Dangers of Decentralization," The World Bank Research Observer, August, 201-210.

92. Qian, Yingyi and Roland, Gerard (1998), "Federalism and the Soft Budget Constraint," *The American Economic Review*, Vol. 88, No. 5. (Dec.), pp. 1143-1162.

93. Riskin, Carl (1988), *China's Political Economy: The Quest for Development Since* 1949, Oxford: Oxford University Press, pp. 71-72.

94. Romer, Thomas and Rosenthal, Howard (1978), "Political Resource Allocation, Controlled Agendas, and the Status Quo," *Public Choice*, Summer, 33, pp. 27-43.

95. Rubinfeld, D. L. (1987), "The Economics of the Local Public Sector" in A. J. Auerbach and M. Feldstein (eds.), *Handbook of Public Economics*, Volume 2, Elsevier Science Publishers, Amsterdam, 571-645.

96. Schumpeter, Joseph A. (1918), "The Crisis of the Tax State", *International Economic Paper*, No. 4 (1954). *The Foundations of Public Finance*, Vol. Ⅱ, edited by Peter M. Jackson, Edward Elgar Publishing Ltd., 1996.

97. Schwartz, Eduardo S. and Zurita, Salvador (1992), "Sovereign Debt:

Optimal Contract, Underinvestment, and Forgiveness," *The Journal of Finance*, Vol. 47, No. 3, (Jul.), pp. 981 -1004.

98. Secrist, Horace (1914), "Constitutional Restrictions on Municipal Debt," *The Journal of Political Economy*, Vol. 22, No. 4. (Apr.), pp. 365 -383.

99. Shapiro, Alan C. (1978), "Financial Structure and Cost of Capital in the Multinational Corporation," *The Journal of Financial and Quantitative Analysis*, Vol. 13, No. 2, (Jun.,), pp. 211 -226.

100. Sheng, Andrew (1996), " Bank Restructuring: Lessions from the 1980s," Washington D. C.: the World Bank.

101. Spencer, Barbara (1980), "Outside Information and the Degree of Monopoly Power of a Public Bureau," *Southern Economics Journal*, July, 47, pp. 228 -233.

102. Stanley, Fisher and Easterly, William (1990), "The Economics of the Government Budget Constraint," The World Bank Observer, vol, 5, no. 2, pp127 -42.

103. Stigler, George (1957), "Tenable range of functions of local government" in Federal Expenditure Policy for Economic Growth and Stability, Washington D. C.: Joint Economic Committee, Subcommittee on Fiscal Politics, pp. 213 -19.

104. Tanzi, Vito (2000), "On Fiscal Federalism: Issues To Worry About", \ Exrntls \ Gen \ Work \ JC \ Conferences \ Fiscal \ 1157328v2 - Some Politically Incorrectr Rem_ . Doc November 15, 2000 (4: 41)

105. Tanzi, Vito (1995), "Fiscal Decentralization." Annual Bank Conference on Development Economics 1994. Washington DC.

106. Ter -Minassin, T. and Craig, J. (1997), "Control of Subnational Government Borrowing," T. Ter -Minassin, ed., *Fiscal Federalism in Theory and Practice*, Washington D. C.: IMF.

107. Tiebout, Charles M. (1956), "A Pure Theory of Local Expenditure", *The Journal of Political Economy*, Vol. 64, No. 5 (Oct), 416 -424.

108. Torsten , Persson; Roland, Gerard and Tabellini, Guido (2000),

"Comparative Politics and Public Finance," *Journal of Political Economy*, 108 (6), 1121 -61.

109. Tullock, G., 1965, *The Politics of Bureaucracy*, Public Affairs Press.

110. Turner, S. H. (1904), Depreciation and Sinking Funds in Municipal Undertakings, *The Economic Journal*, Vol. 14, No. 53. (Mar., 1904), pp. 47 -56.

111. Wallis, John Joseph (1984), "The Birth of the Old Federalism: Financing the New Deal, 1932 -1940," *The Journal of Economic History*, Vol. 44, No. 1. (Mar.), pp. 139 -159.

112. Wallis, John Joseph (2000), "American Government Finance in the Long Run: 1790 to 1990," *The Journal of Economic Perspectives*, Vol. 14, No. 1. (Winter), pp. 61 -82.

113. Webb, Ursula K. (1935), "Local Public Debt in England and Wales," *Economica*, New Series, Vol. 2, No. 6. (May), pp. 204 -219.

114. Weingast, Barry A. (1995), "The Economic Role of Political Institutions: Market -Preserving Federalism and Economic Development." *Journal of Law, Economics, and Organization*, 11 (1): 1 - 31.

115. Weingast, Barry R.; Qian, Yingyi; Montinola, Gabriella (1995), "Federalism, Chinese Style: The Political Basis for Economic Success in China," *World Politics*, Vol. 48, No. 1. (Oct.), pp. 50 -81.

116. Wildasin, David ed. (1997), *Fiscal Aspects of Evolving Federations*, Cambridge, U. K.: Cambridge University Press.

117. World Bank, 1996, China: Pension System and Reform, Report No. 15121 -CHA.

118. World Bank, China: revenue Mobilization and Tax Policy, pp. 9 -10.

119. World Bank, Financial Systems and Development, Policy and Research Series No. 15. Washington, D. C.: World Bank, 1990.

120. Yawitz, Jess B.; Maloney, Kevin J.; Ederington, Louis H. (1985), "Taxes, Default Risk, and Yield Spreads," The Journal of Finance, Vol. 40, No. 4. (Sep.), pp. 1127 -1140.

